检察日报创刊 25 周年系列丛书

域外检察

主编 李雪慧

中国检察出版社

图书在版编目(CIP)数据

域外检察 / 李雪慧主编. — 北京 : 中国检察出版
社, 2016.6
ISBN 978-7-5102-1674-9

Ⅰ. ①域… Ⅱ. ①李… Ⅲ. ①检察机关 – 司法制度 –
研究 – 世界 Ⅳ. ①D916.3

中国版本图书馆 CIP 数据核字(2016)第 117781 号

域外检察

李雪慧　主编

出版发行 : 中国检察出版社
社　　　址 : 北京市石景山区香山南路 111 号(100144)
编辑电话 : (010)68636542
发行电话 : (010)53390190
印　　刷 : 北京睿特印刷厂大兴一分厂
开　　本 : 710mm×1000mm　16 开
印　　张 : 23.75 印张
版　　次 : 2016 年 7 月第一版　2016 年 7 月第一次印刷
书　　号 : ISBN 978-7-5102-1674-9
定　　价 : 50.00 元

纪念检察日报创刊 25 周年丛书

与法治中国同行

——写在《检察日报》创刊25周年之际

检察日报社党委书记、社长　李雪慧

检察日报社党委副书记、总编辑　钱舫

时光无言，岁月无声。

弹指一挥间，《检察日报》已经25岁。如果用人生做标尺，25岁无疑有着令人羡慕的青春。如果用历史做标尺，25年只不过是短暂的一瞬，但就在这"一瞬"间，我们奉献给读者近8000期散发着油墨芳香的《检察日报》；同时，记录下一个国家波澜壮阔的25年法治历程。

时光不可逆转，但记忆却可时时激活。我们记录历史，历史也记录我们。

这是一段备受关怀充满关爱的历史。

自诞生伊始，《检察日报》就感受到来自党中央和社会各界的浓浓关爱，邓小平同志亲笔题写了报名，江泽民同志作了"宣传法制成果，服务经济建设"的题词，李鹏、乔石、李先念、万里、王震、宋任穷、费孝通、雷洁琼、王汉斌等党和国家领导人为报纸题写报名或题词，对《检察日报》寄予厚望；历届最高人民检察院党组和历任检察长都格外重视报社工作，给予了坚强有力的领导；各级检察机关和广大检察干警大力支持倾力相助，共同呵护检察机关新闻宣传的主阵地；千千万万的读者更是数十年如一日地持续关注着我们，给予我们莫大的鼓舞，陪伴我们成长。

这是一段筚路蓝缕砥砺前行的历史。

25年来，几代检察报人顽强拼搏白手起家，凭着一股创业激情和面对困难不屈不挠的奋斗精神，打拼下今天的基业，使中检报业在报业丛林中独树一帜。我们的报纸几乎是在一穷二白的境况下办起来的。启动资金是

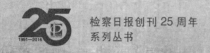
从有关部门借来的 70 万元；第一个办公地点是租来的部队大院平房；第一批工作人员是从最高人民检察院机关和事业单位凑起来的几个"秀才"，没有一个新闻专业科班生；就连报纸印出来后包捆投递邮局也都要靠自己动手。从租用的太平路 44 号大院，到京西五环外万汇源宾馆，到鲁谷西路 5 号办公楼，再到香山南路 111 号；从《中国检察报》到《检察日报》，从周一刊到周四刊到日报；从黑白印刷到彩印，从纸质媒体拓展到网络和影视领域，从单纯的日报到以报纸及杂志为主体，以网络和影视为两翼、以两微一端为"前锋"的具有较大影响力的法治专业全媒体传媒机构……《检察日报》25 年的历史，凝结的是一代代检报人曾经的执着与辛劳；检察日报 25 年的荣光，汇聚的是一代代检察报人曾经的未来与梦想。

这是一段矢志不渝担当责任的历史。

25 年来，我们始终铭记检察新闻宣传主阵地的责任使命，坚持正确的舆论导向和鲜明的法治特色，深入宣传党的路线方针政策，大力宣传依法治国的基本方略，忠实记录国家民主法治建设的进步足音，全方位报道政法工作、反腐倡廉建设取得的新成效，准确及时地传达最高检的重大决策部署，广泛传播各级检察机关全面履行法律监督职责的好经验、好做法，积极弘扬广大检察干警坚持司法为民、维护公平正义的精神风貌，赢得了社会各界的好评。

这是一段坚守梦想与法同行的历史。

25 年来，我们始终坚守法治梦想，朝着"中国最具影响力的法治传媒"的目标前进。从依法治国被确立为治国基本方略，到"国家尊重和保障人权"写入宪法；从中国特色社会主义法律体系如期形成到"四个全面"协调推进，我们始终与法治中国同行，忠实记录着我国民主法治建设的伟大实践和非凡历程，从不曾缺席。那些影响着我们生活的重大或细微的法治事件，那些有影响力的法治人物身边，都有我们的身影。正是检察报人自觉融于国家法治建设大局中，成就了这份报纸独特的法治气质。正是这种法治气质，让读者能在众多报道中识别《检察日报》的报道；正是这种法治气质，让人看到标题就能闻出《检察日报》评论的气息；正是这种法治气质，《检察日报》赢得了无数读者的青睐,以其独特的个性屹立于中国报业之林。

这是一段铁肩道义守望正义的历史。

25年来,我们秉承"法眼看天下、慧心暖人间"的理念,坚持理性发声,关注弱势群体,守望公平正义。藏羚羊被杀,检察报人奔赴可可西里寻找真相;原始森林被毁,检察报人走进十万大山探秘究竟;养路费违法征收,检察报人理性发声,最终推动该项不合理收费取消;打工致残,失去右臂的小伙仅获得8000元赔偿,检察报人报道其遭遇,帮他讨回公道。每一次新闻发生,检察报人都以法治新闻工作者的责任感和专业精神,去观察、去采访、去聆听、去思考、去表达。对弱势群体、对厄运当事人、对受到不公正待遇的新闻事件主人公,检察报人始终以法律人和媒体人的良知,给他们最温暖的关怀,帮助他们走出困境。

这是一段思考不断收获满满的历史。

25年来,我们时刻紧贴国家法治生活的每一次脉动,求索不止,创新不止,逐步形成了一套科学的采编发展理念。从"立足检察,面向社会"到"讲故事、说新闻",从"天天传播反腐新闻,期期提供法律服务"到"化腐朽为神奇",从"以法治的眼光观察一切"到"检察新闻社会化,社会新闻法治化,法治新闻专业化",检察日报采编理念的每一次更新,无不是检察报人在新闻实践中不断思考探索的结晶。从"一体两翼"的发展战略到坚持走"专业化发展、市场化运营、精细化管理"的"三化"道路,中检报业的每一步发展都离不开检察报人的创新智慧。正是源于这种探索创新,《检察日报》短短25年的历程中,取得了累累硕果。25年来,《检察日报》先后有500多件作品分获得中国新闻奖等全国性新闻奖。《检察日报》及正义网成为广大党政机关和主管部门进行新闻宣传不可或缺的重点媒体。我们的团队中走出了"全国新闻出版行业业务领军人才""长江韬奋奖"获得者、"全国报刊之星""全国百佳新闻工作者""全国青年文明号"……获得诺贝尔文学奖的第一个中国籍作家莫言也曾在检察日报社供职10年。

历史是曾经的未来。对历史的回望,是为了更好地出发。今天,我们中检报业的队伍越来越大,我们的事业越做越强。但我们深知,这是一个一日千里的年代，一个不进则退的年代，我们不能有丝毫的骄傲和满足。在创刊 25 周年的新起点上，我们需要回眸，需要总结，更需要眺望。出版这套丛书，就是从不同角度、以不同形式探寻中检报业发展的源流，拾掇检察日报发展历程中的珍珠，回味那些值得记录的细节和作品，让我们更加深刻地懂得过去、懂得现在、懂得坚持，让我们站得更高、看得更远。

"你是一纸写不完的未来，我是一个终将老去的存在。"诚如本报一位青年记者所言，报人终将老去，但事业却永远年轻。25 年的光阴模糊了一张张青春的容颜，但几代检察报人用汗水浇灌的检察报业，必将青春不老！

编 者 的 话

　　作为现代司法制度的重要组成部分,检察制度在各国的创设形成各有不同,发展轨迹也有诸多差异。我国检察制度,是以中国特色社会主义理论为指导,紧密结合中国国情,充分总结实践经验,在合理借鉴其他国家检察制度的基础上建立起来的,具有鲜明的中国特色,是检察制度发展史上的伟大创造。推进中国特色社会主义检察制度的完善与发展,既要立足国情,绝不照搬照抄国外司法制度,又要开阔视野,善于学习借鉴国外法治有益成果。从这个意义上讲,更深入地了解域外检察制度的历史脉络,更全面地把握各国检察制度的发展动态,对于坚持和发展中国特色社会主义检察制度,具有重要的理论与实践意义。

　　正是出于这样的考虑,从2014年9月开始,《检察日报》在理论版开设"域外检察"专栏,主动约请专家学者,多角度评价域外检察制度,多层次展示理论研究成果,在广大读者中产生了良好的反响。在《检察日报》创刊25周年之际,我们将专栏文章汇编整理成集,继续以《域外检察》为名出版。在众多有关国外检察制度的论著中,这本《域外检察》具有以下几个特色:

　　其一,比较全面地介绍了域外检察制度。与集中介绍和研究一国或几国检察制度的论著不同,本书共对17个国家以及我国台湾地区、澳门特别行政区的检察制度进行了广泛介绍,既包括德国、法国、意大利等传统大陆法系国家,又包括英国、美国等典型英美法系国家,还包括俄罗斯、乌克兰、白俄罗斯等前苏联国家,而且对以往研究较少的奥地利、荷兰、越南、巴西、加拿大、澳大利亚等国家的检察制度,都进行了较为系统的梳理和评价。

其二，比较多角度地体现了各国检察制度的特色。从汇编文章的内容看，有些文章着重介绍一国检察机关的历史沿革、组织设置、具体职权等内容；有些文章重点介绍一国检察制度的独特之处，比如德国的地方检察体系，俄罗斯联邦的自然保护检察制度，日本检察体系中的"特搜部"，美国为适应社区需要而建立的社区检察制度，英国皇家检察署完善的信息公开机制，澳大利亚检察系统中专门的证人服务部门，等等；还有一些文章围绕某一特定主题，如司法经费、检察官办案责任、检察官遴选等，对多个国家进行比较研究。这些都有助于读者全方位地了解域外检察制度，拓宽检察制度理论的研究视野。

其三，比较及时地提供了一些国家改革发展检察制度的新动态。域外司法制度研究，容易受到国外资料获取和翻译、学术专著出版周期等因素影响，在一定程度上影响到研究成果的时效性。本书中的文章在报纸上发表，作者撰文时尽可能关注域外检察的新动态，充分展示研究的新成果。比如，《俄罗斯通过修宪强化检察监督职能》一文，着重介绍了俄罗斯联邦2014年通过的《关于俄罗斯联邦最高法院和俄罗斯联邦检察机关的俄罗斯联邦宪法修正案法》和修改的《俄罗斯联邦检察机关法》，以此提升了俄罗斯联邦检察机关的宪法地位，强化了检察机关的独立性和检察监督职能。再比如，《荷兰检察机关在刑事司法中扮演中枢角色》一文，介绍了当前荷兰检察机关面临的财政约束问题、复杂的国家安全问题等新挑战，这也可能促使荷兰改变传统刑事司法体系的部分规则，等等。这些为当前学术界和实务界研究域外检察制度提供了较为鲜活的第一手资料。

其四，比较集中地展示了近年来域外检察制度的优秀研究成果。本书汇编了两年多来发表的64篇文章，每篇文章的作者都是域外检察制度研究领域的专家，既有樊崇义、龙宗智、卞建林、何家弘、陈卫东等著作等身的著名教授，又有施鹏鹏、张鸿巍、王圭宇等崭露头角的后起之秀，不少作者还有在国外求学研究多年的经历，如中国政法大学施鹏鹏教授就曾留学法学,获得了埃克斯·马赛第三大学博士学位;四川财经大学副教授黄礼登为德国柏林洪堡大学刑法学博士,等等。这一篇篇观点鲜明、资料详尽、论述精到的文章,充分体现了专家学者在理论研究方面的深厚功底、对法治建设的深邃思考、对域外检察制度的深刻洞察。

在《域外检察》出版之际,谨向关心、支持本书编写、出版的专家学者表示诚挚的谢意!

2016 年 6 月 16 日

目　录

第一编

欧洲国家检察制度

检察官客观义务论在德国受到挑战

龙宗智*

检察官客观义务，即检察官超越其控诉人角色，客观公正地履行职责的义务，表现为搜集证据对犯罪嫌疑人有利与不利方面同样重视，对犯罪嫌疑人、被告人予以诉讼关照，必要的时候甚至为被告人利益提起上诉等。检察官客观义务概念和相关制度源于德国法，与德国刑事诉讼的职权主义构造以及检察官作为法律守护人的制度定位相关。但客观义务观念与制度在德国刑事司法制度的现代发展过程中正受到挑战。

龙宗智

一、检察官客观义务论的提出

在国家社会主义(纳粹)时期，当局选择了一种倒退的做法，让检察官仅作为程序当事人而非法律守护人，加强对检察官的行政指令约束，同时废除法官的司法审查，其目的是强化行政当局的影响和实现刑事程序高效运行，包括检察在内的整个司法的衰微是纳粹时期的一个基本特征。集中营管理者对被拘禁人的侵害无从追究责任，盖世太保可以主导侦查程序，检察部门成为被第三帝国国家权力所支配的机构。

1945 年以后，在德国司法制度重建的过程中，检察官作为客观性组织的理念被重新提出并得到信奉。检察官作为客观义务履行者的角色也一直被强调。随着德国法治国思想核心主张的全面推进与实现，1960 年前后，因《法官法(草案)》的拟定，检察官法律定位问题引起法律界和学术界的再次大辩论。辩论的结果是使检察官实质性地取得了和法官平等的准司法地位，

* 四川大学法学院教授，中国法学会常务理事、中国检察学研究会副会长、最高人民检察院特约专家咨询员。

尤其体现在独立性保障和薪金保障制度上，由此大大增强了检察官的独立性和客观性。但对于《司法组织法》的修改，仍存在很大分歧。主导意见认为，尽管检察官是司法过程中的一个重要角色，应当受合法性与客观性原则约束，但因其受指令权约束，且其决定不具有最终法律效力，其功能、地位、组织与法官仍有明显区别。德国《基本法》第 92 条也确认了这种区别。关于检察官地位的此次辩论，终以妥协方案落幕。德国检察制度与生俱来的深层次矛盾，即检察官作为"世界上最客观的官员"，与"检察机关作为科层制官僚机构"之间的矛盾，以及与此相关的功能性矛盾——既代表国家刑事法益，又成为法律公正实施的守护神，并未获得根本解决。

二、检察官客观义务观念受到挑战

随着刑事司法制度的变革，尤其是近 30 年来司法制度及刑事诉讼制度的改革，德国刑事司法机制发生了重要变化，原有的检察官客观义务的理念和制度受到严峻挑战。

首先是程序提速和起诉便宜原则的引入和扩张。德国检察活动具有"起诉法定主义"的传统，但现行德国《刑事诉讼法》第 153 条认可了微罪不检举意义上的起诉便宜主义。在此基础上，第 153 条规定，如果履行了检察官设定的经济责任和遵行检察官指示，可以终止追诉的程序。该程序允许在被追诉人作出一定给付的条件下终止追诉程序，因此被认为是一项"以交付赎金来替代追究刑责"的措施。该规定的引入导致了法定起诉原则的重大突破。而且根据后来的法律修订，可以进一步推导出检察官有"转移责任形式的权力"。如检察官可以根据个案的具体情况，要求被追诉人建造一个污水净化设备来承担其法律责任，由此使检察官的刑事追诉有一个广阔的酌定空间。而开启这样广阔的空间难以充分兼顾真实和正义，这就从根本上影响了检察官作为客观义务机关的角色担当。

其次是增强抗制犯罪的手段并强化检察官打击犯罪功能。上世纪七十年代后德国出台了一系列立法，如《抗制经济犯罪法》《抗制环境犯罪法》《抗制恐怖主义法》《抗制非法贩毒和其他形态的有组织犯罪法》，以及《抗制犯罪法》等等。根据这些立法和其他繁多的《刑事诉讼法》修改法案,给包括检察在内的刑罚追究机关带来职权上的极大扩张。值得注意的程序法修正如:未决羁押的扩展,如按照《刑事诉讼法》关于"再犯之危险"和"行为严重性"的规定实施羁押;强制侦查手段和侦查技术的扩展包括使用窃听的扩大,电脑检索搜寻案犯,分子基因(DNA)检测分析,安插秘密侦查人员等。检察官抗制犯罪的职责与权力的强化,使检察官客观义务受到冲击。因为在这种刑事威吓体制的架构下,检察官不可避免地更多地从有利于打击犯罪方面去考虑问题,由此形成一种趋势,为了更有效地进行刑事追诉,强化了检察官作为一方当事人,即国家刑事追诉利益的代表人的角色。

再次是警检关系方面警察权力的强化以及检察官审查制约功能的减弱。警察侦查权限逐步扩展并且仍在继续扩展,这一定程度上是因为现代刑事侦查活动日益技术化,而检察机关无法像警察那样配备相应的专家。而且,在警察方面,很多组织联合体(州刑事犯罪调查局、联邦刑事调查局、国际刑警组织、欧洲刑警组织)配有国内的和国际的数据网库,警察可以与之联接。联邦警察(前身是联邦边境防卫处)和情报部门(如联邦情报局)配备也已得到加强。联邦和州的宪法保卫机关、军方的反间谍部门和联邦情报局,在监听、电话通讯的录音,以及秘密开启检查正投寄中的信件邮件等权力也有了重大拓展。而介入这些技术性侦查活动,对检察官而言是极大的工作负担。在恐怖主义的威胁之下,与犯罪行为作斗争,维护国家安全和法律秩序成为主导观念,检察客观性理念也因此受到冲击。上述立法及司法,即将《刑法》和《刑事诉讼法》当作《犯罪抗制法》的景象,使得本来就缺乏内在逻辑协调性的检察官客观义务,在近十多年间已经显出进一步弱化的趋势。

除以上因素外,德国刑事诉讼制度改革正在进行,拟议中的变革还可能进一步影响检察官的角色定位与功能发挥。其一,建立参与式侦查程序,进一步加强侦查程序中的律师辩护权;其二,改善被害人保护机制,刑事司法将更多地考虑对被损害权益的恢复;其三,增强控辩关系中的协商与合意要素。这些酝酿并部分已实施的改革,是德国刑事程序借鉴英美的当事人主义程序的表现。控辩双方对抗与协商因素的增强,可能使程序更能由当事人主导,对于实质真实的追求将一定程度上替换为形式真实原则,以至于《刑事诉讼法》第 139 条即关于交叉询问的"死的条款",可能在借鉴对抗制诉讼的背景下被"激活"。

除了制度性变化因素外,德国检察官沉重的案卷处理负担,也使他们难以介入侦查程序并在取证过程中承担客观义务。据统计,他们每人每年要处理刑事案件一千多件,检察官既没有时间去直接实施证据调查,也没有时间去指导警察搜集证据,因此大部分案件的侦查工作由警察独立完成。著名德国学者赫尔曼教授就曾批评法律实践偏离法律条文,指出在法律上由检察官负责侦查,但实际情况却是警察常常自主地将侦查程序进行到底,然后才向检察院移送侦查结果。检察院没有足够的人员,也根本不可能执行《刑事诉讼法》所规定的程序模式。这使得作为检察官客观义务核心内容的搜集证据方面的客观义务,在相当程度上被虚置。

三、检察官客观义务论仍应坚持

在上述背景之下,一个关于检察制度的问题被严肃提出:是否放弃检察官客观义务这一"虚置的"模式,以国家安全利益和刑事追究利益为根本,使检察官向一个作为一方当事人的追诉组织的角色上变革,即实现检察官的当事人化,同时让辩护人更多地承担"出罪"的责任。

对德国法中正在发生的借鉴当事人主义倾向,德国法律人和法学学者普遍持欢迎态度,但即使如此,主流意见仍主张不能放弃检察官客观义务,甚至主张为保证检察官客观性应考虑必要的制度变革。

检察官承担客观公正义务的根本原因在于刑事诉讼特殊的结构与机制。首先一个问题是,一方面,被告人的人身、财产权利受到严重限制,而且面临可能遭到刑罚的威胁,而检察官总比被告人拥有强大得多的手段和资源。在检察官拥有巨大的司法资源的情况下,如不赋予其客观义务,对刑事诉讼保障人权功能的实现将是一种灾难。因此,刑事诉讼允许被告人在合法性前提下可以有偏私地采取有利于自身的行为,但与之相反,检察官作为国家政权的一部分却不能是偏私的,而应当是客观公正的。为此,必须要求检察官全面收集证据,德国《刑事诉讼法》第160条第2项关于检察官全面客观收集证据的规定,仍应被认为是保障公民基本权利的核心规定。同时,检察官采取侦查措施包括强制性侦查措施时,必须合法有据并遵循比例原则。

为了切实保障检察官的客观性而不使其仅仅成为一个标签,可以考虑通过设定单独的"职业法"(即检察法或检察官法),强化客观性规范,并注意在组织体制上保证客观性。为此,首长指令权和检察官报告义务,特别是司法部长的外部指令权,应被认真检讨,以保障检察官独立性。同时,在侦查和审判程序中强化辩护功能,有利于平衡国家权力与个人权利配置,抑制检察官在刑事追诉过程包括在协商法庭中可能存在的偏颇,弥补检察官客观义务的局限性,使刑事诉讼整体的公正性得以提高。

(原载于 2014 年 11 月 18 日《检察日报》)

德国检察官"与法官一样独立"

万　毅*

德国是现代检察官制度的发源地之一,法国大革命之后创设的检察官制度,经由德国的改良而得以发展、完善,尤其是在检察官的法律定位以及检察独立与检察一体的分际等问题上,德国的制度经验为诸多后进国家所借鉴,包括日本、韩国等。 万毅

一、自主的刑事司法机关

在德国,由于法律对检察官的身份与地位缺乏明确规定,因而,时至今日,关于检察官的法律定位问题,即检察官究竟系司法官还是行政官,抑或具有双重地位,仍然是一个争论不休的话题。目前德国的主流观点认为,应当区分检察机关在宪法上的地位和检察机关在刑事诉讼法上的地位。

首先,德国检察机关属于宪法上的行政机关。德国实行立法、行政、司法三权分立的宪政体制。其中,对于司法权的主体及范围,德国《基本法》(即德国宪法)第 92 条作出了明确的规定:"司法权付托于法官;由联邦宪法法院、本基本法所规定之各联邦法院及各邦法院分别行使之。"据此,德国《基本法》上的司法权指的就是审判权,唯有具有实质的职务独立性即"独立行使职权,并只服从法律"(《基本法》第 97 条第一款)的法官,才是司法官。而德国的检察官虽然握有起诉裁量权,所作出的不起诉决定具有终结程序的效力,但该决定并不产生既判力,因而并非宪法意义上的审判权。况且,德国检察官作为公务员,负有服从上级指令的义务,并不具有实质意义上的职务独立性,故并非《基本法》第 92 条意义上的法官。

---

* 四川大学法学院教授,最高人民检察院检察理论研究所兼职研究员、最高人民检察院首批检察改革智库成员。

其次，检察机关属于刑事诉讼法上的司法机关。依据德国《刑事诉讼法》，检察官并非单纯的追诉者，亦非一方当事人，而是承担着"国家权力双重控制"功能和民权保障功能的"法律守护人"，检察机关被誉为世界上"最客观的官署"。在德国刑事诉讼程序中，检察官并不是以一方当事人而是以客观、公正的司法官身份参与诉讼的，其职务行为受到法定义务和客观义务的严格约束，其目的亦不是单方面打击犯罪，而是致力于全面查清事实真相，公正地展开追诉和审判，并确保法院判决的公正性。由此可见，德国的检察官在刑事诉讼上角色虽然与法官存在差异，但两者在功能上却具有同质性，即都是致力于实现法律公正、客观、中立的司法官。也因此，德国学界才公认："检察官与法官同属立法权与行政权之外的'第三权'。"而德国联邦最高法院的判例也明确指出，检察机关不属于一般性的行政机关，而是归属于第三权力的司法机关，是一个必要的、自成一体的、与法院平等同格的"刑事司法机关"。

正因为德国的检察机关被定位为自主的刑事司法机关，所以，德国检察官与法官的任职资格和条件完全一致，检察官亦享有法律给予法官的各种身份保障，且实务中"检、法互调"即检察官与法官之间互相调换工作亦习以为常，在德国部分州，检、法之间的这种人事交流甚至被视作一项司法行政政策而受到鼓励，除初任检察官外，几乎所有检察官都有担任法官的经历。

二、独立的刑法解释机关

由于德国在政体上采用联邦制，所以，德国的检察体系分为联邦检察院和州检察院两个系统。但联邦检察院与州检察院之间在组织上是完全独立的，相互之间不存在任何形式的隶属和领导关系。联邦检察院与州检察院之间的这种独立性，还体现在刑法解释上的相互独立。例如，在州检察院向联邦法院提起上诉的情况下，依法只能由联邦检察官代表国家出庭支持上诉，但如果联邦检察官并不同意州检察院的观点，认为该上诉并没有根据，此时，虽然联邦检察官对于州检察院没有指令权，不能撤回该上诉，但他有权独立解释刑法，可以依据自己对刑法的解释，提出不同的法律意见，请求法院驳回该上诉。

此外,根据德国《法院组织法》第 141 条的规定"在每个法院都应存在一个检察院",据此,德国实行审、检合署制,即将检察院设置于法院内。但审、检合署制并不否认检察院在职务上的独立性,依据德国《法院组织法》第 150 条的规定,检察院在履行职务时独立于法院。德国检察院相对于法院的职务独立性,还体现在检察官拥有独立的刑法解释权,不受法院判例的约束。德国联邦法院曾经要求,检察官应受法院通行的判例的约束。据此,如果法院的通行判例认为某一行为应受刑罚处罚,即使检察官意见相左,仍然应当起诉。言下之意,检察官应当受制于并服从法院对刑法的解释。德国联邦法院的上述观点主要是为了维护平等适用法律的原则和法院解释法律的专属权。但对于该观点,德国大多数检察官和法学家均不认同,通说认为在这种情形下应适用检察独立原则,即检察官同法院一样有资格解释法律,而且被告人根据检、法双重司法保护的原则,要求检察官独立解释刑法,独立作出判断。

三、与法官一样独立的机关

在德国,法务部部长是检察体系的行政首长、名义上的领导,享有外部指令权,即一般指令权和个案指令权,前者是针对一般性法律问题发布指示和命令,后者是针对具体个案的处理作出指示和命令。此外,检察长作为检察机关的首长,也享有对其所辖检察官的指令权,即内部指令权,包括指挥监督权和职务收取、移转权。

上级指令权的存在,对于检察官的独立行权形成了一定的制约,因而,为防止上级借指令权之名行干预司法之实,德国法律对上级指令权的行使设置了诸多限制——

一是上级指令权的发动以法定原则为界限。据此,凡适用法定原则之案件,上级首长皆无权指令检察官违反法定原则而作处理,否则该指令不但违法而且可罚。例如,根据德国《刑事诉讼法》,检察官的侦查权和公诉权的启动受侦查法定原则和起诉法定原则的约束,只要有初步怀疑,检察官就有义务发动侦查;只要有足够的犯罪嫌疑,检察官就有义务提起指控。就此,上级不得指令检察官不作侦查或不予起诉,否则该指令即属违法。再如,根据德国《刑事诉讼法》第 161 条规定的直接原则,审判阶段检察一体原则受到严格的限制,莅庭检察官有权拒绝执行上级指令而自由陈述其意见,此即"笔受拘束,口却自由"原则。

二是双重异议程序。即检察官如果认为上级的指令存在合法性问题,则必须依德国《公务员法》向其直接上级提出异议;如果直接上级命令执行指令,则应当向间接上级包括检察首长甚至法务部长提出异议。但如果检察首长或法务部长确认该指令合法,则该检察官就有义务执行该指令,除非该指令明显抵触刑法或构成秩序违反或侵害人性尊严。

三是上级指令仅具有内部拘束效力,不影响检察官违反指令而对外所采取的职务行为的效力。依据德国《法院组织法》第 144 条的规定,检察院实行首长代理制,即检察官系检察长之代理人。但这种代理系当然代理,无须检察长特别授权,因而,实务中德国检察官是以检察长的名义、自己署名履行职权,即使检察官在对外采取职务行为时,违背检察长的意思,其职务行为仍然有效。这意味着,上级的指令对于检察官而言仅具有内部拘束力,并不及于检察官对外采取的职务行为,若检察官违反上级指令而对外采取职务行为,则该职务行为仍属有效,只不过检察官个人可能因此而遭受纪律惩戒。

不过,对域外法律制度的研究,切忌囿于文本,而应关注制度实践中的真实状况。从文本上看,上级指令权的存在极大地钳制了德国检察官的独立性,检察官仿若"笼中之鸟",无往不在枷锁之中。但其实,由于历史和现实多种因素的作用,在德国司法实务中,上级指令权仅仅是在非常特殊的案件中才发挥作用,检察官事实上已经获得了很大的独立性,其地位几乎与法官相同。

首先,就法务部部长的外部指令权而言,由于法务部部长并非检察官,其作为行政首长对检察官行使外部指令权尤其是个案指令权,实有行政干预司法之嫌。因而,在德国一直有声音呼吁废除法务部部长的外部指令权尤其是个案指令权。正因为如此,自 19 世纪以来,法务部部长放弃个案指令权的行使,已经逐渐演变为德国司法实务中的一项习惯法,被称为"指令权在习惯法上部分失效"。这表明德国检察官的外部独立性实际上已经大为增强。虽然近年来亦有文献指出，德国司法实务中个案指令权实际上并未销声匿迹，只不过更多以非正式的请求、盼望等较为隐晦的方式表达出来，尤其是在检察官向法务部报告对政治人物的案件调查情况时，经常可以嗅到上级干预的讯息。但这种暗示、隐晦的干预方式本身就表明，个案指令权的行使已经不具有制度上的正当性，而只能以某种类似于"潜规则"的方式存在，与其说是干预，毋宁说是干扰。至少，对于德国检察官而言，在制度上已经无需顾虑法务部部长个案指令权对其办案独立性的干预。

其次，在德国检察官职务独立性增强的大背景下，即使是检察首长的内部指令权，也在行使方式上悄然发生着变化。依据德国现行法律规定，检察首长对所辖检察官享有指挥监督权，对于检察首长的指令，检察官有服从义务；当检察官与检察首长之间就指令的合法性产生争议、冲突时，检察官可以提出双重异议，但如果上级确认该指令合法，则检察官必须遵守指令，否则将可能面临纪律惩戒。但实际上，在德国司法实务中，检察首长与检察官彼此都会很节制，一方面，检察首长对承办检察官的职务独立性相当尊重，轻易不会发出任何违反检察官意愿的指令。另一方面，检察官即使认为检察首长的指令不当，往往也不会骤然提出异议，而是会婉拒首长指令或主动请求移转案件。即使检察首长与承办检察官之间的意见分歧较大，双方各执己见、无法调和，基于对检察官职务独立性的尊重，检察首长一般也不会强行要求检察官改变观点，而是会选择行使职务收取或移转权，即将该案件收回由自己承办或交由其他检察官承办，以此来解决两者的冲突。

正因为上述制度内或制度外因素的作用，在德国司法实务中，检察官的职务内、外独立性其实相当大，与法官的审判独立性几乎没有区别，检察机关被认为是"与法官一样独立的机关"。

（原载于 2015 年 6 月 23 日《检察日报》）

德国联邦总检察院
被称为联邦总检察长

黄礼登 *

德国有联邦和州两套互不隶属的检察系统。在州层面有州高级法院内的总检察院和州法院内的检察院,少数地区还在地方法院内设有地方检察院。在联邦层面只有一个联邦总检察院。总体上讲,联邦总检察院在行使刑事诉讼法相关职能时,其权力义务与州检察机关相同。但是,在机构设置、人员、管辖、起诉等方面,仍然有不少独特之处。

黄礼登

一、任务和职能

德国联邦总检察院的主要任务是对涉及国家安全的犯罪进行侦查和起诉。这类案件由德国《法院组织法》作了详尽的列举。它们又分为两类:第一类是专属联邦总检察院管辖的案件。这类案件包括实施预备发动侵略战争、叛乱、叛国、针对外国机关及其代表的犯罪等案件,涉及 20 余个罪名。德国《国际刑法典》所规定的种族灭绝罪、反人类罪和战争罪也是联邦总检察院管辖的罪名。第二类是可归州检察机关负责,但是在一定条件下联邦总检察院须主动行使管辖权的犯罪案件。这类案件包括实施煽动侵略战争、维护被宣布为违宪之政党、谋杀、严重纵火犯罪等案件,涉及 20 多个罪名。当涉及第二类罪名的案件在全国具有重大影响,或者可能危害德国的内部及外部安全等特定情形时,联邦总检察院应当行使管辖权,这种管辖权叫作"收办权"。在特定条件消失后,联邦总检察院可在起诉前将案件转回给相应的州检察机关。除直接负责侦查和进行起诉外,联邦总检察院还要参与刑事诉讼

* 西南财经大学法学院副教授,德国柏林洪堡大学刑法学博士。2015 年 3 月至 2016 年 3 月在四川省成都市武侯区人民检察院挂职任检察长助理。

中上告或抗告到联邦法院的法律救济程序。

联邦总检察院在司法行政领域是联邦的代表，代表联邦参与到涉及联邦法院、联邦行政法院、联邦财税法院、联邦纪律法院以及涉及它自己的行政程序和法院诉讼中。

此外，在州高级法院向联邦法院进行案件请示时，联邦总检察院也要发挥一定的作用。当州高级法院准备作出与联邦法院既有判决不一致的判决时，可以向联邦法院请示。而这种请示需经联邦总检察院提交给联邦法院。在此过程中联邦总检察院要提出自己的法律意见。

联邦总检察院还是欧洲司法合作组织关于恐怖主义问题的联络单位。欧洲司法合作组织位于海牙，宗旨是服务各欧盟国家法院、检察院以及其他司法机构，对各国国内的刑事程序进行协调和支持。联邦总检察院有义务向欧洲司法合作组织提供自己侦查中获得的对欧盟反恐问题有重要意义的信息。这有利于在欧盟层面对恐怖主义进行刑事追诉，也有助于发现国际恐怖主义的跨国联络情况。

二、机构与成员

联邦总检察院的机构名称颇具特色，被称为"联邦总检察长"，和它的首长职务名称是一样的。联邦总检察院位于卡尔斯鲁厄市，它在位于莱比锡市的联邦法院第五刑事庭还设置了一个办事处。联邦总检察院设置有 TE 厅(反恐怖主义厅)、S 厅(反间谍、国际犯罪厅)、R 厅(上告厅)三个业务部门以及办公厅、财务、人事等服务部门。每个业务厅又分为不同的处。比如反恐怖主义厅下设一个"侦查程序基本问题与安全机构合作处"，该处负责协调联邦总检察院与联邦刑事局、情报局、共同反恐中心的合作。

联邦总检察院的人员分为检察官和各种工勤人员。检察官按薪资级别分为联邦总检察长、联邦检察官、高级检察官和检察官。截至 2014 年底，联邦总检察院共有工作人员 235 人。其中，联邦总检察长 1 人，联邦检察官 25 人，高级检察官和检察官共计 50 人。还有一类人员是各个州司法部派往联邦总检察院担任检察官助理的人员，他们已经是州里的法官或检察官了，一般在联邦总检察院工作三年，带有挂职锻炼的性质。2014年这类人员有30人。联邦总检察长对其下属人员拥有指令权和监督权。对本机构的其他检察官拥有案件的交办权和亲办权。交办权是指将其他检察官办理的案件转交给另外的检察官办理，亲办权是指总检察长将案件收归自己亲自办理。

联邦总检察长和联邦检察官的选任较为特殊，经联邦司法部长提名、联邦参议院同意，由联邦总统任命。而本机构内的高级检察官和检察官的任命无需联邦参议院的同意。

三、联邦总检察院可指令联邦和州的多个机构实施侦查

联邦总检察院办理刑事案件时，拥有《刑事诉讼法》赋予的各种追诉手段，这一点与州检察机关并无二致。但是由于联邦总检察院办理的是诸如涉及国际恐怖主义等大案要案，它可以比州检察官更为自由地、更大范围地对被指控人采取多种强制性的侦查措施。州检察机关在向法院申请采取强制措施时，法院会根据比例性原则来决定是否批准。而对于联邦总检察院希望采取的强制措施，法院在权衡时往往会支持联邦总检察院的意见。联邦检察官在对恐怖犯罪的被指控人进行电讯监听时，不仅涉及到被指控人本人，还会涉及他的家庭成员、朋友和同事。这种现象在州检察机关办理侦查案件时是较少出现的。

联邦检察官虽有权亲自侦查，但它通常会把具体的侦查工作交办或委托给其他机构和人员来实施。德国《联邦刑事局法》规定，曾在联邦和州的警察执法机构任职四年以上的联邦刑事局的人员，是检察官的侦查人员。因此在刑事追诉范围内，联邦检察官就自己管辖的案件，可以直接向他们下达有关侦查工作指令。联邦刑事局负责追诉有组织的武器、毒品、药品买卖及针对联邦总统等高级官员的犯罪等一系列犯罪。对于联邦刑事局管辖以外的案件，如果需要他们参与，联邦检察官可以以委托的方式交办侦查任务，联邦刑事局必须执行。同样，联邦的检察官可以指令联邦警察机构、州刑事局、州警察机构的执法人员执行侦查任务，并对整个侦查过程进行领导。但是，联邦检察官没有权力对州检察机关发出指令。

四、特殊的不起诉权力

所有州检察机关拥有的法定和酌定不起诉权力,联邦总检察院都有。德国《刑事诉讼法》还特别赋予联邦总检察院对涉及国家安全的特定政治类案件不起诉的权力。如果已经提起公诉,则可以撤回起诉。前提是追诉此类犯罪会给德国带来严重不利后果,或者其他公共利益超越了国家追诉的利益。所谓严重不利后果,就是德国公民可能会被劫持为人质、可能发生重大外交纠纷等等。其他公共利益须是整个法律共同体的利益,它应该超越以预防为目的的刑事追诉利益,比如可以和外国交换谍报人员等等。这种不起诉制度反映了立法者认可国家可能在特殊情况下处于紧急状态,国家追诉犯罪的利益在此情况下不得不退居其次。应该说,这是一种务实的做法。

此外,对于国际法上的犯罪,联邦总检察院也可基于上述同样的理由不予起诉。德国《刑事诉讼法》还特别规定,当被指控人没有在德国境内,或者当德国国籍的被指控人已经被国际法院或他国法院追诉过了,联邦总检察院同样可以不起诉。

联邦总检察院的工作涉及到重大内政和外交安全,而内政与外交是由政府负责的,因此检察机关必须在《刑事诉讼法》的框架内贯彻政府的刑事政策和政治目标。对于重大案件,联邦总检察长有义务在作出是否起诉的决定前,向联邦司法部长汇报并听取其意见。

五、联邦检察官到州高级法院起诉

联邦检察官追诉犯罪,如果直接在联邦法院起诉,就意味着没有地方进行二审了,因此德国采取了所谓"借机构"的办法,即借州高级法院来行使联邦的刑事司法权。这种形式被称为间接的联邦司法或者实质的联邦司法,目的是让联邦司法也能保持二审。具体由哪个州高级法院接受联邦总检察院的起诉,则是根据案件发生地来决定。每个州自己的州总检察院同样可以将刑事案件起诉到州高级法院,此时州高级法院行使的是州的刑事司法权。联邦总检察院原始管辖以外的危害国家安全的犯罪,由联邦总检察院根据案

件的影响来决定是否行使管辖权。联邦总检察院不行使时,则由州总检察院进行管辖。因此实践中,州总检察院在遇到此类案件时,往往会上报联邦总检察院,征询其管辖意见。

联邦总检察院到州高级法院起诉,开启一审审判程序。对该案的上告审理则由联邦法院负责,联邦总检察院的上告厅参与上告诉讼活动。对于对州高级法院一审的由州总检察院起诉的案件的上告,也是由联邦法院作为上一级的救济法院,同样由联邦总检察院参与上告诉讼。

值得注意的是,联邦总检察院开启侦查程序后到提起公诉之前,如果要对被指控人采取需要法院批准的强制措施,是向联邦法院的侦查法官申请批准,而非向州高级法院的侦查法官提出申请。

六、联邦司法部长可对联邦总检察长行使临时退休申请权

在德国第一帝国建立之初检察机关成立时,基于政治原因,检察官随时会被免职或停职。德国第三帝国时期,元首可以不经任何程序不需任何理由将检察官置于候职状态。

根据德国现行法律规定,联邦总检察长和国务秘书,各部的司长,外交、国防部门的高级官员等均属于政治官员。州层面也存在着政治官员,但随着2010年梅克伦堡—前波莫瑞州最后一个废除州总检察长政治官员身份,德国各州的检察官均不再是政治官员了。

政治官员在履职期间,有义务与政府的基本政治观点或者政治目标保持一致。德国《联邦公务员法》规定,根据相应的部长的申请,联邦总统可以随时将联邦的政治官员置于临时退休状态,且不需要任何理由。只要政府(联邦总理及其部长)对其高级官员因为政治上不能保持一致,丧失了政治信任,就可以作出这样的决定。决定一经通知到政治官员本人马上生效,没有过渡期,没有听证权。这种制度的设计本意是为了确保政府对于行政的控制力。

联邦司法部长可以向联邦总统申请将联邦总检察长置于临时退休状态,由于联邦总统只有形式上的审查权,所以联邦司法部长可以无障碍地将

其政治意图间接贯彻到联邦检察工作中去。事实上，无需真正动用这种权力，这种权力就会对联邦总检察长产生极大的影响力。除了临时退休申请权，联邦司法部长还可对联邦总检察长就具体检察工作发出有约束力的指令，但是发出这种外部指令要受到法定原则的限制。相比之下，无需理由不受限制的临时退休申请权更具震慑力。联邦总检察长在领导检察工作时，往往会自觉领会和践行政治层面的精神。几十年来，德国联邦司法部长对联邦总检察长只偶尔行使过几次临时退休申请权。最近一次发生在 2015 年 8 月 4 日，联邦司法部长马斯向总统高克申请了将联邦总检察长朗格置于临时退休状态。朗格在 2015 年 5 月启动了对两名记者涉嫌泄露国家秘密的刑事调查，他指责马斯部长在此案件中干涉司法的独立性。而马斯则认为他们之间的信任已经持续性地受到损害。

（原载于 2016 年 1 月 26 日《检察日报》）

德国有一套鲜为人知的地方检察体系

黄礼登 *

除了联邦总检察院,德国各州拥有州总检察院和州检察院。州总检察院主要负责对一些影响不算特别严重的危害国家安全的犯罪的侦查、起诉,以及参与那些上告到州高级法院的法律救济程序中。在德国,绝大多数刑事案件是由州检察院处理的。州检察院的检察官根据法院的级别管辖情况,既可以到地方法院起诉,也可以到州法院起诉。一个地方法院通常辖一个到数个城区或乡镇。而一个州法院的辖区通常包括数个地方法院的辖区。除柏林、汉堡等少数州级城市外,大多数州拥有数个州法院,少数州还拥有两个甚至两个以上的州高级法院。

州检察院既可以管辖地方法院审理的刑事案件,也可以管辖州法院审理的刑事案件,表面上看,设置一套地方检察官和地方检察院系统纯属多余,其实不然,德国事实上存在一套独具特色的地方检察体系。

一、地方检察官的设置

"地方检察官"的名称于 1877 年第一次出现在德国《法院组织法》中。现在,德国大多数州,地方检察官就设置在州检察院内,是州检察院的组成人员。州检察院内的州检察官一般直接被称为"检察官"。地方检察官和(州)检察官都是办理案件的业务人员。有的检察院将地方检察官和(州)检察官混编在同一个部门,也有的检察院将地方检察官集中在一个部门。比如汉堡检察院第二厅就是主要办理地方检察官管辖的案件的部门。该厅下设第 20 处到第 24 处,分别按照被指控人的姓氏首字母顺序进行案件管辖。

* 西南财经大学法学院副教授,德国柏林洪堡大学刑法学博士。2015 年 3 月至 2016 年 3 月在四川省成都市武侯区人民检察院挂职任检察长助理。

总的来看,一个州检察院内部,地方检察官的数量远远少于(州)检察官的数量,比如截至 2014 年年底,斯图加特检察院有 128 名(州)检察官,只有 18 名地方检察官。而梅克伦堡—前波莫瑞州有四个州检察院,一共有 170 名(州)检察官,只有 12 名地方检察官。地方检察官和(州)检察官一样,必须服从上级的指令。但是(州)检察官和地方检察官之间具有各自独立的法定职责范围,若非部门领导和部门成员的上下级关系,不存在指令和被指令关系。只有在特殊情况下,当(州)检察官在自己的职责范围内侦查一些重大案件时,由地方检察官充任(州)检察官侦查助手,这个时候(州)检察官才能向地方检察官发出指令。

目前,在全德范围内,拜仁州和萨克森州还没有地方检察官。但是,2015 年 11 月,萨克森州司法部部长吉姆考夫宣布,萨克森州将在州检察机关内设置地方检察官。按照计划,对地方检察官的任前培训将于 2017 年展开,2018 年将任命首批地方检察官。

设置地方检察官这种特殊形态检察人员的目的是减轻州检察官的工作压力,以便后者将精力投入到中等程度以上乃至重大疑难案件的侦诉中去。此外,引入地方检察官体系还可大大节省财政开支。根据萨克森州司法部的估算,引入地方检察官体系,每年将为该州财政节约 120 万欧元。

二、全德仅有两个专设的地方检察院

德国仅在柏林和美茵河畔的法兰克福专设地方检察院,相应的州检察机关内则不再设地方检察官。柏林地方检察院共有 223 名工作人员,其中地方检察官 100 名。而法兰克福地方检察院有 120 名工作人员,其中地方检察官 38 名。

根据德国各州的《薪俸条例》规定的薪俸等级,地方检察官可分为"地方检察官"和"高级地方检察官"两类。柏林和巴登符腾堡州还设有"首席高级地方检察官"这个等级。法兰克福地方检察院有 15 名"高级地方检察官"和 23 名"地方检察官"。一般来说,部门领导职务由高级地方检察官担任。但是无论是柏林地方检察院还是法兰克福地方检察院,现任的检察长和副检察长并非是地方检察官,而是(州)检察官,且属于薪俸等级上的"高级检察官"。还有个别主要部门领导也是(州)检察官。也就是说,他们是具有法官资格的完全法律职业人员,业务资格上可以办理(州)检察官有权处理的所有案件,只是由于他们在地方检察院任职,因此只能从事法律规定的地方检察院管辖的业务。

地方检察院内部设立什么部门以及多少部门,由地方检察院的检察长决定,报州司法部批准。有的业务部门的设立,是回应刑事政策的需要,比如针对家庭暴力高发,柏林地方检察院在 1996 年新设了"家庭暴力处"。法兰克福地方检察院还设有"对老年人暴力处"来应对老龄社会中的刑事问题。两个地方检察院里还有数量众多的综合类办公人员以及司法员。地方检察院的地方检察官要接受它所属的州检察院检察长以及州总检察院总检察长的领导和监督。

三、地方检察官的选任

尽管通过两次国家法律考试的人员是有资格当地方检察官的,但他们一般更愿意申请薪水更高的法官或(州)检察官职位。因此地方检察官大部分还是从薪资等级更低的司法员中选任。司法员是通常没有法官资格却在法院或检察院从事特定司法工作的一类人员。他们主要负责一些诸如有关遗产、监护人、护理人、家庭法、登记法上的事务,以及处理督促程序、强制执行程序、刑罚执行等事宜。要想获得司法员资格,必须在高等专科学校完成三年司法员专业学习并通过考试,这三年中含有在法院或检察院的实习阶段。

司法员要想被选任为地方检察官,必须向州检察机关(有的是向州总检察院)提出申请。被接受的人员必须要通过 15 个月的专门培训并且通过考试方可获得地方检察官的任职资格。参训人员先在培训机构进行 4 个月的理论学习,然后在地方检察院或者州检察机关的地方检察业务部门进行 9 个月的实务训练,然后再回到培训机构学习两个月的专业知识。有的州在招录培训人员时有年龄要求并且体现了对残疾人的照顾,比如勃兰登堡州就要求申请者不能超过 35 岁,有严重残疾者可放宽到 40 岁。有的州根据当地犯罪人情况希望招录一些有特殊背景的地方检察官,比如汉堡检察机关就欢迎有移民背景者提交申请。

候补司法官也可以从事司法员和地方检察官的一些任务。所谓候补司法官,就是通过第一次国家法律考试,在法院、检察院或其他机关内进行为期两年实习的人员。他们通过第二次国家法律考试后可获得法官资格。候补司法官可以独立出庭,他们拥有和地方检察官同等的庭审权利和义务,但是在内部的指令关系中,他们应当和他们的院内实训老师进行协商。

四、地方检察官管辖的案件范围

在刑事诉讼活动中,地方检察官在其管辖范围内,拥有检察官的各项权力,负责侦查和起诉轻微和中等程度的犯罪案件,可以指挥警察,可以向地方法院申请搜查令、逮捕令、提起公诉、出庭支持公诉。地方检察机关的管辖范围在德国《法院组织法》和各州自己的《检察机关组织与工作条例》中分别作了详细规定。

一般各州均规定,所有最高刑在 6 个月以下的轻罪案件都由地方检察官处理。《刑法典》中的一部分特定罪以及一些特别刑法规定的轻罪,通常也由地方检察官负责办理,但是罪名范围各州规定得并不完全一致。比如柏林就规定了《刑法典》中侵犯住宅安宁罪等 30 余项罪名,而下萨克森州只规定了 20 余项罪名专属地方检察官办理。柏林地方检察官还可以处理盗窃罪、侵占罪中损失额不超过 2000 欧元的案件,在法兰克福地方检察院,这一数额标准为 2500 欧元。而下萨克森州地方检察官可以处理侵财类案件的范围更广,还包括诈骗、毁坏财物罪等,但是损失额不能超过 1000 欧元。一般来说,地方检察官如果对前行为有管辖权,同时也就对后行为的罪名有权处理,比如销赃罪、挫败刑法罪、诬告陷害罪等。各州的《检察机关组织与工作条例》专门规定了排除地方检察官管辖的条款。柏林地方检察院不能管辖涉及被指控人是青少年的案件、军事刑法上的案件、针对法官、检察官、律师的案件、涉及媒体的案件、有政治背景的案件、基于宗教原因对青少年实施割礼等特定的案件。下萨克森州《检察机关组织与工作条例》还有一个总括性条款,即规定:如果基于事实和法律上的原因,案情复杂重大,就不归地方检察官管辖。可见,轻罪或者重罪并非区分地方检察官或地方检察院管辖的唯一因素。此外,地方检察官(院)有权处理与其管辖有关的违反秩序的罚款案件。

基于地方的特殊情况,州总检察长可以把地方检察官管辖的刑事案件的一部分划归州检察官处理。总检察长还可以把其他刑事法官可独任审判的、但不在地方检察官管辖范围内的案件,交给地方检察官处理。在设有地方检察官的州检察院内,检察长可以根据案件办理需要,组成由检察官和地方检察官共同参与的专案组,这些专案组中,地方检察官的侦办权限不再受到通常的限制。

地方检察官原则上仅可出席地方法院中由刑事法官独任的审判。但柏林《检察机关组织与工作条例》规定,在需要的情况下,根据柏林检察院检察长的建议,总检察长可以指派地方检察官参与到地方法院内参审法庭的庭审中去。

在地域管辖上,地方检察官管辖所在州检察院辖区内的相应案件。柏林地方检察院和法兰克福地方检察院管辖所对应的州检察院辖区内的相应案件。但也有例外情况,比如勃兰登堡州司法部曾根据地方上案件数量分布不均等特殊情况发过一道法令,规定 2012 年 12 月在该州新瑞宾检察院立案的一系列特定案件,由奥德河畔的法兰克福检察院负责处理,同样该年 12 月在科特布斯检察院立案的特定案件,由波茨坦检察院负责处理,一直到案件办结。这就意味着奥德河畔的法兰克福检察院和波茨坦检察院内的地方检察官,可以有权处理本辖区以外的刑事案件。

五、地方检察官的工作成效

地方检察官承担了大量的工作。从图表可以看出,2014 年在侦查程序中,人数远远不到(州)检察官数量一半的地方检察官办理的案件数量超过了检察官办案数量的一半以上。

2014 年全德国(州)检察官与地方检察官办案数量对比(单位:万件)		
	(州)检察官	地方检察官
上年余留	44	18.8
本年新增	297.5	173.6
年底办结	296.6	173

从法兰克福地方检察院的情况看,2014 年该院办理了 6.5 万起案件。柏林地方检察院办理的数量更多,总共办结 17.1 万起案件,而同年柏林的(州)检察院才办结 14.6 万起案件。从设有地方检察官的州的情况来看,办理案件最多的是北威州,2014 年该州的地方检察官共办结 57.5 万起案件。地方检察官的工作以高效见长。据统计,柏林地方检察院大约有 74% 的案件平均在一个月内就能完成侦查。没有出现侦查期超过一年的案件。申请批捕程序平均在一周之内就能完成。由于地方检察官办理的都是些不太严重的案件,因此多数案件是采用终止程序即不起诉的方式结案。即便起诉到法院,一般也会启动快速程序,及时的惩罚可以对犯罪人起到良好的教育作用。被害人也不会由于程序拖延而在数个月以后再次面对被害事件。地方检察官的工作大大节省了司法资源。

德国地方检察官体系是一项有实效的创举。它能灵活回应社会的需要。轻刑化的趋势中,它理所当然承担了更多的司法功能,缓解了州检察机关的压力。入罪化的潮流中,被创设的主要是轻罪,因而,主要负责办理轻微案件的地方检察官体系同样是司法主力军。

(原载于 2016 年 2 月 16 日《检察日报》)

德国有两种跨区检察院

黄礼登 *

原则上讲,德国检察机关的辖区取决于其所在法院的辖区,但有不少例外。因为法院辖区和行政区划又是两回事,这就导致德国检察机关跨区的情况相当复杂,大体上可以从跨行政区和跨法院辖区两种情况来区分。

一、检察机关的辖区一般都跨行政区

德国《法院组织法》规定,检察机关的地域管辖范围与其所在的法院的辖区是一致的。州检察机关设在州法院内,因此其辖区通常就是州法院的辖区。而州法院的辖区相当于其下属地方法院辖区的总和。考察州检察机关的辖区,实际上就是重点考察地方法院辖区情况。

从总体上讲,地方法院的辖区和行政区划并没有必然重合关系。州的行政区划一般分为州(包括三个州级市即柏林、汉堡和不来梅)、县(县级市)和乡镇(包括乡镇联合体)三级。有四个州在州和县之间还有州区这个设置,相当于中国在省与县之间设置的市。

地方法院辖区以乡镇为基本单位,一个乡镇不能划归不同的地方法院。地方法院一般管辖数量不同的乡镇或者不设乡镇的市区。但是这些乡镇不一定同属一个县。比如图林根州的苏尔地方法院,就辖有一个县级市苏尔以及斯玛卡登—麦林根县的两个镇。该县的其他乡镇则属于麦林根地方法院管辖。从这个意义上讲,有些地方法院是跨县的。拜仁州的地方法院的辖区通常大于一个县,因此在拜仁州,地方法院跨县管辖是常态。

德国地方法院辖区划分的考量因素有很多。业务量、职业法官的数量,甚至维持法院办公楼的经费都是重要考量因素。柏林的霍恩苏豪森地方法

* 西南财经大学法学院副教授,德国柏林洪堡大学刑法学博士。2015 年 3 月至 2016 年 3 月在四川省成都市武侯区人民检察院挂职任检察长助理。

院 2008 年被撤销导致该地区地方法院辖区发生变化，一个重要原因就是因为该法院办公楼年久失修需要大量的维修资金。德国现在也有一种趋势，充分考虑诸多因素后，在可能的情况下，尽量满足法院辖区与行政区划的统一。不过，从理论上看，首先，司法独立性决定了司法辖区具有独立性，不必与行政区划重合。其次，便民原则是各州确定地方法院辖区最核心的考量标准。群众到法院不应该承担过大的负担。德国莱法州 2012 年推动行政区划改革，发生了乡镇合并情况，但是法院辖区基本保持不变。就是因为原法院辖区充分满足了便民原则。唯一一个例外是原辖区内的推腾海姆镇。该镇在改革后被调整到另一个地方法院管辖，该镇到新的地方法院有 30 公里，只比到原属地方法院多了 5 公里，没有给居民增加明显的负担。

其实不论单个地方法院的辖区是否跨县，州法院的辖区都是跨县的。相应地，州检察机关的辖区也是跨县的。北威州的维塞尔县境内有四个地方法院，有两个地方法院属于位于克莱维的州法院辖区，有两个属于位于杜伊斯堡的州法院辖区。这也同时意味着维塞尔县内的区域，分别由两个不同的州检察机关管辖。在有州区设置的地方，也有州检察机关辖区跨州区的现象，比如拜仁州的班贝格检察院下辖一市四县，分别包括了该州上法兰肯和下法兰肯两个州区各自的一部分。

值得注意的是，上述讲的跨区划的检察机关，都是在各自州内跨县或者跨州区，几乎没有跨州的。严格意义上，只有联邦总检察院是真正跨州的检察机关，因为联邦总检察院负责全国范围内特定的有关危害国家安全案件的侦诉。此外，位于拜仁州的开普敦检察院虽然是一家州检察院，但是该检察院除了自己通常的地域管辖外，还负责追诉所有联邦国防军的士兵在境外期间的犯罪。因此，开普敦检察院也算是一家跨州的检察机关。最后，还有一种极为例外的跨州管辖的现象。2001 年，汉堡、石荷州、下萨克森州签署了三方州际协议，确定将北海沿岸和易北河入海口特定地区交由下萨克森州的两个地方法院管辖，下萨克森州的法院和检察机关因管辖而获得的收入保留在自己手中，且放弃向另外两个州要求相关费用补偿。这里就可能出现下萨克森州检察机关因其对应的法院有两个地方法院的跨州管辖权而拥有跨州管辖权的情况。

二、重点检察院的设置是对地域管辖的突破

德国《法院组织法》规定，如果能促进检察机关追诉特定的犯罪、刑罚执行和司法协助工作或者符合迅速办结案件的目的，可以由一个检察机关管辖多个州法院或者州高级法院的辖区。这种检察机关被称为"重点检察院"。重点检察院的设置是对通常地域管辖的突破。勃兰登堡州的新瑞宾州法院中的检察院就是一个重点检察院，在追诉腐败类案件时，它的辖区是整个勃兰登堡州。

建立重点检察院的目的是整合司法资源，使追诉犯罪更加专业化。重点检察院的检察官具有办理某类案件的丰富经验和专业知识，针对经济犯罪的重点检察院通常还配有经济师等非法律专业的在编人员，能够独立高效地对案件进行经济层面的梳理分析。

德国在大部分州都分别设有多个重点检察院，其中打击经济犯罪的重点检察院最为普遍，此外还有专门追诉其他犯罪的重点检察院。比如拜仁州有针对反兴奋剂犯罪的重点检察院，北威州有针对医疗犯罪的重点检察院和针对纳粹犯罪的重点检察院，下萨克森州有针对动物犯罪的重点检察院，莱法州有针对葡萄酒和食品犯罪的重点检察院。德国统一后新加入的五个州均建立了追诉原东德领导层政治犯罪的重点检察院。还有一些重点检察院的"重点"颇为奇特，比如拜仁州的开普敦检察院，它以被指控人的族裔作为重点，是针对全州范围内俄国裔和格鲁吉亚裔团伙犯罪的重点检察院。

德国所谓的"重点检察院"只是一种功能上的描述，实际上并没有一家专门的机构独立的重点检察院。重点检察院的功能一般都是由普通检察机关的某一部门或数个部门来履行，该检察机关的其他部门仍然负责正常的地域管辖的业务。但是官方一般就把这家检察院称为重点检察院。比如奥斯纳布吕肯检察院被确定为下萨克森州三个针对信息通讯犯罪的重点检察院之一，管辖奥利希、奥登堡、奥斯纳布吕肯三个州法院的辖区内的此类案件，

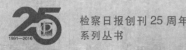
而该检察院正常情况下只对应奥斯纳布吕肯州法院一家法院的辖区。有的普通检察机关还同时承担多重重点检察院的功能，比如拜仁州的开普敦检察院，它既是针对联邦国防军士兵海外犯罪的重点检察院，也是针对俄国裔和格鲁吉亚裔团伙犯罪的重点检察院。

重点检察院的工作方式一般由州司法部发布办法予以规范。比如下萨克森州司法部规定，如果属于重点检察院管辖的案件线索首先进入普通检察院，普通检察院应毫不迟延地将案件直接移交给重点检察院，移交前建议进行电话沟通。如果重点检察院拒绝收案，则不能直接退回，而应该通过州总检察院退回。重点检察院如果要在其普通辖区之外提起公诉，则应该通过当地的普通检察院起诉。比如奥斯纳布吕肯重点检察院对某信息犯罪案件要在奥登堡州法院起诉，它应该通过奥登堡检察院起诉。奥斯纳布吕肯重点检察院的检察官可以不出庭，如果他认为有必要，也可以和奥登堡检察院的公诉人共同出庭。重点检察院在办理其作为重点检察院管辖的案件时，官方文书上要标明其重点检察院的名称，但其作为普通检察院办案时，则不进行这样的标注。

重点检察院与普通检察院在案件管辖上是并列还是排斥关系，理论上是有争议的。因为没有任何法律规定有了重点检察院，普通检察院的一般管辖权就丧失了。下萨克森州司法部专门规定，如果普通检察院自己办理重点检察院管辖的案件更为经济便捷的话（比如重点检察院距离遥远），在和重点检察院意见沟通一致后，它可以自己办理而不必移交案件。办案过程中它可以寻求重点检察院的协助。

在协调重点检察院和普通检察院的管辖关系中，州总检察院的总检察长往往会发挥重要作用。比如黑森州的总检察长有时行使交办权，将一些有重要影响的经济、税务犯罪的案件提至总检察院交由"行动预备处"办理，有时也将一些普通州检察院管辖的诈骗、背信案件交给法兰克福重点检察院办理，为的是减轻一些中小检察院的负担，最大程度地优化司法资源。2012年，除了上一年留存的案件，法兰克福针对经济犯罪的重点检察院新立案11278 起，共办结 13105 起案件。

三、设立跨州重点检察院有无可能性

在德国,司法权原则上是州的权力,联邦司法权仅仅是例外。联邦司法权在地域上涵盖了全联邦,因此作为联邦司法权的行使者之一,联邦总检察院的管辖必然是跨州的。这里说的跨州重点检察院,是就州司法权而言的。在这个意义上,德国还没有跨州的重点检察院。

很多案件特别是经济案件,其牵涉面往往是跨州的。如果建立跨州重点检察院,可以更有效地对其进行打击。因此,在功能上,设立跨州重点检察院是有积极意义的。

德国实行联邦制原则,国家由联邦和州两种形态组成,国家权力相应地分为全国权力和州的权力。联邦和 16 个州是彼此分立的 17 个公法法人,国家权力相应地由这 17 个主体来分别行使,而不是由各州共同来行使。从主权意义上讲,州是具有"国家性"的实体。州与州之间可以通过协议的方式进行合作,共同实现一定的目标,包括建立共同机构,将州的部分主权让渡给该共同机构。问题在于,州可以在多大程度上让渡自己的主权。

理论界认为,当州让渡主权的程度可能导致州放弃其"国家性"时,就达到了临界点。也就是说,州的核心任务即将被移转。显然,司法属于州的核心任务。但州的核心任务并非一点都不能放弃,而是要从量和质的层面综合进行考量。建立跨州的重点检察院有必要性吗?

无可否认,跨州重点检察院对打击跨州犯罪特别是经济类犯罪具有积极意义,但是这种积极意义并不需要一个具有完整检察职能的机构来彰显。事实证明,现有的只具有初查权而无起诉权的"路德维希堡模式"是完全行之有效的。1958 年,当时联邦德国各州司法部在巴符州的路德维希堡联合成立了"纳粹罪行调查中心"。该中心的主要任务是在国内外收集可能的犯罪证据,从各种材料中发现纳粹分子的蛛丝马迹,并进行分析评估。它没有采取强制措施的权力,一旦确定有可追诉的犯罪嫌疑人和有管辖权的检察机关,就应该通过州总检察长将案件移交给相应的检察机关办理。2015 年 6 月,德国各州司法部长联席会议决定继续保持该中心的运转。该中心由各州

派遣法官、检察官和警察担任工作人员。现任中心主任是高级检察官洛美尔。可见,对特定的犯罪,"路德维希堡模式"是一种成熟的打击犯罪的调查机制,可以满足打击跨州犯罪的需要,而不必设立专门的跨州重点检察院。在现实中,德国各州尚无针对经济犯罪以及其他特定类型案件建立"路德维希堡模式"调查机构的呼声。

(原载于 2016 年 2 月 23 日《检察日报》)

法律监督精神贯穿德国检察制度史

黄礼登 *

法律监督是由专门的国家机关，运用法律规定的手段对法律是否得到正确贯彻和严格遵守的情况进行检查督促的活动。在这个意义上，德国近代以来也有法律监督思想，并且有着被称为"法律监督"的制度以及没有被这样称呼，但体现了法律监督精神的制度。前者和检察制度基本无关，而后者却贯穿了德国的检察制度发展史。

一、德国的"法律监督"有其独特的内涵

德国的法律语汇里有"法律监督（Rechtsaufsicht）"这个术语。它是行政法中的概念，有时也被称为"一般监督"。法律监督指以法律规定为标准，由法定的主体对国家管理者的有关行为进行是否合法的检查对比，并采取相应的改正措施。德国的国家管理可以分为行政管理和自治管理，后者由乡镇、行会、文化机构（如大学、电视台）等实施。法律监督存在于以下几种情况：当州执行联邦法律时，由联邦对州这个自我管理主体的行为实行法律监督；由州对乡镇的自治行为进行法律监督；由联邦或者州对于一些独立的公法法人，比如电视台、基金会、大学等主体的自我管理行为实行法律监督。法律监督是为了保证相关管理主体的行为不逾越法律的框架。

德国的"法律监督"是发生在没有隶属关系的国家管理者之间的一种行为。它特指对国家管理主体的行为是否符合法律的一种监督，而不包括对行为达到目的之方式和手段合理性的监督。法律监督的主体是法定的，包括联邦和州。监督的内容是监控和检查被监督者的行为是否违背法律。法律监督既有事前预防的方式也有事后追究的方式。前者通过报告、许可制度来实

* 西南财经大学法学院副教授，德国柏林洪堡大学刑法学博士。2015 年 3 月至 2016 年 3 月在四川省成都市武侯区人民检察院挂职任检察长助理。

施，后者通过受理投诉和采取替代行为来保障。

对于公民的私人行为而言，国家的监督往往针对的是特定的私人经济活动，比如私人运输企业、私人银行。在法律授权的范围内，公权力可以对其采取抽查、监控等多种监督措施。除此之外，再对一般公民进行一种常态性的监督，是对人民的不信任或危害公民自由的表现。经过启蒙运动的洗礼，现代公民被推定为是清白正直的，对公民进行大规模的监督与清白推定理念格格不入。因此，检察机关虽然对犯罪嫌疑人可以采取刑事调查措施，查清其行为是否违反《刑法》规定，但在理念上，检察机关的行为并不视为是在对公民活动的合法性进行法律监督。

德国检察机关在侦查活动中可以指令警察并对警察的侦查工作进行领导，必然含有对警察侦查活动合法性进行审查的监督内容。这种活动可否被评价为德国法律理念中的"法律监督"，取决于可否将检察机关和警察机关认定为行政机关以及是否能够将刑事追诉行为评价为行政上的行为。在德国，警察机关属于行政机关毫无疑问，并且部分观点支持检察机关也属于行政机关。尽管大部分人不会把刑事追诉行为视为一种行政行为，但可以将其视为更广义的国家管理行为的一部分。从这个特殊的角度和立场，可以勉强认为检察机关对警察的侦查活动进行的也是一种"法律监督"。对于法院而言，检察机关可以对法院的裁判以及庭审活动提出异议，实质上是对其裁判合法性的一种审视，但由于法院并非行政机关，因此检察机关对于法院的监督，并不是这里所谓的"法律监督"。

二、"法律守护者"形象体现了法律监督的思想

欧陆检察机关在近代的诞生和发展过程中，往往被称之为"法律守护者"。其实，"法律守护者"最早指的是国王财税官。国王财税官的重要任务是维护王室的财税利益，但同时拥有强大的司法职能。在德意志土地上的普鲁士王国，国王财税官在 16 世纪后期可以在纠问程序中负责调查工作，17 世纪他的权力扩展到对法庭秩序和政府机关进行监督，拥有对司法官员和政府职员进行纪律处分的权力。在法国，国王财税官一开始只是作为国王的代理人参加诉讼，但渐渐地拥有了对法院有序审判和尊重法律情况进行监督的权力。德国和法国的国王财税官都被当时的文献称之为"法律守护者"。

但是，法国和普鲁士的国王财税官却有着迥异的历史命运。在18世纪的普鲁士，国王财税官的权力设置很快和法院权力发生冲突，争论点在于其是否可以不听从法院的指令而独立自主地进行调查。在冲突中，国王财税官渐渐走上历史下坡路。其在刑事诉讼中的职能被法院的特别委员会取代，只保留了对财税案件的刑事调查职能。18世纪后期，其功能仅限于监督人们遵守大量的警察国家的法令。19世纪初期，国王财税官就完全消失了。而在17和18世纪的法国，国王财税官却权力膨胀，成为影响整个司法系统的一个机构，发展为诉讼程序中的公共利益的独立代表方，被称为公共事务部，德语将之翻译为 Staatsanwaltschaft（检察院）。法国在1789年大革命之后建立了以公诉、公开审判、推行参审法庭为特征的现代诉讼制度。检察机关不但是单向的公诉人，而且也是"法律的守护者"，在刑事诉讼中也要维护被告人的利益。检察官有权申请终止追诉和宣告无罪，有权提起对被告人有利的法律救济手段，可以监督法院的审判过程。总检察长甚至可以在法官晋升问题上向司法部长发表意见。总体来看，法国检察机关被设计为国家对司法的监督机构。它的公诉人的任务只是一个次要的职能。

无论在普鲁士还是法国，国王财税官所展现的"法律守护者"形象，都体现了法律监督者的思想。但在专制君主时期，法律只是体现君主意志、维护专制统治的手段而已，因此所谓的"法律守护者"实际上只是国王监控政府机关、法院和臣下的耳目。在启蒙运动中，法国思想家孟德斯鸠提出了理性法律观，认为法律是人类理性，法律是对自由的界定。经过这种石破天惊的思想洗礼，"法律守护者"的形象发生了重大转变，自此，检察机关成为自由和正义的法律的守护者。

三、检察机关被作为法律监督机关引入德国

从18世纪末19世纪初期开始，德意志一些邦国开始考虑以法国制度作为蓝本来建立自己的检察制度。反对声音认为，检察官追求单方面追诉，

更像是"愤怒的司法骑士",相比之下,中立客观的法官更符合"法律守护者"的形象。直到 1841 年,普鲁士王国和萨克森王国立法机关还坚持认为,警察可以追诉所有的犯罪,而设立检察机关来监督警察则没有必要,因为警察本来就是处于政府的监督之下。对法院实施额外的监督则有悖于法院的独立性,不应该对法院保持不理智的不信任。

1832 年,巴登大公国在德意志各邦国中第一次引入了检察制度。但是检察官的任务只是对涉及媒体的犯罪进行起诉和出庭。1837 年巴登大公国的检察官被赋予了监督刑事诉讼和判决执行的权力,其监督职能被大大强化。1841 年汉诺威王国引入了检察制度。检察官的任务仅限于对驳回起诉、宣告无罪等法院裁决提起法律救济措施。可以看出,汉诺威王国完全是把检察机关当作履行监督职能的"法律守护者"引入的。

普鲁士的时任司法部长穆勒尔和时任立法部长萨维尼认为,"法律守护者"守护的是体现先验的正义理念或者自然法观念的法律。在萨维尼 1844 年设计的检察制度方案中,检察官的职权只限于监督意义上提起法律救济措施。1846 年,普鲁士司法部在一份著名的备忘录中指出:作为"法律守护者",检察机关应该在针对被告人的程序中,从一开始就让法律得到足够的遵守,检察机关既要作为被告人的对立面出现,同时也要保护被告人。德国学者艾博哈特·施密特认为,"法律守护者"内涵从君主耳目转变为正义守护者,象征着警察国朝着法治国的转变。1846 年普鲁士正式引入了检察制度。与汉诺威王国不一样的是,检察机关被赋予刑事起诉职能,较为完整地借鉴了法国检察制度模式。

四、检察机关的法律监督既包括合法性监督也包括符合目的性监督

德国 1848 年革命促进了各邦国根据法国模式陆续引入检察制度。公诉、公开审理、口头审理等重要的诉讼原则得以确定。检察机关除了追诉职能,明确被界定为政府对于司法工作的监督者。检察机关作为警察的领导者可以监督警察的侦查,还可以监督法官的调查工作,出席所有的庭审会议,提起公诉和运用法律救济手段。为了维护法律,它甚至可以针对法院判决提起抗告。

德意志第二帝国建立后,1877年颁布了帝国统一的《刑事诉讼法》,确定了起诉的法定原则并明确检察机关承担起诉职责。在侦查方面,检察机关可以对轻微刑事案件进行侦查,严重的案件仍然由法官负责侦查。对于检察机关的定位,立法者采取出一种中间立场。通过赋予检察机关有限的侦查权,以及出庭公诉、指控被告人等职权,检察机关呈现出对被告人的单向追诉者的形象。但是《刑事诉讼法》同时规定,检察机关在侦查中要考虑有利于被指控人的情况,判决后还可以提出对被告人有利的法律救济手段,这就使得检察机关拥有客观性的义务。检察机关既是追诉者,也是法律守护者,从总体上讲,后一种职能占主要地位。尽管如此,对检察机关定位的争论从未停歇。"法律守护者"的主张者要求给检察机关扩权,让检察机关主导侦查工作。理由正如德国学者李斯特在1901年提出的那样,检察机关是世界上最客观的机构。这种呼声在1974年得以完全实现,通过刑事诉讼改革,法官的诉前侦查被完全废除了,检察机关成为侦查程序的领导者,而法院仅限于批准一些强制性措施。

现在德国的刑事诉讼制度,理念上大体保持了1877年以来的基本原则。但由于持续性的改革,一些诉讼结构已经发生突破。首先,检察机关主导了侦查程序,这使得其作为追诉者的地位大为增强。其次,检察机关酌定不起诉手段增多,在很大程度上成为刑事程序的主导者。再次,由于诉讼协商制度的引入,检察机关成为与法院并列的对刑事诉讼走向共同起决定作用的机构。这些变化使得德国检察机关在追诉功能乃至审判方面的功能有所加强,但它传统的监督功能并没有被削弱。根据德国学者沃德斯凯的观点,虽然"法律守护者"这个术语在当代已经不再流行,但是从检察机关在刑事诉讼中的大量职权来看,它的监督特征还是很明显的。在侦查程序中检察机关监督着警察的侦查活动。在主审程序中,根据德国《刑事与罚款程序条例》的明文规定,检察官的任务是确保审判顺利进行,使法律得到遵守。检察官在主审程序中有一直在场的权利。法官在作出每个涉及庭审参与人权利的决定前必须听取检察官的意见。在证据调查过程中,检察官拥有提问的权利、发表意见的权利以及建议调取证据的权利。检察官可以对审判长在审判中的决定提出异议，对法院的裁决提出抗告，对法院的判决提出上诉或上告。对于审判程序本身，检察官要监督程序有序和有效率地进行，为此他可以提出各种他认为合理的建议、申请和谴责。

德国行政法中的"法律监督"实质上只是一种合法性监督，不包括"符合目的性"的监督。而刑事诉讼中检察机关的法律监督，既包括合法性监督，也包括符合目的性监督，即对于实现目标的方式与手段合理性的监督。它要求监督刑事诉讼公平、有序且有效率地推进。

（原载于 2016 年 3 月 1 日《检察日报》）

法国检察监督：公共利益的最后屏障

施鹏鹏 *

在法国，检察机关不仅是公诉机关，还是法律适用的监督机关，后者系法国检察制度的特色所在。依《司法组织法典》及《刑事诉讼法典》（1958 年）的相关规定，法国检察机关享有极为广泛的监督权，既包括诉讼内监督，也包括诉讼外监督，被法国学术界誉为"公共利益的最后屏障"。

施鹏鹏

一、刑事侦查监督

法国在刑事诉讼中奉行"检警一体化"的侦查构造，检察官系侦查程序的主导者和指挥者。检察官的侦查监督权主要体现为启动侦查程序监督权、强制措施监督权以及直接调查权。

启动侦查程序的监督权。依法国《刑事诉讼法典》第 19 条之规定，"司法警察在知悉发生重罪、轻罪和违警罪后，有义务立即报告共和国检察官"。而个人、社团组织、协会、行政机构等也有义务将其所发现的犯罪行为报告共和国检察官。共和国检察官在接获相关的犯罪信息后，即掌握侦查的指挥权。其可自由选择负责案件调查的机构，或要求若干机构同时进行调查，并负责协调各调查机构之间的调查行为及信息交流，以实现证据信息汇总。共和国检察官或者代理检察官还有权在任何时候将调查工作由一个机构转交给另一个机构。调查机构（如司法警察）在侦查行为结束后应将取证笔录的正本并附副本以及相关的文件送交共和国检察官（《刑事诉讼法典》第 19 条）。

强制措施监督权。如前所述，一旦发生刑事犯罪，司法警察应立即报告共

---

* 中国政法大学教授。

和国检察官。共和国检察官可亲临犯罪现场进行侦查,也可委派司法警官进行侦查。共和国检察官还可下令采取搜查措施和扣押措施、现场扣留相关人员、拘留犯罪嫌疑人和提供简单信息的证人以及发布拘传令要求涉嫌参与犯罪的个人接受调查等。但自 20 世纪 80 年代起,共和国检察官便丧失了对犯罪嫌疑人适用临时羁押措施的权力。该权力现在由自由与羁押法官行使。

直接调查权。在《刑事诉讼法典》颁布前,共和国检察官对一般刑事案件的调查权一直未正式写入法律。但在司法实践中,共和国检察官事实上也行使对案件的调查权。《刑事诉讼法典》颁布后,立法者才首次以“预侦程序”为名将检察官所享有的这一调查权正当化和合法化。由于共和国检察官对司法警察享有一般的指挥权,因此,共和国检察官自然享有司法警官所享有的调查权。在 20 世纪 70 年代至 90 年代的一系列法律改革中,法国立法者不断扩大了共和国检察官所享有的调查权:酒精检测权(1978);对财产、家庭及社会状况的调查权(1981 年及 1989 年);技术或科学审查权(1985 年);对未成年人状况的教育调查权(1985 年);在毒品交易网络中批准卧底调查的权力(1992 年);身份审查权(1993 年);拘留措施的控制权(1993 年);以及边境 20 公里地区的车辆审查权以及职业地区的审查权(1997 年)。除此之外,法国立法者还于 1993 年首次赋予共和国检察官在预侦程序中诉诸公共力量的强制权(《刑事诉讼法典》第 78 条)。

二、刑事执行监督

在刑事判决生效后,检察官负有监督刑罚执行的重责(《刑事诉讼法典》第 707 条及第 708 条)。共和国检察官负责其管辖区内违警法院、轻罪法院、青少年法院以及管辖区内重罪法院所宣布之量刑的执行;而总检察长则负责上诉法院及管辖区内重罪法院所宣布之量刑的执行。因此,检察官和警察机构、宪兵队、狱政部门、刑罚执行法官、国家司法犯罪纪录局、国库主计官、市长、国家事务局以及省长等长期保持紧密联系。低于一年的剥夺人身自由的监禁刑或者中止或撤销驾照的刑罚的,由共和国检察官或总检察长在咨询法官的意见后直接执行(《刑事诉讼法典》第 D49B1 条)。如果法院宣布暂时吊销或撤销驾驶执照,则检察机关应同时通知省长,并向其移交被撤销的驾照;量刑为罚金刑的,检察官须将判决的摘要移交国库主计官,由国库主计官负责罚金征收;量刑为附缓刑监禁刑的,由刑罚执行法官以及缓刑委员会在检察官的请求下适用并执行;量刑为禁止外国人入境的,由省长依检察官的请求执行;其他刑罚如告示、公告、充公、关闭企业,剥夺民事权利等由检察官直接执行。为准确无误地履行这些职责,每个检察官都拥有一套刑罚执行卡片,记载了从刑罚公布到完整执行的所有细节以及阶段性监控。检察官还可求助公共力量在全国范围包括签署申根协议的国家内发布搜查令和逮捕令(《刑事诉讼法典》第 709 条)。如果罪犯在申根协议以外的其他国家内被发现,则检察官可通过国际刑警组织对该罪犯实施临时抓捕,并通过外交手段进行引渡。检察官还可直接查询国家被拘留者的数据档案。

此外, 共和国检察官是其管辖区内各个狱政机构刑罚执行委员会的成员,参与监外服刑、半自由刑、减刑、刑罚的分段执行或中止执行、附陪同人员的外出许可、外出许可以及假释等决定的制作。共和国检察院还负责征收司法费用、适用人身强制措施、对特赦之诉及恢复名誉请求之诉进行预审以及执行大赦法。共和国检察官同时也是其管辖区内驻犯罪受害人赔偿委员会的检察官。

检察官还对狱政机构享有监督权。依《刑事诉讼法典》之规定,共和国检察官每一季度至少应视察一次管辖区内的狱政机构。在视察期间,共和国检察官应准确核实囚犯入狱名单并认真听取被羁押者所提出的请求。共和国检察官还应在视察登记册上发表意见,并以书面形式提交至总检察长处。总检察长也应定期视察狱政机构,并履行与共和国检察官相同的义务。总检察长还有义务向司法部部长报告相关狱政工作所面临的困难或所存在的问题; 共和国检察官和总检察长也是管辖区内每一狱政机构监管委员会的成员。监管委员会每年至少应开会一次,听取狱政机构负责人的报告。检察官可对报告发表意见,并将信息反馈到司法部;如果管辖区内的狱政部门出现囚犯自杀案件,则共和国检察官应立即介入,调查死因,并协同省长、司法警察调查部门以及其他相关组织尽快恢复狱政部门的正常秩序。应该说,检察官对狱政机构的监督相当有意义，既可矫正狱政部门的不法行为甚至犯罪行为，也可确保检察官充分了解其管辖区内刑罚执行的基本状况。

三、民事诉讼监督

在民事诉讼中，检察官可联合当事人参与民事诉讼，"为法官的审判提供有价值的参考意见，使法官在听完对抗双方当事人的陈述之后聆听另外一个公正而中立的声音，并作为正确适用法律的一个依据以降低司法错误的发生率"（1976 年《新民事诉讼法典》第 424 条）。检察官可提供书面意见，亦可提供口头意见。在第一种情况下，检察机关向法院提交书面结论，且须将这些书面结论提交各当事人。在第二种情况下，检察官在法庭上口头说明结论（《新民事诉讼法典》第 431 条第 2 款）。原则上，检察官可以自由选择一种方式，且一种方式足矣。但在某些特殊情况下，检察官必须提交书面结论（《新民事诉讼法典》第 1041 条第 2 款，第 1250 条），或者必须在法庭上口头说明结论（《新民事诉讼法典》第 800 条，第 1208 条第 2 款）。

检察官启动民事监督的方式有两种：一种为强制介入和强制通报；另一种则为自愿介入。所谓强制介入，指检察官介入民事诉讼并不需要有当事人的请求，一旦法律规定或者法官决定要求获得检察官的意见，则检察官可强制介入民事诉讼。此时，材料的通报及检察官的意见均成为有效判决的必要条件。强制通报又可分为两种：法定通报和司法通报。前者是基于法律规定的强制通报，后者则是基于法官裁决的强制通报。自愿介入则发生于初审法院和上诉法院。依《新民事诉讼法典》第 426 条规定，"检察官可以了解其认为应当参加诉讼的其他案件"。因此，检察官在任何情况下都可"主动介入民事诉讼"而无需附带任何条件。有法国学者因此而认为，"（在民事诉讼中）法庭之门总是对作为联合当事人的检察官打开的"。

四、诉讼外监督

作为公共利益的代言人，法国检察官不仅在诉讼领域担任法律守护者的角色，亦在行政管理领域忠实履行监督者的职责。其所监督的内容包括监督司法辅助人员、监督相关机构(如狱政机构、精神病机构、私人教育机构以及酒类出售机构等)、检察院外的行政管理(如司法文书的送达、罪犯引渡以及监督法院判决的执行等)以及与公共秩序维护紧密相关的其他事项(如监督民政事务、矫正身份文件中纯粹实质性的错误或遗漏、审查入籍人身份证件、监督书及期刊的版本备案、期刊创设声明等等)。但检察官在这一领域里主要以监督为主,而很少以积极作为的形式介入。

(原载于 2014 年 10 月 14 日《检察日报》)

法国有一套严格的司法官惩戒程序

施鹏鹏 *　　谢鹏程 **

在法国的司法体系中,司法官包括法官和检察官,检、法同署,检察官和法官在培训、遴选、晋升等诸多方面极为类似,故法国学界又将"法官"称为"坐着的司法官",将检察官称为"站着的司法官"。然而,在责任追究方面,法官与检察官略有不同。依《法兰西第五共和国宪法》第 64 条之规定,法官终身任职。1958 年《司法官身份法》第 4 条进一步规定,未经法官同意,不得对法官进行职务调整。这是司法独立的重要保障。但检察官则不享有这一特权,对上级具有服从义务。

施鹏鹏

谢鹏程

一、乌特罗冤案影响深远

时下,一些法国公民甚至政治人物对法官"终身任职"的特权持有异议,认为这违背了 1789 年《人权宣言》第 15 条的规定,即"社会有权要求机关公务人员报告其工作"。2000 年的乌特罗冤案更引发了法国各界对强化司法官责任追究的反思。

2000 年 12 月 5 日,乌特罗镇一对夫妇被指控曾对自己的儿子进行性虐待。经调查,警方怀疑该夫妇的一些邻居及朋友也涉嫌性侵儿童的罪行。这起刑事案件由预审法官比尔戈负责。由于社会影响较大,所涉人员较多,案件的预审竟持续三年半时间,共传讯几十名犯罪嫌疑人或证人。在整个预审过程中, 比尔戈法官始终固执地认为相关犯罪嫌疑人犯有性侵害的罪行,

---

* 中国政法大学教授。

** 最高人民检察院检察理论研究所副所长,享受国务院特殊津贴专家。

对于辩方的意见不予理睬。随后,18 名犯罪嫌疑人分别被以聚奸、猥亵和毒害儿童等罪名提起公诉。2004 年 7 月 2 日,圣·奥梅尔重罪法院作出一审判决,除 1 名犯罪嫌疑人在审前先行羁押阶段因不堪重负自杀外,有 7 名被告人被无罪释放,10 名被告人被判有罪。2005 年 12 月 1 日,巴黎重罪法院作出二审判决,撤销了一审判决中对 6 名被告人的有罪判决。至此,除 4 名被告人被最终判定有罪之外,其余 13 名被告人均被无罪释放。这便是被法国媒体称为二战后法国最大冤案的"乌特罗案件"。在该案件长达 40 多个月的预审期限中,14 名无辜者除 1 人自杀、1 人因怀孕保外候审外,其余都长期被先行羁押。不少犯罪嫌疑人因此而蒙受了巨大的精神痛苦,甚至妻离子散。

乌特罗案件发生后,法国成立了专门的调查委员会,并对 1958 年的《司法官身份法》作了若干修改。尽管法官"终身任职"的特权并未因此被取缔,但司法官的责任追究成为最近十余年来法国理论界及实务界共同关注的热点问题。在制度框架上,法国的司法官可能因个人行为承担刑事责任、纪律惩戒责任和民事责任。司法官最高委员会在司法官追责上发挥着主导作用,并遵循严格的调查及惩戒程序。

二、司法官的责任形式

如前所述,司法官可能因渎职或其他违法行为而受到调查,并因此承担刑事责任、纪律惩戒责任或民事责任。

(一)刑事责任

在法国,无论法官还是检察官,均不会因当事人对所作出的裁决不满而受到刑事追责。司法官触犯刑律有两种情况:其一是司法官员与其他公民一样,在日常生活中实施了犯罪行为,如盗窃、杀人、欺诈等。在这种情况下,司法官员并不享有任何特权,在普通的刑事法院内接受裁判,适用《刑法典》及《刑事诉讼法典》的一般规定。其二是司法官在履行职责时实施了职务犯罪行为,主要为滥用职权、拒绝裁判及接受贿赂等,这亦规定在《法国刑法典》中。例如,《法国刑法典》第 434-7-1 条规定,"法官及其他在法庭上负责裁判的人员,或者所有行政职权机关,在收到请求后拒绝裁判的,或者在收到上级警告或命令后仍继续拒绝裁判的",可处以 7500 欧元罚金,以及 5 至 20 年禁止履行公职。但需要特别指出的是,检察官作出不起诉决定的,或者预审法官拒绝民事当事人之请求,决定不启动预审程序,或者预审法官拒绝当事人采取某些预审行为之请求的,均不构成拒绝裁判罪。

2007 年 11 月 13 日,法国又颁布了《反腐败法》,增设了"为自己及为他人"谋利益以及"司法人员利用影响力交易的行贿及受贿犯罪"。但总体而论,在法国的司法实践中,极少有司法官触犯刑律,这可能也是法国社会各阶层对司法官评价较高的原因之一。

(二)纪律惩戒责任

司法系统内司法官的纪律惩戒责任规定在 1958 年《司法官身份法》第 43 条及以下。司法官在履行职责过程中存在"个人过错"的,应予以纪律惩戒。该条款还对"个人过错"作了区分:其一,为违背司法官"国家义务、荣誉、正直或尊严"的行为;其二,为违背职业义务的行为,如泄露合议秘密、违背不得兼职之义务等;其三,检察官还不得违背"上令下行"的义务。

《司法官身份法》第 45 条规定了如下 9 种纪律惩戒形式,分别为:1.训诫并记入档案。2.调任。3.撤销某些职务。4.在最长 5 年的期限内禁止任命或委派为独任法官。5.降级。6.在最长 1 年的期限内暂时免职,并全部或部分停发薪酬。7.降职。8.强制退休或者在司法官未有退休金的情况下终止其职务。9.撤职。

对于法官,司法官最高委员会负责纪律惩戒,并直接适用处罚。对于检察官,司法官最高委员会仅可提出一般的纪律惩戒意见(必要的前置条件,参见 1958 年《法官身份法》第 59 条),由司法部部长负责最终的纪律惩戒。但两者所遵循的程序基本相同。这种法官和检察官惩戒程序的差异反映了审判制度与检察制度的内在差别。

(三)民事责任

在 1979 年之前,法国允许当事人对法官提起弹劾之诉(《法国民事诉讼法典》旧的第 505 条),即"如果审理案件的法官欺诈、欺骗、贪污、犯有严重过错或者拒绝裁判",则当事人经上诉法院院长批准,可以以个人名义,将审理案件的法官起诉至上诉法院。但 1979 年 1 月 18 日第 79-43 号组织法废除了该程序。依《司法官身份法》新的第 11-1 条之规定，"所有司法系统内的司法官仅得因个人过错承担责任。承担司法公职的法官存在个人过错的，仅得由国家提起司法官追偿之诉。这一诉讼向最高法院民事庭提起"。此后，因司法官过错而蒙受损害的受害人不得直接对司法官个人提起民事赔偿之诉，而仅得由国家提起司法官追偿之诉。当前，法国司法官的责任主要为刑事责任和纪律惩戒责任，民事责任则更主要是某种理论的创设，几乎不具有实践意义。

三、纪律惩戒的调查程序

任何诉讼当事人认为司法官行为应追究纪律惩戒责任的，可向司法部部长、上诉法院院长或总检察长提出控告，也可直接向司法官最高委员会提出控告。司法部部长、上诉法院院长或总检察长收到控告后，如果认为事出紧急、所指控之事实可能追究涉案司法官纪律惩戒责任的，可在咨询涉案司法官所在法院院长或总检察长的意见后，向司法官最高委员会提出建议，暂时停止该司法官的职务，直至责任追究程序结束。

司法官最高委员会应在收到建议后 15 日作出裁决。为司法之利益而暂时停止涉案司法官职务的裁决不得公开作出，亦不得由此剥夺司法官获得报酬的权利。如果当事人直接向司法官最高委员会提出控告，则先由控诉受理委员会(司法官最高委员会的内设机构)进行预先审查。审查的内容主要包括所指控的事实及请求是否清楚、指控材料中是否有指控人详细的个人资料以及指控是否在当事人涉诉案件判决发生效力的 1 年后进行。如果受理委员会在审查控诉后，认为指控材料不充分，或者指控理由显然不成立，或者不符合程序要件，则应予以驳回。但如果受理委员会认为指控具有初步的证据证明，且符合各项程序要件，则应予以受理，并告知涉案司法官。自司法官最高委员会受理案件后，涉案司法官便有权了解指控的相关证据及材料。

在此期间，受理委员会可向涉案司法官所属上诉法院的院长或总检察长了解各种有用的信息并要求其发表评论意见，也可以会见涉案司法官及控告人,听取其意见,但受理委员会并不享有调查权,不得会见证人。

四、纪律惩戒的裁决程序

受理委员会在综合各方材料及意见后认为应启动纪律惩戒程序时,应将案件移送"纪律惩戒委员会"(司法官最高委员会的内设机构,由最高法院院长任主席,负责法官的纪律惩戒)或"检察官惩戒委员会"(司法部的内设机构,由检察总长任委员会主席、一名最高法院院长、两名副总检察长、两名资历最深的司法部官员以及三名检察官组成,负责检察官的纪律惩戒)审查。如认为事实不成立则予以驳回,此裁决为终审裁决,不得提起上诉,但司法部部长以及上诉法院院长、总检察长仍保留对涉案司法官向司法官最高委员会提起控告的权力。受理委员会所作出的裁决,应告知涉案司法官、控告人、涉案司法官所在法院的院长以及司法部部长。

涉案司法官可以获得同僚的帮助,如最高法院司法官或最高行政法院司法官,也可以聘请律师提供法律帮助。如果调查程序并无必要,或者调查程序已经终结,则涉案司法官将在纪律惩戒委员会或检察官惩戒委员会出庭。出庭时间不得超过司法部部长获得指控信息的 3 个月。涉案司法官应亲自出庭。如果因病或其他正当事由而无法亲自出庭的,则由其同僚即最高法院或最高行政法院的司法官,或者律师代为出庭。涉案司法官及其法律顾问有权了解报告者的报告内容以及相关的档案和证据材料。除为维护公共秩序或者保护私生活,或者基于司法利益保护之需要,庭审均公开进行。涉案司法官可以自由陈述辩护事由,纪律惩戒委员会及检察官惩戒委员会在听取辩护意见后进行秘密合议,而后公开判决。如果涉案司法官并非因不可抗力而未出庭,则庭审不受影响,视为遵循了对席原则。纪律惩戒委员会及检察官惩戒委员会的表决采用多数通过原则,如果支持票和反对票数量相同,则审判长持决定性一票。对纪律惩戒委员会判决不服的,当事人可向最高行政法院提起撤销之诉。对检察官惩戒委员会判决不服的,则可向最高行政法院提起滥权之诉。

(原载于 2014 年 9 月 23 日《检察日报》)

法国检察官选任和晋升制度
较为完善

施鹏鹏*　谢鹏程**

在比较法上,法国普通法院的检察官具有标本意义。按所属系统的不同,法国的检察官分为三类:普通法院系统的检察官、行政法院系统的检察官以及特殊法院系统的检察官。

一、检察官的遴选

与英美法系国家不同,法国的检察官并非从资深律师中遴选,而是直接面向对司法行业兴趣浓厚的年轻人(新进的检察官,往往是 28 周岁以下的年轻人),尤其是法科毕业生。每年新设检察官的岗位,由司法部依各地各级法院的实际情况以及财政状况予以确定。所有享有公民权利、身体健康、精神正常的法国公民均有权利应聘检察官职位,具体步骤如下:

(一)通过会考

在法国,任何公职包括检察官的遴选,原则上均必须通过会考,这源于 1789 年《人权宣言》第 6 条所确立的原则:"……在法律面前,所有的公民都是平等的,故他们都能平等地按其能力担任一切官职、公共职位和职务,除德行和才能上的差别外不得有其他差别。"宪法委员会在多次判决中反复重申了这一原则。

法国时下共设四种形式的会考,有三种是一般性的会考,另一种则是补充性的会考。

第一种形式的会考为"外部会考"。考试对象为不满 27 周岁、取得为期至少 4 年的高等院校毕业文凭(大学学士学位)的公民。该文凭可以是法国高校颁发的,也可以是法国认可的,或者是由欧盟成员国颁发并由法国司法

* 中国政法大学教授。

** 最高人民检察院检察理论研究所副所长,享受国务院特殊津贴专家。

部根据专门委员会意见承认其同等效力的。考试内容主要包括法科知识（民法、刑法、行政法及程序法的笔试及口试）、思想及普通文化（普通文化采用笔试的方式，此外，在这一科目中，考生还应参与评委会的面试）、分析和综合能力（综合能力考试）以及沟通能力（由录取评委会进行口试）。检察官在法国社会中处于较高的地位，这一职业受到许多年轻人的青睐，每年均有约1400 名的考生参加"外部会考"。

　　第二种形式的会考为"内部会考"。考试对象为不满 46 周岁、已有 4 年从事国家公务员、军人、其他国家工作人员或地方工作人员及有公立机构人员工作经历的公民。此一类型会考设有一阶段的会考准备期，在国家司法官学院监督下进行，参加考试的候选人享有薪金待遇。考试内容与"外部会考"相同，但参与人数较少。

　　第三种形式的会考创设于 1992 年，无学历要求。考试对象是不满 40 周岁、从事法律职业活动、在地方担任民选代表或者以非法律职业人员身份从事法律工作满 8 年的法国公民。考试内容的理论性较低，但参与人数不多。

　　2005 年，法国共有 224 名考生通过外部会考，19 名通过内部会考，7 名通过第三种形式的会考。而在 2006 年，186 名考生通过外部会考（报考人数为 2409 名），18 名考生通过内部会考（报考人数为 334 名），6 名考生通过第三种形式的会考（报考人数为 72 名）。

　　第四种形式的会考为"补充会考"。2001 年 5 月 30 日的《司法组织法》授权对一些专门人才开放会考，并作为遴选司法官的补充方式。补充会考有两次：一次是二级司法官会考，候选人的条件是年满 35 周岁、可证明在法律、行政、经济和社会领域至少有 10 年专业工作的经历。获得此种资格的个人应终生从事司法职业。另一次是一级司法官会考，候选人在举行会考当年的 1 月 1 日应年满 50 周岁，并证明在法律、行政、经济和社会领域至少有 15 年职业工作经历，获得此种资格的个人亦应终生从事司法职业。这种会考难度较低。通过会考的候选人将在国家司法官法院进行为期 6 个月的简短培训，其中 5 个月在法院。2005 年，在 335 名新任命的司法官中，有 48 名系通过"补充会考"产生。

需要特别指出的是,1958 年的《司法官身份法》第 18B1 条还设立了三类可免考的人员,名额最高可占各类通过国家司法官学院会考总数的 20%。条件是:27 周岁至 40 周岁的法国公民,且具备如下条件之一:(1)在经济或社会司法领域已经从事过 4 年司法工作的法律专家。(2)法学博士,同时还具有其博士学位专业以外学科的高等文凭。(3)在公立高等院校法律专业从事教学和科研职业的人员,且从事该工作 3 年以上。符合这些条件的人员无须经过会考便可直接进入国家司法官学院培训,培训时间为 28 个月。法国司法部的数据表明,2005 年,335 名进入国家司法官学院学习的司法学徒中,有 37 名是通过免考产生,比例为 11%。

(二)司法学徒的培训

通过会考或免考产生的候选人即成为"司法学徒"。司法学徒应进行宣誓,并作出从事 10 年以上司法官职业的保证。宣誓后,司法学徒应在国家司法官学院接受 31 个月的带薪培训,结业考试合格后方可到司法机构工作。法国国家司法官学院设于法国吉伦特省首府波尔多市,是法国唯一有资格培养司法官的专门学校。培训分两个阶段:一般培训与专门培训。一般培训时间为 25 个月:3 个月在政府、地方行政单位或外国、欧盟司法机构实习;8 个月在国家司法官学院学习基本理论知识、司法礼仪、道德教育等;14 个月在法院及检察院实习。实习期间,司法学徒可以参加法官的庭审、检察官的公务活动,也可以作为编外成员参加民事和轻罪审判活动,宣读公诉状和裁判文书,参加合议并发表意见,还可以参加重罪法庭的合议,不过没有权利发表意见。司法学徒还可以在律师事务所进行实习,但不得兼职和参加罢工。一般培训结束后,司法学徒还将参加为期 6 个月的专门培训,在即将工作的法院实习。

培训结束后,司法学徒应通过结业考试,并按成绩排出名次。自 1994 年起,法国设结业考试排名委员会,由最高法院一名法官主持,负责发布每一位司法学徒所适合工作的意见书。未通过结业考试的司法学徒,将被排除在名单之外,委员会也可决定令其重修(2007 年,委员会决定除名 2 人,让 10 人重修)。各地司法官职位空缺会作统一登记列表,按表分配工作,程序完全透明。依据所空缺的司法官职位，司法学徒或分配为法官，或分配为检察官。由成绩好的司法学徒先行挑选，成绩差的随后挑选。在履职前，任命新司法官的法令草案将被提交至司法官最高委员会。司法官最高委员会有权对某些职位的分配提出反对意见。分配到检察院的司法学徒，一般从助理检察官做起。分配到法院的司法学徒，一般从大审法院的法官职位做起，通常是预审法官或大审法院管辖的法官。

二、检察官的任命

法国的检察官分为三级，从低至高分别为二级检察官、一级检察官和最高级检察官(如图所示)。新上任的检察官由共和国总统在司法部部长的提

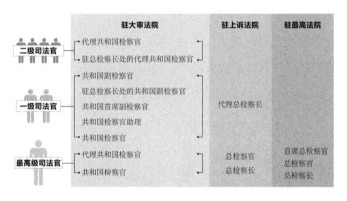

法国检察官职级图　王鲁坤/制图

议下，以法令的形式予以任命。检察官必须在上诉法院内进行宣誓。宣誓内容为："我宣誓，正确并忠诚地履行职责，严格守护评议秘密，做一名高尚且正直的司法官。"司法官宣誓内容须以笔录形式固定。未经宣誓的司法官所作法律文书全部无效。这里必须强调，宣誓要求仅针对新晋司法官，司法官调动职位的，无需再行宣誓。

法国自 1992 年起便确立了"侧面遴选"制度，允许 35 周岁以上、拥有法学硕士学位、在私营机构或公权力机构工作，或者担任书记室负责人，且有 7 年至 10 年职业经验的人员，直接任命为二级检察官和一级检察官。法律还设立了最高级检察官遴选，不设限额，"工作 10 年以上的大学法学院教

授,以及拥有 20 年执业经验的驻最高行政法院及最高法院的律师,或者有
25 年执业经验的其他律师"可直接遴选为最高级检察官。

对于直接任命,法国设立了专门的任命委员会,由最高法院院长负责。
任命委员会给候选人 6 个月的考核期。由国家司法官学院组织进行实习,并
由国家司法官学院毕业委员会通过面试对候选人的能力进行评估后提供意
见。任命委员会根据这些意见,决定是否予以直接任命。

三、检察官晋升制度

(一)司法官最高委员会

在法国司法官员的任命及晋升中,司法官最高委员会发挥着至关重要
的作用。它创设于 1883 年,原先为最高法院的纪律惩戒庭,后由 1946 年《宪
法》确立为独立机构,并延续至 1958 年《宪法》。1993 年 7 月 27 日,法律对
此进行了重大修改。司法官最高委员会由共和国总统任主席,司法部部长任
副主席,司法部部长可代总统主持司法官最高委员会。司法官最高委员会设
两个组,一组负责法官事务,一组负责检察官事务。两组设四名共同的成员,
分别由共和国总统、国民议会议长、参议院议长指定以及最高行政法院全院
大会遴选产生。此外,每组还有 6 名遴选产生、来自不同司法层级的司法官
代表。委员任期四年,可连任。因此,法国时下的最高司法委员会由主席、副
主席及 16 名委员组成。法官小组中包括 5 名法官和 1 名检察官,检察官小
组中则包括 5 名检察官和 1 名法官。

司法官最高委员会负责提出高级别法官(包括最高法院的法官、上诉法
院院长以及大审法院的院长等)的任命建议,以及审批司法部所提交的其他
法官的提名建议。司法官最高委员会检察组对于检察官的任命并没有约束
力,后者由司法部予以决定。总检察长的任命亦无须听取司法官最高委员会
的意见,而由部长理事会决定。

在司法实践中,司法官最高委员会所负责的工作十分具体,牵涉重大利
益关系,故要求极高。对于高级别司法官的任命建议,司法官最高委员会将
委托两名报告者准备所有候选人材料,并由全体委员进行认真审查。此后,

全体委员必须与候选人进行"会谈",听取候选人对职业动机的解释、对未来职位的设想以及对司法制度的思考。这一环节至关重要,往往决定候选人的成败。在听取候选人陈述后,司法官最高委员会进行集体合议,选择最合适的候选人,并在爱丽舍宫举行的法官最高委员会全体会议上向共和国总统提交名单,报告者还须向共和国总统口头阐明理由。

对于其他司法官的任命,司法部亦应将任命方案提交司法官最高委员会,并通过电子邮件发送所有司法官。任命程序完全透明,所有司法官均可对任命方案提出意见或异议。司法官最高委员会在综合各方意见及审查候选人材料后,与司法部部长在司法官最高委员会所在地(即巴黎凯布朗利)举行工作会,向司法部部长陈述意见。如果司法官最高委员会对司法官任命方案持反对意见,则司法部长应撤销所拟进行的任命。

(二)检察官晋升制度

在法国,检察官的职务晋升并不完全以从事本行业的资深程度为标准,而更多取决于检察官本人的职能素养。因此,法国确立了较为完善的检察官评价机制。

依 1958 年《司法官身份法》第 12B2 条之规定,每位检察官在司法部内均存有一份"行政档案",所涉内容包括检察官的公民身份、任命文件、司法级别、所受培训以及司法事故和纪律惩戒。档案中不得含有检察官的政治观点、工会观点或者宗教观点,以及涉及检察官私生活的材料。

检察官"行政档案"最核心的部分便是业绩考核。受评价检察官在考核程序中通过"自我评价"以及"评价会谈",充分陈述以往自己从事司法职业的相关情况。评价机构综合行政档案以及检察官的个人陈述作一书面的综述材料,包括对检察官的总体评价以及所擅长的职位建议和是否需要进行培训。书面材料中还附一份分析评价表,有 28 个不同等级的评价标准(从"特别优秀"至"不合格"),分为四部分:一般职业能力、司法能力和技术能力、组织能力和活动能力以及职业责任品格。相关评价同时发送所涉检察官,后者可以在晋升委员会提出意见以及异议。晋升委员会在听取申请者以及上级机构的意见后,如果发现明显的错误,则应予以矫正,并发布载明理由的意见,附在检察官的行政档案中。

法国检察官的晋升奉行严格的内部行政程序。从二级检察官晋升至一级检察官,应事先在晋升表上注册。每年由最高法院院长主持的行政委员会制定晋升表。该行政委员会成员包括:最高法院院长、总检察长、司法事务监察员、2 名最高法院的法官、2 名法院院长以及 10 名司法官。

从二级检察官晋升至一级检察官,须由共和国总统依司法部部长之提名,以法令的形式作出决定。依《法兰西第五共和国宪法》第 65 条之规定,司法官最高委员会可提出"一般性意见",但并无拘束力。而从一级检察官晋升至最高级检察官,规则相对复杂:首先,未经 2 年法定人事调动的检察官不得晋升至最高级检察官。法定人事调动期间,检察官可在行政部门、国营或私营企业、欧洲或国际机构履职,而未必从事检察工作。其次,最高级检察官同样由共和国总统以法令形式予以任命。司法官最高委员会可提出"一般性意见",但并无拘束力。

检察官在晋升时主要参考如下标准:

候选人的职业素养。这是决定性的标准。职业素养的评价主要依据各检察官行政档案中的各种材料。

与职位匹配度。候选检察官的管理能力、行政能力、活动能力或司法能力是否与所拟任职位相匹配。

地域及职业轮换。法国检察官在履职一定期限后会进行地域及职位的轮换,这主要是为避免检察官与地方有过多的利益牵连,以及矫正检察官长期履行相同职责的思维惯性。

候选检察官的年龄及资深程度。如前所述,这并不是决定性因素,但在能力相近的候选人之间,更为资深的检察官显然更具优势。

(原载于 2015 年 1 月 20 日《检察日报》)

法国检察官的身份之谜

万 毅 *

现代检察官制度是法国大革命的产物,被誉为"革命之子",法国亦因此成为现代检察官制度的滥觞地,并奠定了现代检察官制度的基本框架。在法国,检察官历来被视为与法官具有同质性的司法官,拥有与法官相同的"司法一体性",又由于检察官在法庭上总是站着发言,因而人们习惯称检察官为"站席法官",而称法官为"坐席法官"。

但是,近年来关于法国检察官的司法官身份却争议迭起。2010 年 3 月 29 日,欧洲人权法院在 Medvedyev 一案的判决中明确指出:"法国的检察官并不是欧洲人权法院定义下所指'司法权'的一部分",因为,"法国的检察官欠缺了一个特殊的独立性,该独立性乃指独立于行政权之外的司法权属性。"欧洲人权法院的上述判决击中了法国检察官制度的软肋和要害,也是其长久以来最为世人所诟病之处:作为行政权代表的法国司法部长享有对检察官的个案指令权,可能对检察官的办案独立性造成干预。

一、检察官办案欠缺独立性

法国检察官自创设以来即恪守上命下从的等级制传统,并在组织上隶属于行政机关。根据 1958 年制定并沿用至今的法国《司法官身份组织法》第 5 条的规定,检察官受其上级及司法部长的节制与指挥。这意味着,法国检察官被置于以司法部长为顶点的上命下从的阶层监督之中。法国的司法部长虽然不具有检察官身份,但却是法国检察官的最高行政首长,对全体检察官享有外部指令权,包括一般指令权和个案指令权。

由法律赋予司法部长以外部指令权,这是大陆法系国家检察官制度的

* 四川大学法学院教授,最高人民检察院检察理论研究所兼职研究员、最高人民检察院首批检察改革智库成员。

共通性做法。但与其他大陆法系国家如德国实务中司法部长自我节制、逐渐放弃行使个案指令权的趋势不同,法国司法部长行使个案指令权、公然干预检察官独立办案的事例不胜枚举,其对检察权运行过程介入之深以及干预"尺度"之大、频率之高,令人震惊。例如,1989 年 5 月 8 日,在对马赛市地区议员进行搜查后,驻上诉法院检察长准备进一步约谈被查议员。但法国当时的司法部长 Pierre Arpaillange 随即命令马赛市的检察长,以一个"莫须有"的理由,即以其可能会遭遇不可测的政治责任为由,强令将本案归档。而 1992 年接任司法部长的 Michel Vauzelle 刚一上任就迫不及待地行使其对检察官的个案指令权,毫不避嫌地公然命令马赛市的检察长暂停对其同僚——法国建设住房部部长贪污案的调查。

最令人担忧的是, 法国司法部长通过个案指令权干预检察官办案,甚至在某种程度上已经制度化。曾于 1990 年至 1992 年期间担任法国司法部长的 Henri Nallet 刚上任时,一到他在司法部的办公室,就看到办公桌上摆满了一叠一叠的卷宗,包括经驻上诉法院检察长签署之后呈送其决定的在查案件。Henri Nallet 是一位比较内敛节制的司法部长,他认为自己既无合法的理由也无任何权限每天为这么多在查案件给出决定意见。因此,他说:"我不能给出我的意见。"但得到的回答却是:"假如您什么都不说,部长先生,机器就停摆了。"由此可见,法国实务中检察长就个案向司法部长进行请示和汇报,并听取其指示,已成惯例。

二、对个案指令权的限制

对于司法部长的个案指令权可能给检察官独立办案造成的"杀伤力",法国并非视若无睹、无动于衷,而是有所防范:一是在法律上保留了部分固有权限交由检察长行使。例如,起诉裁量权就被认为是法律保留给各级检察机关检察长行使的固有权限,因而,各级检察机关检察长所作出的起诉与不起诉决定,即使违背司法部长的指令,仍属有效。但该固有权限唯有检察长方可行使,一般检察官并不享有。二是在审判阶段贯彻"笔受拘束,口却自由"的原则,即检察官作出的书面结论,必须服从上级的指令,但在庭审中,他有权自由陈述,不受上级指令权的拘束。

除此之外,法国还通过修改法律尤其是刑事诉讼法来进一步限制司法部长的个案指令权。根据法律规定,司法部长的指令应当是书面的,并归入诉讼案卷。同时,1993 年 8 月 24 日修改的《法国刑事诉讼法》第 30 条也规定,允许司法部长"向检察长揭露其知悉的违反刑法的犯罪行为,并以附于诉讼案卷的书面指令,命令检察长提起或指派检察官提起公诉或者向有管辖权的法院提起部长认为适当的书面请求。"这意味着,司法部长的个案指令权将受到两个方面的限制:一是司法部长只能指令提起公诉,而不得再指令检察长不起诉;二是司法部长的指令权只能以书面方式行使,且必须入卷,增强了个案指令权行使的公开性和透明性。

但是,从实践中的情况来看,上述改革举措的效果似乎并不明显,对于司法部长个案指令权的约束相当有限。就在《法国刑事诉讼法》修改后不久,1994 年 9 月 26 日, 法国司法部长 P.Mehaignerie 就行使指令权,将原本对法国总理 Edouqrd Balladur 收受别墅案进行的调查行动延后一个月,从而使得 Edouqrd Balladur 在没有争议的情况下顺利辞职,案件后来也不了了之。而更广为人知的,亦经常被用来作为法国司法部长干涉检察官独立办案例证的,是 1996 年 10 月发生的"尼泊尔直升机事件"。当时的法国司法部长 J.Toubon 在得知法国 Evry 地区的副检察长正准备对巴黎市市长夫人受贿案展开行动后, 为阻止副检察长对该案的侦办,遂派遣直升机前往尼泊尔将正在喜马拉雅山登山的 Evry 地区的检察长载回,要求检察长出面暂停该案侦办,但因该检察长早已离开登山营地而未得逞。

三、检察官身份仍待澄清

与德国等国的做法不同,法国的上述举措和改革方案,着眼点仍然是限制而非废除司法部长的个案指令权。因而,检察权与代表行政权的司法部长之间的关系"剪不断、理还乱"。而欧洲人权法院在 Medvedyev 一案的判决中之所以坚持认为法国检察官不具有独立性进而否认其系司法权的一部分,主要原因亦在于检察官与司法部长之间的这种隶属关系以及司法部长频繁动用个案指令权干预检察官办案,伤及了检察官的独立性,使得检察权无法独立于行政权之外。

但是,法国国内对于欧洲人权法院的判决似乎并不感冒,因为对于检察官的地位问题, 法国另有一套理论和逻辑。《法国宪法》第 66 条规定:"没有任何人可以被任意地拘禁,司法权是个人自由的维护者,确保尊重此一法定原则。"而法国宪法委员会在 1993 年 8 月 11 日的解释中则明确指出:"《法国宪法》第 66 条所规定的司法权,确保尊重个人自由的大原则,同时对于法官与检察官一并适用。"根据上述规定和观点,法国之所以将检察官定位为司法官,主要原因和逻辑在于,其认为司法权的基本功能在于维护个人自由,而法国检察官作为《法国宪法》看守人,正是为保障民权而设,因而检察官也是司法官。根据上述逻辑,独立性或许并不是司法权唯一甚至是最重要的特征,维护个人自由或者说致力于实现公正,才是司法权最重要的功能性特征。基于此,检察官在独立性上虽然较之法官有所不足,但在公正性上即维护个人自由的功能上,两者并无差别,皆属司法权的范畴。

然而,问题在于,检察官如果欠缺了独立性,又如何能保证其公正性?就如同法国司法现实中所展示的那一幕幕:当司法部长频频利用个案指令权干预检察官独立办案时,检察官如何能够保证其办案的公正性?更为重要的是,当法国公众发现个案指令权背后的这重重黑幕时,还会不会相信检察官的公正性?还会不会坚信检察官作为"法治国的仆人",会始终如一地捍卫法治国的理念并维护他们所珍惜的个人自由?

司法部长的个案指令权,是法国检察官制度的"阿基里斯之踵",继受法国检察官制度的德国、日本等国,都已经意识到这一问题,虽然并未在立法层面上完全废除该权力,但却在实践中通过习惯法等方式使该权力部分失效。唯有法国在坚守自身传统的同时,却不知不觉将检察官推入了颇为尴尬的境地。欧洲人权法院的一纸判决,轻轻地挑开了法国检察官头上的司法官面纱,但却并未真正解决法国检察官的身份问题,因为欧洲人权法院虽然否定了法国检察官是司法权的一部分，但却并未明确法国检察官就是行政官。因而，欧洲人权法院的判决实际上加剧了法国检察官的身份危机，使得法国检察官的身份成为谜一样的问题。

或许，在欧洲人权法院的判决作出后，每一位法国检察官都会禁不住问自己一个问题："我是谁?"

(原载于 2015 年 8 月 4 日《检察日报》)

意大利检察制度兼具两大法系特色

樊崇义 *   刘文化 **

意大利检察官的雏形起源
于古罗马时期。罗马共和国时
期，国家开始介入犯罪的追诉。
到了罗马帝国时期，弹劾式诉讼
逐渐演变为纯粹纠问式诉讼。为

樊崇义

刘文化

了维护国家统治，司法的权力完全掌握在国王手中，诉讼的启动权也不再赋
予公民，而是赋予罗马帝国的执政官和司法官。"国王代理人"按照国王的旨
意发动对犯罪的追诉活动，这种"国王代理人"可以说是现代检察官的雏形。

意大利在法律传统上属于大陆法系，二战墨索里尼统治时期，其诉讼制
度具有强烈的职权主义色彩。1989 年意大利实施《刑事诉讼法典》，该法典
在原有的法律传统上大胆移植了英美法系的对抗制诉讼制度。由此以后，意
大利的诉讼模式逐渐由职权主义向当事人主义过渡，较好地实现了大陆法
系与英美法系两种模式的兼容。这种混合式的诉讼法律制度成为世界范围
内法律移植的典范，也使意大利检察制度独具特色。

一、检察机关的组织体系

大陆法系国家在检察机构设立上多采用审检合署制，意大利也不例外。
检察机关附设在法院内，由设置在各级法院内的检察署组成。意大利的各级
检察机关与各级法院相适应，有驻法院检察官、驻独任法官所检察官、上诉
法院检察署、最高法院检察署等。但是各级法院的检察官独立行使职权，不
受法院约束，他们都隶属于最高法官委员会的领导。此外，意大利对检察官

---

* 中国政法大学诉讼法学研究院名誉院长、教授。
** 中国政法大学博士研究生。

的称谓很特别，他们将初期侦查和一审诉讼中或独任审判案件中的检察官称为检察官,将上诉审中的检察官称为执法官,将执行过程中的检察官又称为检察官,而将检察官作为集合名词使用时,又统称为检察官。

意大利的检察系统有两种组织机构。第一种是普通司法组织机构,包括:(1)在最高法院中行使检察官职能的大检察官,并由大律师和高级副检察官相辅助。(2)在每一个上诉法院行使检察官职能的大检察官,同时由大律师和高级副检察官相辅助。(3)在每一个普通法院行使检察官职能的共和国检察官,只由一些普通副检察官相辅助。(4)在每一个初级法院中行使检察官职能的共和国检察官,并由普通副检察官和非职业副检察官相辅助。

第二种为特殊司法组织机构,包括:(1)在每个少年法院实施检察官职能的共和国检察官,由普通副检察官相辅助。(2)在军事法院实施检察官职能的共和国军事检察官,并由军事副检察官相辅助。(3)在军事上诉法院实施检察官职能的军事大检察官,由军事大律师和军事高级副检察官相辅助。(4)在宪法法院,当对共和国总统的叛国罪或者其他违反宪法罪进行审判时,由一个或多个由国会所选定的委员行使检察官职能, 也可以由国会的组成成员行使检察官职能。

上述高级副检察官、普通副检察官和非职业副检察官都是可以进行替换的职位,而唯有大检察官和共和国检察官是固定职位。在意大利,检察官和法官在同一机构内工作,这种合署制的特点使他们具有较为密切的联系。同时,检察官都具有法官资格,并且检察官也分成各个不同的级别,并依其不同而被分设于不同级别的法院。

二、检察机关独立性的宪法保障

意大利《宪法》确立了检察机关的独立性,其独立于行政机关,为依法设立的司法机关。《宪法》第 104 条规定:"司法机关构成自主独立的体系,不从属于其他任何权力。"与法官一样,检察官的职务不得随意调动,即除非检察官本人同意,或者存在司法组织规则与所规定的特殊情形,或者由最高司法委员会作出决定,不得将检察官免职、停职或者调动到其他部门从事其他职务。《宪法》第105条规定,法官和检察官最高委员会,对所有法官和检察官行使任命、分配、调动、晋升以及采取纪律措施的职能,保障检察官一旦作出与政府利益不一致的决定时免受不利影响。《宪法》第106条规定,检察官的录用,必须经过竞争性考试,检察官的身份受到《宪法》的确认与保障。依《宪法》规定,各层次的检察署之间,并不存在等级上的隶属关系,驻上诉法院的检察署与驻地方法院的检察署之间的关系可以称作上下级关系,但是这种上下级只是对应相应的审级,在具体业务上不存在领导关系,甚至连指导关系都说不上。每一层次的检察署都有完全独立的权限。如在初步侦查阶段,驻上诉法院的检察署没有任何的调查权,也没有权力来选择或者委托司法警察进行相应的侦查调查活动。在同一检察机关内部,在一般情况下检察长对检察官也没有严格意义上的等级关系。对具体案件,检察官通常是独立自主地办理,不受他人包括检察长的干预。如果两者就案件处理存在分歧时,检察长可以自行处理案件,或者委托另一位检察官处理案件。如果检察官对案件的参与已进入审判阶段,尽管与检察长就案件处理发生争议,仍应由其继续办理,这体现了法律保障检察官办案的自主权。

检察官的职业晋升制度有保障。在意大利,检察官(法官)实行"无障碍晋升"或称"自动晋升"制度。即检察官只要工作称职,经过一定年限就会晋升一次,不用考试、考核。这样就可以避免一些检察官为了考虑个人晋升的因素,屈从于来自有关方面及上层的干预,影响其独立自主地对案件进行处理。

检察官如果贪污受贿或营私舞弊,应当负刑事责任。检察官由于失职使其丧失了应有的信任和尊重,或损害了司法机关的形象,应该受到纪律处分。法官和检察官最高委员会有权对检察官采取纪律措施。检察长享有"一般性监督权",可向有权提起纪律上诉的驻最高法院总检察长、最高司法官委员会、司法部长等检举揭发,但不对检察官所进行的司法活动进行任何监督和控制,对检察官独立自主办案权一般情况下不能任意剥夺。

三、检察官的职业化保障

意大利实行竞争性考试制度,这是保障形成一支高素质司法队伍、独立行使职权的内在因素。意大利法官、检察官的录用实行的是完全面向社会的考试制度。考生均为大学法律本科以上毕业者。他们先要通过刑事、民事、行政等三个方面的法律、法规的笔试,取得复试资格者还要进行口试,最后由最高司法官委员会统一录取。

为了保证检察官更好地集中精力、独立自主地处理案件,每名检察官都配有 3 位至 5 位书记员、办案辅助人员等司法行政人员。书记员与检察官分属不同的职务序列,书记员不能晋升为检察官。书记员最高职务为书记长,负责司法文书的管理,司法行政人员的管理,财务、技术、后勤管理,经费预算等内部事务处理。书记员的录用也要经过考试, 内容不同于检察官(法官),录取人员的分配去向由司法部确定。

四、检察机关的主要职权

检察机关主要有以下职权:

侦查权。意大利《刑事诉讼法典》将刑事诉讼程序明确划分为初步侦查(调查)、初步庭审、正式庭审三个阶段。在案件调查阶段,驻一审法院的检察署处于主导地位,拥有侦查策略的制定、侦查活动的开展等广泛的自主权。根据意大利《刑事诉讼法典》规定,"检察机关尚负有收集有利于被侦查人的证据的义务", 这一规定要求检察机关除了收集对被侦查人不利的证据,还要注意收集对被侦查人有利的证据,从而使得检察机关处于中立地位。根据意大利《宪法》第 109 条和《刑事诉讼法典》第 58 条、第 347 条等规定,检察机关被赋予直接利用司法警察的权力,即对自身无法直接完成的侦查任务,可以在不干涉司法警察组织制度的前提下,借助司法警察进行。司法警察在发现有犯罪发生或接到发生犯罪报告后, 应当在 48 小时内进行初步侦查,而且在 48 小时内必须向检察官报告,并将初步调查所收集的材料移送检察官。检察官在"犯罪记录表"中予以记载,随即开始正式侦查,由检察官负责指挥司法警察进行。

公诉权。意大利《宪法》第 112 条明确规定了检察机关负有提起公诉的义务。因此,检察机关只要所完成的侦查活动查明行为人肯定实施了违法行为且该行为可能构成犯罪,则必须提起公诉。在检察机关提起公诉的请求为法官接受后,诉讼便进入法庭审判阶段。此时,驻一审法院的检察署就不再享有侦查权和调查权。庭审中,检察官与作为被告人的另一方当事人享有完全平等的地位。

抗诉权。检察机关对法院的审判程序、庭审活动是否合法,以及作出的判决是否正确进行全面监督,认为有违法不公的判决,有权提出抗诉。目前存在两种形式的抗诉:一是向上诉法院提出抗诉,通过审判重新认定一审案件的证据材料,作出裁判。二是采用书面审判的形式向最高法院提出抗诉,但只能就上诉法院的判决适用法律方面进行抗诉。

监督执行权。检察机关有权监督刑罚的执行情况以及监督法院对被判刑人作出的新的刑罚决定。有权监督监狱对罪犯执行刑罚的情况及狱政管理活动和改造教育活动,以及有关执行外国生效裁判的情况。无论是驻一审法院还是驻上诉法院的检察机关,均有权决定开始执行法院对被判刑人所确定的刑罚。此外,还有权对被判刑人采取限制人身自由的制裁措施。

民事诉讼权力。按法律规定,共和国检察长和驻上诉法院总检察长在特殊情况下,享有自行提出民事诉讼的权力(一般是关于认定公民法律地位的案件);在其他情况下,有权参与涉及公众利害关系的民事诉讼,如婚姻纠纷、涉及人的身份和职能的一些案件。对这些案件的判决认为不公或有错误,有权提起抗诉。驻最高法院检察署总检察长不仅可以参与一切刑事诉讼,也可以参加一切民事诉讼,有权向审判机关阐述其对民事案件看法,特别是就最高法院应维持原判还是撤销判决阐述自己的观点。

五、警检关系一体化

意大利《刑事诉讼法典》第一编第三章专门就司法警察和检警关系作出了规定。

司法警察由宪兵、民警、财警、监狱警察、森林警察中的部分警员组成,受检察机关指挥领导。共和国检察署掌管各自的司法警察机构,上诉法院的检察长使用设立在本辖区内的所有司法警察机构,司法警察的官员向执行任务地法院中的检察官负责。检察机关主导刑事侦查，司法警察一旦发现犯罪消息，必须在发现犯罪行为后 48 小时内向检察官报告，由检察官决定是否有必要搜查、窃听或采取强制措施等。在案件调查阶段，驻一审法院的检察署处于主导地位，拥有侦查策略的制定、侦查活动的开展等广泛的自主权。而且，意大利《宪法》第 109 条和《刑事诉讼法典》第 58 条还赋予检察机关直接调遣警察的权力，即对自身无法直接完成的侦查任务可以在不干涉警察组织制度的前提下借助警察进行。

六、最高司法委员会的职责

根据意大利 1948 年《宪法》，设立最高司法委员会，该机构是宪法性的机构，同时也是司法界自我管理的机构。最高司法委员会的主要职责是管理普通法院法官、检察官的任命、晋升、调动、评估等工作，但有两个限制：一是不能干涉司法部门的活动，二是不能限制司法部长行使职责。最高司法委员会在意大利司法界具有举足轻重的地位，如司法部长和总检察长可以对法官提出处分建议，但要通过最高司法委员会作出最终决定。此外，最高司法委员会设有多个专门委员会，分别负责法官、检察官的任命、考核、评估、调动和司法机构设置的调整以及负责起草审查与司法机构有关的法律。检察官在通过全国统一司法考试后，实习一段时间，由最高司法委员会任命并派到有空缺的地方任职。

根据意大利《宪法》，驻最高法院检察署检察长与最高法院院长、总统一样，是最高司法委员会的当然成员。根据 1941 年第 12 号国王谕令第 65 条，可以将驻最高法院检察署理解为保障法律正确实施和统一解释的"最高司法机关"。它作出的决定是终局性的，任何人不得对其作出的决定提出异议。

（原载于 2015 年 9 月 22 日《检察日报》）

意大利检察机关角色发生转变

吴沈括 *

二战后,意大利共和国以 1948 年颁行的宪法所绘就的蓝图为向导渐次展开诸项制度改革,其中亦包括检察制度。就定位与性质层面而言,最引人注目的改革莫过于检察机关角色的转变。

吴
沈
括

一、检察机关的法律性质:司法机关

从其历史缘起来看,意大利检察机关在早期呈现的更多的是类似行政机关的色彩,但是这一职能定位在意大利现行体制下则不再具有正当性。

事实上,1941 年 1 月 30 日第 12 号《法令》即已放弃关于检察机关作为执行机关驻派司法机关的角色安排。依据该法令第 69 条规定,仅在法律明确规定的有限范围内认可司法部长的领导权。此外,1946 年 5 月 31 日第 511 号《法令》则进一步将司法部长界定为监督者,拥有外部督视权而不得直接干预检察机关的业务活动。而 1948 年意大利《宪法》第 104 条则在顶层设计的高度明确了检察官归于司法官序列。在此制度图景下,不难理解目前意大利检察官所享有的充分的职业保障,司法部长无权直接影响他们的职业地位,完全不存在任何上下级的意味。

从检察机关机构设置来看,在驻最高法院共和国总检察署、驻上诉法院共和国总检察署以及共和国检察署中,检察署负责人在诉讼程序中的权力仅表现为确定独立办理具体案件的检察工作人员或者在法定情形下的替补人员,而不得干预其实际业务行为。这一点在民事诉讼领域更为突出:如果说刑事诉讼中驻上诉法院总检察官依然有限度地保留代位共和国检察官而径行开展调查活动的权力,在民事诉讼中各检察署之间纯形式上的位阶架

* 北京师范大学刑事法律科学研究院暨法学院副教授、法学博士后,最高人民法院咨询监督专家。

构则完全不产生类似的意义。

意大利各检察署是彼此间具有相当独立性的单位:一方面,检察官或其指定的候补检察官的诉讼活动的合法性基础在于根据检察署组织规范所作出的案件分配,而无需凭借任何特别手续。另一方面,检察机关开展诉讼活动的程序合法性不仅在于它是诉讼利益的承载者,而且在于它归属于某一特定检察署的职权范围,即在法官面前进行诉讼的只能是驻该法院的检察机关所属的检察工作人员。在因管辖或者诉讼的层级等原因而出现审理法官改变的场合中,新介入诉讼的检察机关所作出的决定不受先前办理该案的检察机关所作决定的约束。

二、检察机关的诉讼地位:诉讼当事方

关于检察机关的诉讼地位,自 1930 年意大利《洛克刑法典》以来,立法者的原意即在于将它视为诉讼当事方。当然,如意大利时任司法部长所言,这一当事方"为国家利益而行动,追求的是公法目的,其业务活动必须遵循真实性、客观性等要求,这正是公共职能的核心所在……为此有必要在形式上区分检察机关(公法当事方)与其他(私法)当事方"。

诚然,意大利各界对此有着不同的认识:有论者认为刑事诉讼在检察官、法官和被告人等主体间确立的法律关系产生的是纯粹的形式意义,其服务于特定目标,包括查证犯罪事实以及相关非刑事要素等。检察机关作为"形式的当事方"介入诉讼的目的是确认国家的惩罚权是否成立以及如何实现,其职能的指向是程序的启动、推进和反对等诉讼形式层面,不触及诉讼结果等诉讼实质层面。

当然,也有论者秉持国家权力分立的思维,坚持国家作为法律遵守与法律秩序维持的权力所有者可以成为"实质的诉讼当事方",并由检察机关代表介入诉讼进程。

而作为目前意大利司法实务界的主流见解,大部分论者基于将检察机关视为司法机关组成部分的《宪法》以及《刑事诉讼法》有关规定,主张诉讼是国家管辖的绝对主权的外化,强调在更高层次上平衡形式与实质间的需求。对于共和国而言,开释无辜被告人比惩罚罪犯更具重要性。检察机关为了被告人利益应就判决提起抗诉,就特定不可罚事由请求即时宣告。

三、检察机关的组织配置:三层级架构

基于检察机关职能的必要性、强制性与稳定性要求,意大利共和国有关驻最高法院共和国总检察署、驻上诉法院共和国总检察署以及共和国检察署的组织配置体现了相当的制度特色。

根据意大利《司法规范》第 69 条、第 70 条规定,驻最高法院和驻上诉法院的总检察官以及共和国检察官可以亲自或者通过各自检察署的属员司法官履行职务。而在少年法院中,所驻检察机关在该法院业务范围内履行与驻普通法院的检察机关同样的职能以及法律赋予的其他职能,受驻上诉法院总检察官节制,由后者根据意大利刑事诉讼法律履行监督职能。

就更微观层面而言,可以发现检察机关中司法工作人员的主要业务活动包括:在各自职权范围内针对犯罪启动和推进刑事诉讼,根据《刑事诉讼法》的规定要求执行有关措施以及根据相关程序法规定履行检察机关的其他职能事项。

在庭审环节中,为了适应诉讼控诉环节的言词形式,进而确保公开对抗辩论的可能性,由出庭检察官、副检察官、荣誉检察官或其代表等依据法律规定履行检察机关的职责。

在此值得注意的是,意大利最高法院通过判例已明确禁止由在读法科学生或法科博士生代为出席庭审。同时,相关判例指出,除非有相反证据,在庭审辩论环节代表检察机关的人员被推定具备必要的职业资质。

另一特殊安排是,在一审中的重案庭,检察机关的职能由共和国检察官或者通过其替补人员具体履行。而在上诉重案庭中,则由总检察官或者通过其替补人员实际履行。此外,总检察官可以委托候补共和国检察官在上诉重案庭中履行其职责。

四、检察机关的整体特征:相对统一性

考虑到上述组织架构与人员配备,不难发现意大利现行法律制度下检察机关的宏观整体特征,除了上文已阐析的独立性事实,还表现为检察机关的

相对统一性与不可分割性。

同一检察署内部的检察工作人员受该检察署负责人的监督节制。检察署的组织架构及其职能的复杂性要求负责人维持机构整体的有序运行,负责人有权力分配检察人员办理各类事项,根据对相关人员的立场倾向与业务能力的判断安排单个或系列关联案件,组织值班、出庭等活动,同时监督检察官以及书记人员的工作情况。而检察工作人员则有义务尊重、接受负责人对文案工作与出庭工作的监督,并及时向其反馈所办理事务的进展。

这里所说的监督节制仅具一般意义,它并不触及具体检察工作人员工作思想与决策的独立性,也不得干预其在业务办理过程中的意识自由。它与普通意义上的行政性位阶理念有着根本的区别:事实上,检察署负责人不可能发出旨在强制检察工作人员意识的指令,即使有,秉持不同意见的检察工作人员完全可以拒绝。

当然,这一有限的内部等级安排有助于协调同一检察署内多数自然人的各种活动,使之成为组织统一意志的外化表达,各检察工作人员所完成的行为都能被归结于检察署整体,在外则成为该署业务活动的具体表现。换而言之,重要的并不是固定的个别人员,而是持续的组织代表性。

此外,一般认为,驻上诉法院总检察官(署)高于共和国检察官(署),但这并不意味着两署负责人之间存在等级关系。事实上,等级关系并不存在于总检察官与共和国检察官之间:两者之间只是一种与等级安排相连的关系,相应制度设计的重心在于机构本身之间而不是所属的自然人之间。

在纪律的层面,驻上诉法院总检察官可以对共和国检察官以及一般意义上的辖区检察机关工作人员行使监督节制的权力。前者有权视察下级检察机关的办公场所、调阅卷宗、监督辖区检察工作人员的业务活动,而各共和国检察署应当就其处理的告诉、控告、请求、要求、报告等事项以及涉及犯罪情报与应对措施的其他各类信息及时、完整地知会总检察官。

五、检察机关的准入门槛:检察官遴选

基于意大利《宪法》第 106 条第 1 款的总体设计,有意从事检察工作者首先需要通过统一的"法律职业考试",这一要求同样约束法官、公证员以及律师等法律工作者。

近年来,这一考试制度经历了一系列改革,一方面,引入了前置的信息化筛选环节;另一方面,强化了后置的强制性专业培训要求。其根本目的在于最合理地设置遴选流程,同时尽可能地提升候选人的专业素养。

对于检察官的选任,还规定了相关人员必须进一步通过"司法属员考试",参加考试人员应当满足以下诸项条件:(1)拥有意大利国籍;(2)享有公民权利和政治权利;(3)已取得法学专业文凭;(4)除特定例外情形以外,年龄必须在 21 岁至 40 岁之间;(5)生理健全;(6)已履行义务兵役;(7)本人及家人行为端正(特别地,还要求一等亲以内直系亲属及二等亲以内旁系亲属不得因犯有《刑事诉讼法典》第 407 条第 2 款 a 项所列举的罪名而受过刑事处罚);等等。

根据 2001 年第 48 号法律所引入的最新改革方案,司法属员考试主要由以下几部分组成:

(1)预考试:是一种信息化预筛选,考生需在 120 分钟内完成有关民法、刑法和行政法的 90 道考题。

(2)三门书面考试:分别为民法、刑法和行政法考试,每门考试时间 8 小时。

(3)口头考试:围绕下述某一领域或某些领域展开:(a)民法和罗马法基本原理;(b)民事程序;(c)刑法;(d)刑事程序;(e)行政法、宪法和财税法;(f)劳动法和社保法;(g)欧洲法;(h)国际法;(i)外语,由考生自行选择某一欧盟官方语种,也即丹麦语、芬兰语、法语、希腊语、英语、荷兰语、葡萄牙语、西班牙语、瑞典语或者德语。

报考者通过考试成为司法属员后,并不立即履行司法职能,而是要按规定在相关共和国检察署内展开为期两年的带薪见习活动,其中包括在资深同事指导下的理论与实践训练,并且在必要时援用司法部制定的相应规则开展轮训,之后方可正式进入检察官序列。

(原载于 2016 年 5 月 10 日《检察日报》)

奥地利总检察院是法律维护者

黄礼登 *

奥地利检察制度在西欧国家中颇具特色,无论是检察院的设置,还是检察官的选任,以及《宪法》对检察机关的定位,都值得考察研究。

一、检察院的设置与任务

奥地利检察机关分为检察院、高级检察院和总检察院三级,分别设在相应的法院内。奥地利最基层的法院是区法院,但是却没有在区法院这一级设置检察机构。检察院设置在州法院内,高级检察院设置在州高级法院内,总检察院设置在最高法院内。检察院隶属于高级检察院,后者对前者负有监督职责。但是,高级检察院和总检察院没有隶属关系,后者不能对前者发出指令。

奥地利目前有 16 个检察院、4 个高级检察院和 1 个总检察院。此外,在维也纳还设有一个"追诉经济和腐败案件的中央检察院"。4 个高级检察院分别位于维也纳、格拉茨、林茨和因斯布鲁克,总检察院位于维也纳。"追诉经济和腐败案件的中央检察院"、高级检察院和总检察院同时隶属于联邦司法部。

检察院负责领导刑事案件的侦查和提起公诉。检察官可以亲自实施侦查行为,也可以委托刑事警察具体侦查。检察官可以向州法院,也可以向低一级的区法院提起公诉,同时还要在法律救济程序中处理抗告或上诉到州法院的刑事案件。高级检察院要监督下级检察院的工作,它一般只处理上诉到高级法院的刑事案件,自己不直接起诉,除非参加到下级检察院的办案程序中去。

---

* 西南财经大学法学院副教授,德国柏林洪堡大学刑法学博士。2015 年 3 月至 2016 年 3 月在四川省成都市武侯区人民检察院挂职任检察长助理。

总检察院在最高法院的工作不是以追诉者形象出现，而是以法律维护者的身份出现，其任务是在刑法领域内维护法律统一和法律安全。总检察院的定位是奥地利检察制度中独具特色之处。总检察院可以参与到最高法院处理的两类"无效抗告"中去。第一类是总检察院直接向最高法院提起的抗告。这种抗告既可以针对法院作出的违法刑事判决或者裁决，也可以针对刑事警察违法执行强制措施的行为，以及检察院违法下达强制措施命令，或者违法决定终止侦查程序。第二类是州法院内的检察院不服州法院判决向最高法院提出的"无效抗告"。总检察院要对该抗告发表意见，在公开审理的情况下，它还要派员参加庭审。在庭审中其可以发表与原公诉方不一致的意见。因此，在奥地利可能出现这样奇特的现象：州法院内的检察院不服州法院的判决，依法向最高法院提起抗告，但是最高法院内的总检察院却不同意提起抗告的检察院的意见，总检察院的反对意见不代表原起诉检察院撤回抗告。最高法院要在综合原起诉检察院意见、总检察院意见和被告人及其辩护人的意见后依法作出最后决定。比较两类抗告可以发现，提起主体并不一样，而且前者可以针对已经生效的判决、裁定、决定或者违法程序行为，后者必须在法定的期限内针对尚未生效的判决提起。可见，奥地利的立法者清醒地认识到，尽管检察院负有客观性义务，但在追诉角色的定位下，有时候可能做不到完全客观。以维护法律为己任的总检察院参加到刑事救济程序中，具有典型的法律监督性质，可以有效地确保法律的正确、统一实施。此外，奥地利总检察院还有一项权力，当欧洲人权法院确定了国内某一项刑事法庭的决定损害了《欧洲人权公约》规定的人权或者基本自由，该刑事法庭的判决由此受到影响时，奥地利总检察院可向奥地利最高法院提起再审申请。

"追诉经济和腐败案件的中央检察院"成立于 2011 年 9 月 1 日，它的任务是在全国范围内有效打击经济犯罪、腐败犯罪、有组织犯罪、滥用职权的犯罪，进行司法协助，和欧盟以及欧盟成员国相关司法机构进行合作。该检察院追诉的都是奥地利《刑事诉讼法》专门列举的重大犯罪，比如《刑事诉讼法》第 20 条 a 第 1 款规定的损失额达到 500 万欧元的严重诈骗等经济犯罪。

二、检察官的选任与办案

2007 年，奥地利只有 200 名检察官，全国的检察官数量只相当于德国一个较大检察院的检察官数量。2008 年，奥地利新增了 128 名检察官。据统计，这一年德国检察官的数量是奥地利的 20 倍，但工作量却只相当于奥地利检察官的 10 倍。可见，奥地利检察官任务非常繁重。截至 2015 年 6 月 30 日，奥地利检察官数量增加到 533 人，其中女性检察官有 287 人。

奥地利选任检察官的条件非常高。申请者首先要具有法官资格。而要获得法官资格，必须完成法学专业学习，通过法官考试，具有四年的法律实务工作经验，并且至少一年要在法院从事过实习工作。除此以外，检察官的任命还有一个条件：申请者必须至少具有一年正式法官的工作经历。这就意味着，奥地利的检察官原则上只能从法官中选任。

选任检察官必须首先要有员额空缺并发布了选任公告，符合条件者均可申请，由人事委员会进行审查。奥地利的联邦司法部、总检察院和高级检察院均设有人事委员会。联邦司法部的人事委员会负责提出高级检察院和总检察院检察长的人选建议，总检察院和高级检察院的人事委员会则负责本单位检察官的任命建议。三个人事委员会的任命建议均向联邦司法部部长提出。联邦司法部部长收到建议名单后，必须在官网上公示拟任命名单和检察官拟任职的检察院和职位。该公示应该至少持续一个月。检察官由联邦总统任命，但是联邦司法部长通常受总统的委托直接任命检察官。

检察院内部设有科，科之上设置处。一个科可以只有一名检察官，也可以拥有数名检察官。新任检察官必须被置于处长的两到三个月的"完全监督"之下。"完全监督"的意思是检察官的每个决定都需要处长批准。经过这段时期，检察官从"完全监督"进入处长的"部分监督"阶段，即侦查程序中一部分案件的办理或者决定可以由新任检察官独立完成，但有关涉及被指控人基本权利的决定，比如监听电话、申请逮捕，都需要处长签字批准。检察官具有一年的检察工作经验后，检察长如果认为其合适，可以批准检察官不受处长监督而独立办理侦查程序中的业务。检察官具有五年的检察工作经验后,检察长可以批准其完全独立办理一般检察业务。但是,对属于州法院参审和陪审法院审理的刑事案件,如果检察官要作出终止程序的不起诉决定,必须经过处长批准。

州检察院内还有一类被称为"区检察官"的人员,他们不符合检察官的任职资格,作为公务员或者合同聘用人员在检察院中从事特定的检察业务。比如,他们从事属于区法院审理范围的刑事案件的侦查程序中的工作,可以到区法院起诉并出庭担任公诉人。"区检察官"在从事检察业务时,必须在检察官的监督和领导下进行。"区检察官"的选任必须经过高级检察院组织的培训并考试合格。接受过司法员培训的人员可以申请参加"区检察官"培训和选任。

检察院的检察长每年都要发布一份业务分配表并向社会公开。表上载有每个检察官的名字、负责的业务范围、所属的部门、部门领导的名字。业务范围通常包括"一般刑事案件""国家安全案件""媒体刑事案件""食品刑事案件""青少年刑事案件""暴力刑事案件""毒品案件""引渡、转交事务"等等。业务分配表上也会载明每一位"区检察官"的名字及其负责的业务。

三、检察院的宪法地位

很长时间以来,奥地利主流观点认为检察院是行政机关。1918年的奥地利《基本法》就明文作了这样的规定。但是,不少学者主张检察院和法院具有同样的属性。根据1975年《刑事诉讼法》,检察院只能进行初查,不具有侦查权限。该法第97条甚至规定,检察院实施的侦查行为是无效的。侦查应该通过侦查法官或者通过刑事警察来实施,检察院只能在他们侦查结果的基础上,决定是否提起公诉。有学者意识到,通过决定是否起诉这种权力体现出来的检察官地位,和法官地位十分相近。如果检察官起诉,那么实质上是检察院通过申请来启动刑事法庭的活动,因此其权力更像是司法权。有两种主导性的思潮呼应着这个观点:第一,检察官本身不愿意被视为比法官低一等的法律人员;第二,政治上一直有废除或者至少是限制司法部对检察院发出指令的主张。持折中观点的学者认为,检察权同时具有司法权和行政权属性。

　　检察权在立法上迈向司法权的一大步是 1986 年跨出的。这一年,奥地利通过了第一部《检察院法》。《检察院法》第 3 条规定,检察官在执行其任务时是"法律护持机关"。"法律护持机关"的提法就是将检察院视为广义的司法机关。1999 年,奥地利《刑事诉讼法》修改,检察官在附条件不起诉领域的职权被大大扩展了。在中小案件中,检察官可以通过附加让被指控人支付金钱、进行公益服务和履行其他义务等方式作出不起诉决定。这样一来,从诉讼社会学上看,检察官被赋予的是类似于法官的权力。2008 年,《刑事诉讼法》又一次修改,废除了侦查法官制度,将侦查任务转交给检察官。检察官自此与刑事警察合作,对刑警有指令权。在《宪法》上明确检察院属性的时机成熟,2008 年奥地利修宪时,增加了第 90 条 a,明文规定检察院是司法机关。该条还规定检察官在刑事程序中履行侦查和起诉的功能,检察官对上级指令的服从关系由联邦法律予以规范。

　　检察院被《宪法》定义为第三权,对于很多人来说,还是显得很突然,因为这个条款并没有在司法部的草案中出现过,也没有在内阁草案中出现过,仿佛突然降临。至于《宪法》修改的理由,只是说 2004 年到 2008 年的《刑事诉讼法》改革推动了对检察机关权限的扩展,废除了法院的审前调查,检察官承担侦查任务,检察权作为司法权属性的权重不断加大,因此应该在《宪法》中对检察院作出明确规定。

　　尽管《宪法》作出规定,但并不意味着理论界对检察院的属性就没有争议了。仍然有学者对《宪法》第 90 条 a 作出了不一样的解读。他们认为,虽然检察院现在是司法机关,但是检察官的行为应该认定为属于执行行为,因此检察权还是行政权。还有人主张,检察院仍然是行政机关,它只是在司法权的框架下从事执行性事务,服务于司法权,检察官和刑事警察一样。

　　《宪法》第 90 条 a 还规定了指令权问题。因为指令权的存在就是检察院属于行政机关的有力证据,《宪法》把对指令权的规范交给一般法律来解决。学者对此也有不同的解读。有学者认为,《宪法》的意思是,可以通过法律来决定是保留还是废除对检察官的指令权,实际上《宪法》为废除指令权埋下了伏笔,这和《宪法》把检察院定义为司法机关的精神是一致的。有学者认为,对检察官的指令权是一项宪法原则,其具体形象可以由法律进行重塑,但不能废除。还有学者提出,指令权的存在意义在于对检察官进行内部或外部监督,如果刑事诉讼规则能够保证检察院受到法院足够的监督,受到法院判决的约束,就不需要指令权的存在;否则可以保留指令权,但要对其适用范围进行严格限制。实际上,奥地利检察院法保留了指令权,但是规定,上级的任何指令都必须附上理由并载入卷宗,以供查阅,这样就较好地解决了秘密指令、隐晦指令等暗箱操作的问题。

(原载于 2016 年 5 月 3 日《检察日报》)

奥地利检察机关的权力
受到多重制约

黄礼登 *

2008 年初,被很多专家称为"世纪改革"成果的奥地利新《刑事诉讼法》
生效。通过修法,法院只限于对一些重要侦查措施实施批准,法院的侦查权
被废除了。检察机关获得侦查的领导权,可以向刑事警察发出具体的侦查指
令。检察机关在刑事诉讼中特别是在侦查程序中的权力大大加强。为了维持
诉讼参与各方整体上的平衡,奥地利的立法者设计了一系列对检察权的制
约机制。

一、被指控人可以申请终止侦查程序

侦查意味着对公民的权利产生重大不利影响。立案侦查后,被指控人为
了维护自己的利益,可以根据奥地利《刑事诉讼法》第 108 条的规定申请检
察院终止对自己的侦查程序。

被指控人可以在两种情况下提出这样的申请。第一种情况是,侦查反映
的犯罪事实并不会受到刑事处罚。由于侦查过程中不适用存疑有利于被告人
原则,因此仅仅存在将来法院会因为证据不足而宣告无罪可能性还不够满足
这个条件。有学者则提出不受刑事处罚的可能要大于受刑事处罚可能的标
准。如果基于法律上的原因,继续进行侦查是违法的,比如侦查结果表明已经
过了追诉时效,存在这样的情况也意味着被指控人不会受到刑事处罚,因此
也应该终止程序。第二种情况是,从犯罪嫌疑的紧迫性和重要性看,以及从侦
查程序的持续时间和涉及面看,继续侦查已经显得不再适当了。也就是说,不
能再期待继续侦查加大犯罪嫌疑。这种情况下也应该终止侦查程序。

* 西南财经大学法学院副教授,德国柏林洪堡大学刑法学博士。2015 年 3 月至 2016
年 3 月在四川省成都市武侯区人民检察院挂职任检察长助理。

终止侦查程序尽管是向法院申请的，但首先应该先将申请文书递交给检察院。对于第一种情况，被指控人可以不受时间限制提出申请。对于第二种情况，如果被指控的是重罪，那么可以在侦查开始三个月后提出，如果是轻罪，可以在侦查开始六个月后提出。这种申请只能在起诉前提出。检察院审查后，如果认为申请成立，可以主动终止侦查程序。如果检察院不同意申请，应该在最长四个星期内出具检方的意见书，然后转交给法院。

如果申请并非由被指控人提出，或者在规定的时间之前提出，法院可以驳回申请。申请符合形式要件的，法院要进行实质性裁决。法院要审查犯罪嫌疑是否足够具体化，并且要看是否还能期待通过继续侦查获得重要的情况。如果检察院不能清楚表明使用何种策略或者将获得何种证据来证实被指控人的犯罪行为，就成立了终止程序的条件。对于法院的裁决，检察院、被指控人、被害人均有权提出复议。检察院的复议申请具有延迟法院裁决效力的效果。

二、被指控人可以提出权利侵害的异议

根据奥地利《刑事诉讼法》第106条的规定，每个人都可以向检察院提出自己的主体权利受到刑事警察、检察院侦查程序的侵害。有权提出异议的人如果死亡，他的直系亲属、兄弟姐妹、配偶、登记的同性生活伴侣可以提出异议。

发生侵害的原因要么是自己行使《刑事诉讼法》规定的权利被侦查机关拒绝，要么是侦查措施违反《刑事诉讼法》。异议只针对所涉及侦查机关决定的合法性，不审查该决定是否符合侦查目的。

如果侦查措施存在批准决定，那么只能在对批准决定提出复议的同时提出对侦查措施本身的异议，不允许在没有提出复议的情况下单独就侦查措施提出异议。异议必须在知晓权利受损情况后六个星期内向检察院提出。异议中必须表明，针对什么命令，或者在什么事情中权利受到侵害。如果异议是针对刑警的，那么检察院要给刑警机会提出回应意见。检察院应该审查异议人的权利是否受损。如果属实，检察院在有权处理的情况下应该同意其

异议,如果不同意,应该告知异议人有权要求法院作出裁决。

如果检察院没有在四个星期内同意异议,或者异议人去寻求法院的决定,那么检察院应该毫不迟延地将异议转交给法院。法院中处理异议事宜的是负责侦查程序的独任法官。如果所宣称的权利损害需要直接性的证据展示才能查清,那么法院应该确定开庭日期,进行不公开审理并作出裁决。法院的裁决中应该含有支持异议人哪些请求,驳回哪些请求的内容。异议人和检察院可以对法院的裁决向高级法院提出复议,复议申请具有推迟法院裁决效力的后果。州高级法院可以拒绝对复议做出处理。但是如果涉及到有基本意义的法律问题需要解决时,不得拒绝作出处理。

三、被害人可以向法院提出辅助之诉

辅助之诉是检察院在主审程序中放弃追诉后,被害人自己进行追诉,向有管辖权的法院递交起诉书。根据奥地利《刑事诉讼法》第 72 条,被害人如果已经作为诉讼参与人参加到检察院提起的诉讼中,当检察院放弃追诉时,私人可以通过递交起诉书维持已经开始的追诉程序。辅助之诉只能发生在主审程序之中。如果检察机关在侦查程序中终止了程序,那么对于被害人来说,只能根据《刑事诉讼法》第 195 条申请继续侦查程序。在这种情况下,承担追诉任务的仍然是检察院。如果检察院在审判过程中放弃追诉,被害人必须马上申明是否提出辅助之诉。检察院在庭审以外表明放弃起诉的,被害人可以有一个月的时间来发表声明要坚持起诉。辅助之诉不是自诉,后者指法定的案件只能由私人提出起诉,从一开始检察机关就不介入。但在主审程序中,辅助起诉者拥有和自诉者同样的权利。对于针对青少年作为被告人的案件,不允许提出辅助之诉。检察院可以随时了解辅助之诉的情况,并可以重新接手起诉工作,如果检察院重新介入起诉,那么辅助起诉者又回归到一般诉讼参与者的地位。

四、被害人可以申请继续侦查程序

如果检察院终止了侦查程序,但存在违法或者不正确适用法律的情况

时,被害人可以申请法官命令检察院继续推进侦查程序。这种情况属于滥用裁量权引发的申请。检察院的决定如果缺乏理由或者理由不充分,违背思维逻辑,那么就是肆意作出的决定,终止程序的决定本身因此是违法的。此外,如果对于作出终止程序的决定所依据的事实的正确性存在明显疑问,也可以申请继续推进程序。也就是说,根据客观标准或者一般生活经验,人们也会对检察院证据认定发生重大疑问,从而对终止决定的正确性发生疑问。还有一种情况,即出现新的事实和证据,显示案情调查将会有很大进展,达到查清是否可以起诉或者附条件不起诉的程度。这时也是可以申请继续侦查程序的。

申请必须在得到终止程序通知或者被送达终止理由后 14 天之内向检察院提出。如果没有证据证明被害人被通知,应该在终止程序后三个月内提出申请。申请还必须含有表明终止决定违法,或者对证据认定有疑问等陈诉。对于出现新事实或者新证据的情况,不光是被害人,权利保护专员也有权提出继续侦查程序的申请。检察院如果认为申请理由成立,则应该继续侦查程序,否则必须出具检方意见,并将卷宗交给法院。法院应该要求被指控人以及申请人在合适的时间内对检察院的意见发表自己的意见。在作出决定前,法院可以委托刑事警察进行必要调查,或者让检察院澄清关于违法以及程序瑕疵的问题。法院由三名法官组成合议庭不开庭处理。对法官的裁决不能再提出救济措施。如果法院同意申请,应该命令检察院继续侦查程序,检察院必须服从。应该实施什么侦查,可以从法官决定的理由中推知,但是具体实施侦查还是属于检察院的权力。它甚至有权在实施新的侦查后,再次决定终止程序。如果继续侦查程序的申请被驳回,申请者要承担 90 欧元的费用。权利保护专员的申请被驳回后,无需承担申请费用。

五、被告人可以提出起诉异议

检察院提起公诉后,被告人可以在收到起诉书后 14 天内以书面形式向法院提出起诉异议。如果被告人处于羁押之中,以起诉书送达到辩护人之时起算。法定的异议理由很多,主要包括:(1)被指控的犯罪事实不会受到刑事处罚,或者基于其他法定原因不会被判有罪。(2)犯罪的嫌疑尽管有了事实支撑,但是仍然没有达到可能判处有罪的程度,即低于 50% 的可能性,并且继续侦查也不能期待可以加大嫌疑。这种异议成立的话,法院应该终止程序。(3)事实不清,不足以表明被告人会判处有罪。对事实的怀疑如果需要通过取证或者鉴定来澄清,这个理由就成立。这种情况下法院应该驳回起诉。(4)起诉书的内容不满足法定的形式要件,对此,州高级法院应该驳回起诉。该决定意味着主程序结束,侦查程序重启。(5)起诉书错交给无权管辖的法院。这种情况下收到起诉书的法院会将案件转交给有权管辖的法院。(6)起诉时缺乏相应的法定文书。这个理由成立时,应该终止程序。

起诉异议应该向州高级法院递交。州高级法院会给州高级检察院机会,让其针对起诉异议进行回应。如果州高级检察院的回应对被告人不利,州高级法院必须把州高级检察院的回应送达给异议人,让其作出回应。然后,州高级法院不开庭处理,作出相应裁决并阐明理由。值得注意的是,州高级法院不能代替州法院提前就起诉书涉及的犯罪的核心问题作出决定。异议不成立时,州高级法院驳回异议,确定起诉书的有效性。如果异议人处于羁押中,州高级法院要同时对羁押问题作出决定。对州高级法院就起诉异议的裁决,不能再提起救济措施。

六、司法部可对检察机关发出具体指令

联邦司法部有权监督检察院。这种监督职能通过检察院的报告义务和司法部长的指令权来保证。每年高级检察院和总检察要主动向司法部报告司法状况、立法缺陷以及业务处理情况,必要时要附上改革建议。高级检察院要向司法部报告采取特别侦查措施比如监听的总体状况。为了实现监督,促进统一适用法律,以及方便向国际组织或和机构提供相关情况,联邦司法部长也可以要求高级检察院向他报告某一类案件或某具体案件的处理情况。

司法部长审查高级检察院的报告时,可以要求提供侦查卷宗。如果他发现报告中关键事实不清楚,或者报告陈诉和拟采取措施有矛盾,或者对事实

进行法律评价时有违法现象,或者不正确适用法律,他可就相关问题发出具体指令,但是指令必须是书面的且要附上理由。司法部长每年要向国民议会和联邦议会报告他所发出的指令情况。

为了协助司法部长发出合理指令,奥地利还在总检察院内设有一个三人组成的专门机构——指令委员会。总检察长担任委员会主席。如果司法部长拟发出对具体案件进行具体处理的指令,或者就与最高行政机关、宪法法院、行政法院、最高法院以及总检察院成员有关的刑事案件发出指令,以及当刑事案件引发公众巨大关注,特别当存在反复的、跨地区的媒体报道时,以及存在多次对检察院或刑警工作进行公开批评的情况时,司法部长应该将拟发出的指令交由指令委员会进行讨论。指令委员会应该迅速开会,对司法部长拟发指令出具书面意见。如果司法部长没有采纳指令委员会的意见,必须将指令委员会的意见连同他自己为什么不采用该意见的理由,写进向国民议会和联邦议会的报告中。可以看出,奥地利为防止政府层面对司法施加不当影响,作出了一系列精心的制度安排。

(原载于 2016 年 6 月 21 日《检察日报》)

荷兰检察机关在刑事司法中
扮演中枢角色

杨先德*

杨先德

轻刑化、温和化,强调对罪犯的改造和再社会化等,都是荷兰刑事司法体系的典型特征,这与社会福利国家、社会宽容的政策导向和文化特质不无关系。对监禁率的考察或许可以起到管中窥豹的效果,荷兰以监禁率低闻名于世。根据国际监狱研究中心的数据,截至2014年9月30日,荷兰共羁押11603人(其中审前羁押占40%左右),监禁率为0.069%,排在全球第178位,羁押场所占用率为77%(2015年,挪威还向荷兰租借了部分监狱用于关押本国罪犯)。社会福利国家强调要有弹性地应对犯罪,关注底层社会的参与机会,国家在规制社会事务中要扮演积极角色,在这种制度背景下,刑事司法体系保持谦抑,重在预防,而检察权则承担更多的社会职能。在荷兰刑事司法体系内,检察机关的中枢角色表现为在推进社会治理目标中起主导作用。

一、检察机关是司法机关的组成部分

根据荷兰《宪法》,以及荷兰安全与司法部(以下简称司法部)、检察官总署官方网站的表述,检察机关被定位为司法机关的组成部分。检察机关是荷兰唯一的承担公诉职能的机关,其主要任务包括三项:侦查犯罪、起诉犯罪嫌疑人和监督刑罚执行。但是与法院相比,荷兰检察机关作为司法机关具有以下两方面的特殊之处。

一是组织结构上的集中统一性。检察机关是统一的全国性组织,其组织

* 北京市人民检察院干部,中国政法大学法学硕士、德国汉堡大学法学硕士。译著《跨国视角下的检察官》。

结构具有科层化特征,检察官总署处于最高层级,通过发布检察政策、指令等方式统一指挥、监督全国检察机关。检察机关的设立分区划单元和功能单元。区划单元的设立主要与法院的区划设置相对应,每一个地区法院相对应设有地区检察办公室,与4个上诉法院相对应设有上诉检察办公室。此外,还设有2个以功能划分的全国性的检察办公室,即负责追诉有组织犯罪、反恐、贩卖人口及类似犯罪的国家检察办公室,以及负责追诉严重欺诈、环境犯罪和资产没收的国家检察办公室。在检察机关内部,检察人员分为首席检察官、高级检察官、检察官、代理检察官以及独任法庭检察官,此外还有书记员和其他行政人员。近年来,随着案件量的增加,荷兰检察官的人数也不断增加,2003年,荷兰全国只拥有检察官不到500人,但到2015年,全国检察机关共有职员5000余人,其中检察官800人。

二是职权行使上的相对独立性。检察机关作为整体,与法院不同,检察机关并不是完全独立的机构,司法部长是检察机关形式上的最高领导,对检察政策和决定承担政治责任,并向议会负责。根据荷兰《司法组织法》,司法部长对检察政策和个案决定享有指令权。不过,法律对司法部长行使干预权设置了严格的条件。例如在个案中,司法部长发布指令前,必须将指令和理由抄送检察官总署,以便该机构表达意见。如果司法部长试图发布指令禁止对某案进行调查或起诉(至今,司法部长未行使过这一权力),司法部长必须将该指令以及检察官总署的意见送达议会,接受议会的民主监督。

如果说在组织结构和职权行使上,检察机关和法院差异很大,那么在检察官和法官的选拔任命上差异则很小。除了形式上的任职期限不同外(法官终身任职,检察官则有65岁的退休限制),任职条件、培训考核等,检察官和法官都受司法公务员相关法律的规制,两者具有高度的相似性。正如欧洲比较刑事司法学者杰奎琳·霍奇森所言,在荷兰这样的欧陆国家,由于履行类似于司法的职能,接受与法官相同的司法培训,以及工作意识形态(代表公共利益而不是被害人或被告人单方的利益)和自我认知的相似性,都倾向于将检察官定位为准司法官。

二、检察机关享有多样化的裁决权

在荷兰,检察官享有侦查权,但是检察官只对部分重大案件开展侦查(如前不久的马航 MH17 空难),大部分刑事案件由警方侦查,但检察官要对警方的侦查行为负责。检方对警方(主要是警方内部负责刑事案件侦查的警察)有指令权和监督权,如果警方不服从指令,将面临纪律制裁。警方侦查完结,将案卷移送检察机关审查起诉。近年来,警方移送检方的案件平均在 25 万件左右,其中有 50% 左右未进入法庭审理程序,而是由检察机关自行运用检察裁决权处理。这里所说的检察裁决权是指检察机关对警方移送的案件,在不移送法院起诉的情况下,所享有的各种处置权,主要包括无条件不起诉、中止起诉、刑事和解、检察刑事处罚令等。

依据荷兰《刑事诉讼法》和检察官总署颁布的《指引》,检察机关有 100 多条不起诉的理由,其中大致可以划分为基于法律技术原因不起诉和基于便宜原则不起诉。前者类似于《中华人民共和国刑事诉讼法》第 15 条规定的情形(如犯罪已过追诉时效期限的;经特赦令免除刑罚的;犯罪嫌疑人、被告人死亡的,等等),后者则主要基于公共利益考虑,对起诉不符合比例原则、不公正和没有效果的案件作不起诉处理。在 2010 年之前,作无条件不起诉的案件占所有案件的 10% 左右。对于部分案件,检察机关也可以中止起诉,如果犯罪嫌疑人遵从了检察机关施加的一些条件(如参加毒品康复项目),则检察机关的追诉权失效。在 2008 年,中止起诉的适用比例在 5.8% 左右。在 2008 年之前,对于法定自由刑在 6 年以下的刑事案件,检察机关和犯罪嫌疑人还可以通过刑事和解替代起诉和公开审判,只要犯罪嫌疑人自愿向国库支付一定数量的金钱,或者满足检察机关设定的一个或多个财产条款,如罚金、没收财产、上交犯罪所得、赔偿损失、从事无偿劳动等,检察机关就可以对其不予起诉。在 2008 年之前,刑事和解的适用比例在 33% 左右。但是由于刑事和解存在对犯罪嫌疑人的权利缺乏程序保护、不具有终局性等弊端,导致立法者引入了一种新的检察裁决程序,即检察刑事处罚令程序,以便增强检察机关的庭外化解案件的能力。

检察刑事处罚令是检察官享有的一种无需法庭介入的情况下，对证据确凿的轻微案件科处刑罚（除了自由刑）的法定权力。刑事处罚令适用于可能被判处 6 年以下自由刑的犯罪行为。适用这一程序时，检察机关可以科处罚金、服务刑、撤销驾照、上交犯罪所得等刑罚。除非犯罪嫌疑人反对，刑事处罚令将具有终局性，具有强制执行力，且一旦接受，等于宣布犯罪嫌疑人有罪。如果犯罪嫌疑人对此表示反对，也必须在法定期限内表示，并且要亲自在检察官办公室做出或者通过书面形式做出。在反对的情况下，检察机关将把案件移送到法院，被指控人接受正常审判。对于可能被科处超过 2000 欧元罚金或赔偿的案件，被指控人有获得指派辩护人帮助的权利。当检察官意图签发罚金或赔偿命令时，要为被指控人指定辩护律师参加听证。刑事处罚令自 2008 年引入以来，适用率越来越高，逐渐取代刑事和解制度。例如在 2014 年，检察机关运用刑事处罚令处理了 3.32 万个案件，占所有案件的 15%左右。当然，刑事处罚令制度的确立也引来争议。有批评者认为，该制度同时赋予检察官定罪权和量刑权，违背权力分立原则，违背了荷兰《宪法》有关法院对刑事犯罪的管辖权规定。另有批评者担心，此项权力有滥用的危险。例如 2015 年 1 月，荷兰最高法院发布了一项报告，批评了检察机关在部分证据不充分的案件中适用了刑事处罚令程序。但是尽管有这些批评，便宜主义和实用主义在荷兰刑事司法领域还是占了上风。

三、检察机关对法官量刑和刑罚执行有重大影响

荷兰《刑法典》比较简明，其对每一个罪，规定的只有最高刑罚，没有最低刑，且没有量刑梯度，理论上自由刑可以为 1 天。荷兰也没有专门的、有约束力的量刑规范，这就导致法官的量刑裁量权十分宽泛，量刑不均衡一度是一个十分严重的问题。在确保量刑均衡上，荷兰检察机关走在了法院的前面。自 20 世纪末，荷兰检察机关实施了"北极星指引"计划，到今天，检察机关已经发布了 30 多个全国性的量刑《指引》。这些《指引》对检察官有约束力，在特殊情况下检察官也可以偏离《指引》，但必须明确说明理由。该《指引》对法院虽然没有约束力，但是由于它具有标准化和科学性，法院相当看

重检察官的量刑建议,80%左右的案件的量刑都是根据《指引》确定刑罚。

这些具体量刑《指引》以检察官总署颁布的"检察量刑指引框架"为模板,全面收集影响某种犯罪量刑幅度的因子,并赋予一定的分值,然后利用计算机软件来进行运算,得出一个总积分,再根据总积分确立相应的刑种和刑度。下面以伤害罪为例考察"北极星指引"的应用原理。比方说,伤害罪量刑基准积分为 12 分,根据被害人受伤的程度轻重,额外增加 3 分到 35 分不等;根据作案使用的工具凶险程度(从钝器到枪支),额外增加 7 分到 52 分不等;如果基于歧视动机而伤害他人,额外增加 25%的积分;如果被害人为正在履行公务的人员,在前面计算的总积分基础上翻倍,等等。最终,积分累加并转化为量刑。每一个积分可能导致 22 欧元罚金,或者一天监禁,或者两小时的服务刑(例如社区服务)。若积分低于 30 分,检察官可以用替代庭审的方式解决该案;如积分在 30 分到 60 分之间,检察官可以只适用服务刑;若积分超过 60 分,将导致提起公诉。检察官可以在总积分少于 120 分时请求科处服务刑,或者在总积分超过 120 分时请求科处自由刑。总之,检察机关的量刑指引是一个相当精密、科学、标准的求刑量化系统,它的设计研发,吸收了法律、科学以及其他学科的知识,它的使用统一了司法体系的法律适用。

在荷兰,检察机关还享有对刑罚执行的监督权,尤其是针对自由刑和财产刑。前面提到,荷兰是轻刑国家,例如 2013 年数据显示,被科处自由刑的罪犯,98%的刑期在 4 年以下,49%的刑期在 1 个月以下,而刑罚执行完全以罪犯的改造和再社会化为中心,狱政体系十分科学和人性化。而且基于对自由刑的负面效果的深刻认知,用财产刑替代自由刑成为荷兰的优先刑事政策,一定程度上成为主流刑罚。刑罚的严格执行对于荷兰这样一个轻刑化国家十分关键,否则无论从惩罚还是改造角度讲,刑事司法体系都不可能实现最初的目标。正基于此,荷兰检察机关对监狱和专门的财产刑执行部门(中央罚金收缴局)实施监督。

综合以上情况,不难看出,荷兰检察机关在侦查、起诉、执行领域都享有广泛的权力,在相当程度上主导着刑事司法体系的运作,进而服务于整个社会的治理目标。而刑事处罚令等被认为是突破传统司法理念的制度创新,如何有效运用,对检察官自身的素质和内部监督制约机制是一个挑战。此外,检察机关还面临着两方面的挑战:一是财政约束问题。近几年的经济衰退对荷兰的福利国家制度构成挑战,也影响到司法领域。最近,荷兰议会要求检察机关到 2018 年要缩减 1.43 亿欧元的开支, 这让原本资源有限的检察机关叫苦不迭。二是复杂的国家安全问题。近年来,随着移民的大量增加,移民、种族、宗教等问题给传统社会治理带来挑战,出于反恐和国家安全方面的考虑,荷兰可能会改变传统刑事司法体系的部分规则,这对检察机关也是一个挑战。

(原载于 2015 年 12 月 29 日《检察日报》)

英国皇家检察署：
信息公开机制较为完善

卞建林*　谢 澍**

卞
建
林

谢
澍

　　1985年，英国颁布了《犯罪起诉法》，皇家检察署于次年据此正式设立，主要职责包括向警察或其他刑事调查中的机构提供法律建议、独立地决定是否对犯罪嫌疑人进行犯罪指控等，并对刑事司法系统正在经历的重大变革发挥领导作用。警察控诉转向检察控诉，象征着英国现代检察制度的开启。此外，30年来，皇家检察署在机构设置与分划、职能配置与运行、人员选任与提拔等方面也形成了自身特点，始终致力于通过更适应现实需要的方式履行职能、服务公众，业已成为英国刑事司法制度中独具特色且不可或缺的一环。

　　当然，作为公共机构，势必接受公共问题的挑战、紧跟社会进步的步伐，最近10年，面对公众知情权的需求和信息化发展的趋势，皇家检察署也相应调整了自身信息处理的方式与策略，尤其是在《信息自由法》通过和实施之后，皇家检察署将信息公开视为改革的重点之一，逐步以官方网站为主要平台，形成了一套颇为有效的实践经验。

一、信息公开机制的四大特点

　　具体而言，皇家检察署信息公开机制的运作样态具备四大特点，分别体

---

* 中国政法大学诉讼法学研究院院长、教授，中国刑事诉讼法学研究会会长。
** 中国政法大学刑事司法学院研究生，曾在《环球法律评论》《法令月刊》(台湾)等期刊发表论文十余篇。

现在信息公开的宗旨、范围和方式上：

第一，《信息自由法》对公共机构与政府部门的信息公开行为进行统一规范，设置最低限度的信息公开标准，提供强制力措施和救济途径。

第二，皇家检察署根据自身职能定位，在《信息自由法》预设的范围之内，突出信息公开重点，对包括案件统计、政策导向、人员选拔、经费使用等在内的公共信息实行主动公开，对依法可以公开的个人信息实行依申请公开。

第三，区分信息公开与行为公开，对未办理终结的刑事案件，涉案信息予以保留不得公开。信息公开的内容具有事后性，通常是对机构的运作情况、绩效数据和政策文件等进行公开，不同于审判公开等诉讼行为意义上的公开，不具有同步性。

第四，提供有效的救济途径，即配备独立于公共机构与政府部门的信息专员，同时明确信息公开争议的可诉性，将法院作为最后的救济手段，保障信息公开的执行效果。

二、信息公开的宗旨

信息公开在英国的规范化发展和跨越式进步，得益于 2000 年通过的《信息自由法》。该法案自 2005 年 1 月 1 日起实施，取代了之前的《政府信息公开法案》，并对 1998 年《数据保护法》和 1958 年《公共档案法》作出修订。而信息公开的义务主体也随即延伸至所有公共机构和政府部门，明确义务主体应当向普通民众公开其如何作出决策、履行职责以及如何使用公款，旨在督促公共机构和政府部门更加公开和负责地运作。既然公众享有权利获取所有被公共机构保存的信息(法案另有例外及豁免规定的除外)，那么皇家检察署亦不例外，其须定期公开的信息包括开销、优先事项、决定、政策、诉讼程序以及清单列表上的其他事项、服务等，并有义务帮助公众便捷地检索到相关信息，而且信息公开的宗旨和目的，既要符合《信息自由法》之规定，也要遵循皇家检察署的运作规律。

《皇家检察官规则》和《案件工作质量标准》是皇家检察署日常工作必须

遵循的两个基本文件,除了明确工作标准和行为守则,其中还渗透着四方面的价值取向:其一,独立和公正。即独立于政府、法院和警察,不偏不倚地行使控诉职能,在每个案件中传递正义。其二,诚实和公开。对作出的决策进行解释,设置公众可预期的、清晰的工作标准,诚恳对待可能存在的错误。其三,尊重每一个人。无论是同事抑或社会公众均尊重对待,在每一个案件中均认识到参与人的主体地位。其四,表现专业并追求卓越。以团队的形式工作,不断寻求优化方式为公众提供可能的最佳服务,有效使用款项并对纳税人负责。

上述四点价值取向,同时在皇家检察署官方网站的机构简介中明确列举,因此,除了《信息自由法》所规定的最低限度标准,皇家检察署的信息公开工作还需要兑现自身机构的价值取向,并按照刑事司法的一般规律对信息进行甄别处理、分类对待。由此可见,皇家检察署信息公开机制不仅是为了"适应"《信息自由法》的规定和"满足"社会公众的需求,信息公开的根本目的,是与自身价值相对接,即规范皇家检察署的司法行为、提升皇家检察署的运行实效。因此,信息公开的受益者是多元的,除了社会公众、当事人,还包括皇家检察署自身,并且其价值与效果也不局限于某一特定信息是否公开,更在于从点到面完善英国刑事司法制度,为保障司法公正、尊重基本人权提供可持续的改革动力。

三、信息公开的范围

皇家检察署的信息公开范围广泛,几乎涉及机构运作的各个方面,对其内容进行甄别分类,主要可以概括为五个层次:第一,机构信息,包括皇家检察署的年度报告、经费支出、组织结构、人员组成、工资标准、登记接待、会议记录、出勤情况等,借此提供机构的大致情况,便于公众初步了解皇家检察署的日常工作。第二,绩效管理信息,主要关于职能履行过程中的案件统计和各类策略实施情况,包括各类犯罪案件比例、案件处理结果、资产追缴、重点措施等,旨在为公众描绘皇家检察署的运作样态和实践导向。第三,基本数据统计,覆盖了皇家检察署的开支以及绩效等诸多方面,通过案件管理系统和管理信息系统,此类数据可以有效获取并保存,但并非所有涉及皇家检察署的数据均由其机构自身提供。例如,与犯罪和治安相关的官方统计由内政部负责,而与量刑、庭审、犯罪处理以及法院和法官有关的官方统计数据则由司法部负责。第四,政策和程序,除上述已经列举的,还涉及金融政策与指导、人力资源政策与指导、平等与多样性政策等。第五,清单列表,包括信息自由公开的目录、与其他机构的会议纪要、其他机构制作的出版物等文件。

当然,皇家检察署的信息公开受《信息自由法》第二章规定之约束,公开的内容不得涉及豁免或例外。对于何为例外,《信息自由法》详尽列举,主要是出于个人隐私和公共利益的考量,以不得损害信息公开义务主体及信息公开申请人以外的第三方利益为限。皇家检察署承接侦查与审判程序,根据职能特点,《信息自由法》明确其拥有保留一类信息的权力,即为展开调查或刑事诉讼行为而持有的信息,此类信息不公开的目的是为了调查程序和刑事诉讼的有序、有效推进,质言之,皇家检察署并没有义务在刑事诉讼终结之前公开相关信息,其涉案信息公开的范围仅限于已终结的案件,且并不着眼于具体个案的细枝末节,更多地关注宏观的、整体的信息描述与共享。因此,皇家检察署信息公开的定位十分明确,其本质属性是事后的信息公开,而非同步的行为公开,这与司法公开或审判公开的指向是有明显区别的,可以说,皇家检察署的信息公开更侧重其公共机构的定位,在本质属性和运作模式上也更接近于政府信息公开。

四、信息公开的方式

《信息自由法》将信息公开的方式区分为主动公开和依申请公开,皇家检察署信息公开同样遵循二元化的方式加以实践。主动公开是指通过官方网站等渠道所形成的常态化公开机制,前文所述之五方面信息公开内容,主要均以此方式定期予以主动公开,在皇家检察署官方网站上即可无偿获取PDF格式文件,官方网站在醒目位置做有标记和引导,全部信息根据所属范围呈立体结构罗列,公众可以便捷地进行检索和下载。皇家检察署在人员配置上,除了检察官、助理检察官、案件办理人,还设有专门的管理人员岗位,在财务、管理和信息技术等方面提供支持,因而具备相应的条件及时、有效地主动公开信息。除此之外,倘若社会公众所需的信息并未在主动公开范围之列,还可以根据《信息自由法》将请求、申请人姓名以及尽可能多的信息,以书面形式寄至皇家检察署官方网站所示地址。一旦某项个人数据系皇家检察署持有,根据《信息自由法》,皇家检察署并不会将其对所有公众公开,申请人若是想要寻找其个人信息,可以根据《数据保护法》请求获取,在官方网站的个人数据页面找到并填写"访问请求"申请表。同时,皇家检察署还推行个人信息移除政策,根据个人信息的不同给予特殊处理,这一政策以《罪犯前科消除法》为指导,旨在确保个人信息不会在皇家检察署的官方网站上停留超过适当的时间。

英国信息公开的统一立法,也为建构独立的信息公开监管部门提供条件,各公共机构和政府部门的信息公开程度不再局限于自身和公众的评价,而是由第三方作为监督者,规范信息公开的实践运行,并赋予法案强制力。《信息自由法》第四章规定了信息公开义务主体不履行公开义务的救济措施,并设置信息专员制度对信息公开情况进行动态监督,当申请人未及时收到答复或答复不满意时,可以向信息专员申请救济,信息专员将独立地评估信息应当保密抑或公开,若属于后者,则信息专员有权督促相关公共机构或政府部门履行信息公开,倘若信息专员的裁决仍无法让双方满意,争议还可以提交至法院进行裁决,而法院是最后的救济手段。同样,皇家检察署作为公共机构,其信息公开遵循《信息自由法》之规定,亦受信息专员的统一监管,国家提供独立、有效、多元的救济渠道,切实保障信息公开机制的实施效果。

（原载于 2015 年 8 月 11 日《检察日报》）

21 世纪以来英国皇家检察署
有四大发展

杨先德 *

英国皇家检察署是英格兰与威尔士专门的、独立的检察机关,自1986年建立至今不过30年。历史地看,英格兰与威尔士的刑事追诉体系经历了从私诉到警察(或委托私人律师)起诉,再到专门的检察官起诉的发展历程。

在一些评论家看来,皇家检察署的建立是各种势力妥协的产物,在其成立的头20年间,不论从权限、资源还是影响力角度讲,皇家检察署都是相对弱势的机构。在工党政府(1997年–2010年)执政期间,皇家检察署权力得到扩张,在司法体系中的影响力大幅提升,成为英国刑事司法体系中不可或缺的一环。但是,2010年保守党、自由党联盟上台后,由于施政理念的变化,尤其是财政开支的削减,皇家检察署的发展面临着新的挑战和不确定性。本文重点介绍一下皇家检察署进入21世纪以来四个方面的发展情况。

一、职能和权限不断明确和加强

在建立之初,皇家检察署的职能定位就是纯粹的公诉机关。除公诉权外,皇家检察署没有通常意义上的侦查权、侦查监督权、审判监督权、自主结案权等权能。即使是公诉权,在成立之初的很长时间里,皇家检察署都不是唯一的公诉机关,侦查机关(如警方)继续享有指控部分犯罪的权力,而出庭律师也继续享有在刑事法院起诉重罪案件的权力。皇家检察署主要负责起诉由治安法院管辖的轻罪案件,皇家检察署对其他机关的影响力非常有限。但是这一状况在进入21世纪以后有了很大变化,主要体现在以下几个方面。

一是皇家检察署逐渐享有排他的起诉权。2003年英国《刑事司法法》颁

---

* 北京市人民检察院干部,中国政法大学法学硕士、德国汉堡大学法学硕士,译著《跨国视角下的检察官》。

布后,皇家检察署的指控权向法定起诉权方向转变,警方和其他侦查机构的起诉权不断向皇家检察署转移。例如,2010 年皇家检察署合并了隶属于英国税务海关总署的税务和海关检察办公室。当然,这一趋势在最近几年又有所变化,由于案件量的增加和资源有限,皇家检察署通过多种方式将部分案件(例如被告人作有罪答辩的轻微案件)的处理权归还给了警方。

二是皇家检察署对侦查机关和其他机构的影响力提升。皇家检察署自身不享有侦查权,对侦查机关也不享有指挥或监督的权力,其主要通过案件退回补充侦查、侦查阶段提供咨询和建议、发布一般指引或具体犯罪起诉指引,乃至与侦查机关订立合作协议等方式对侦查机关施加影响。诸如《皇家检察官守则》《帮助自杀犯罪起诉指引》《检察长关于附条件警告的指引》等规范对侦查机关乃至其他起诉机构都有约束力。正如一些评论家认为的,皇家检察署的指引作为制定法、判例法的有效补充,成为央格鲁—萨克逊法律体系的第三只手。

三是皇家检察署的案件代理权和处理权扩大。除了轻罪案件,皇家检察署的皇家检察官逐渐具备了在高级别法院(如刑事法院)出庭支持重罪案件起诉的能力,支持重罪案件起诉的比例已经达到四分之一。在结案权方面,皇家检察署传统上除了起诉或将案件退回侦查机关,并不享有结案权,但是皇家检察署在退回案卷时,可以要求警方通过签发诸如附条件警告令等替代庭审方式解决案件。此外,皇家检察署在警方咨询时,可以根据条件,授权或批准警方签发替代起诉和审判的解决方案,包括简单警告、附条件警告等。

四是辩诉交易权得到完善。皇家检察官享有辩诉交易的权力,相关规则已经日益完善,2013 年版的《皇家检察官守则》细化了相关规定,例如皇家检察署在接受有罪答辩时,应该听取和考虑公共利益、被害人或被害人家人的意见,辩诉交易必须有事实基础,检察官不能过度指控或只为了便宜而做辩诉交易等。

二、组织结构和治理方式日益完善和成熟

皇家检察署由检察长领导,检察长独立工作,但是检察长由英国检察总长任命并受其监督，而后者作为非阁员大臣就皇家检察署的工作向议会负责。除一些特殊案件(如叛国、暴乱、高级官员腐败等)，英国检察总长并不干预皇家检察署的案件办理和日常管理,皇家检察署具有相当的独立性。2010年新政府上台后,致力于削减公共开支,减少财政赤字,皇家检察署在地方的分支机构已经由 42 个减少到了 13 个,地方分支机构受皇家检察署领导,负责辖区内的刑事案件追诉活动。

随着立法、职能和资源的不断变化,皇家检察署的内部治理结构也不断变迁,目前已经形成了比较有特色的内部治理结构。皇家检察署决策顶层为皇家检察署委员会,其角色是为皇家检察署提供战略领导,对履行皇家检察署的使命进行集体负责。委员会组成人员包括: 检察长（委员会主席）、首席行政官、首席运营官、服务总监以及四位非执行委员。非执行委员主要是人事、财务、风险等管理方面的专家。委员会会议分定期会议和临时会议,采取集体决策,委员会每年要向议会提交皇家检察署年度工作报告和财务报告。

目前,皇家检察署委员会下设四个专门委员会,分别是:审计和风险委员会,由会计主任负责,主要负责内部控制、审计和风险管理;任命与管理委员会,由检察长、首席行政官、首席运营官、人力资源主管、两名外部非执行委员(一名为主席)组成,主要负责人事和薪酬管理;行政团队,由检察长、首席行政官、首席运营官和服务总监组成,负责把握皇家检察署委员会的战略方向,制定皇家检察署委员会的具体战略计划和实施业务指导;业务运行团队,由检察长、首席行政官、首席运营官、服务总监、地方分支机构首席检察官、内部办案部门主管等组成,主要职责是执行皇家检察署的战略计划、方案,提高业务质量和效率、协调关系、反馈战略方案意见等。

在皇家检察署委员会、专门委员会之下,皇家检察署设有 13 个地方分支机构、内部案件办理部门和综合部门。皇家检察署目前有三个专门的案件办理部门,分别是专业反欺诈部、有组织犯罪部、特殊犯罪和反恐部,可见皇家检察署总部的办案部门集中在重大、复杂案件办理上,而一般案件则由地方分支机构在其辖区内处理。综合部门主要包括业务服务、财务、人力资源、通讯等部门。此外,皇家检察署还有两个比较特殊的部门,即:皇家检察署热线,为全国警方提供全天候咨询建议服务;皇家检察署犯罪收益部,主要负责犯罪资产追回、没收等工作。

从组织结构和治理模式上看,皇家检察署具有专业化、一体化、科层制的特征,同时注重集体决策、外部监督,并拥有比较清晰的责任制体系。

三、案件办理质量和效率逐渐改进和提升

皇家检察署在成立之初的很长时间里,处理案件的能力不高,表现之一是,案件经庭审后定罪率不高。这一方面因为皇家检察署起诉的证据标准比较低(运用优势证据标准),另一方面案件质量本身存在问题。21 世纪以来,皇家检察署致力于提高皇家检察官的素能,严格把控案件质量,除了制定大量起诉指引、招募资深私人律师、建立检察官学院开展检察官培训外,还出台了诸如《案件办理质量标准》等规范,对处理被害人、证人和社区关切、法律决策、案件准备和出庭支持公诉都规定了基本的标准。应该说,近年来,皇家检察署的案件质量得到了很大提升,例如 2014 年至 2015 年度,经治安法院庭审后的案件,定罪率提高到了 84.2%。

案件办理效率低下是困扰皇家检察署的一大难题,导致这一问题的原因是多方面的,诸如案件量大、与警方、法院合作不畅、程序繁琐等,而 2010年后的财政开支缩减,使得提升案件办理效率成为皇家检察署的首要任务。近年来,皇家检察署主要从以下几个方面提升案件办理效率。

一是繁简分流。一方面,正如前文提到的,皇家检察署将部分轻微案件起诉权归还给警方,由警方直接向法院起诉。另一方面,在审查起诉阶段更多地适用庭外处理方式(例如授权警方签发附条件警告令等)化解案件,将精力集中在办理重罪案件上。

二是有效利用辩诉交易权,在被告人作有罪答辩的案件中,大部分案件在第一次聆讯时就得到了解决。例如,皇家检察署办理的由英国治安法院审理的轻罪案件中,从 2012 年至 2013 年度到 2014 年至 2015 年度,被告人作有罪答辩的比例从 68.4% 上升到 76.7%。

三是依托技术,尤其是电子化和信息化快速处理案件。皇家检察署近年来致力于在刑事司法体系的案件信息化、电子化办公方面起领导作用,具体措施包括:对于轻微案件,在警方和检方之间建立电子化平台,警方向检方移送电子案卷;对于在治安法院处理的案件,90%的案件实现电子化起诉;与法院建立共同工作平台,旨在实现检方和法院的信息共享、标准统一和自动化;在法庭安装专业的无线网络,控辩审各方在庭审中实现实时证据、信息共享,试行视频作证,尤其是对警察和专家证人。

应该说,皇家检察署和其他刑事司法参与者已经比较有效地应对了财政约束,在资源减少百分之三十左右的基础上,效率反而得到提升,在这里应该说技术起到了很关键的作用,而这一切都得益于效率优先战略(尤其在轻微犯罪领域)的推动。

四、透明度和民主意识逐步提高和强化

如何改善形象、提升公信力,是皇家检察署在成立后很长时间里面对的一个问题。为提升自身公信力和影响力,皇家检察署近年来加强了以下几方面的工作。

一是不断提高履职透明度,尤其是落实《信息公开法》。大力推动检务公开,皇家检察署的网站已经成为一个非常便捷和丰富的信息平台和数据库,有效地满足了公众的知情权和参与权。

二是积极扩大民众参与,回应社会关切。皇家检察署建立和完善"社区检察官"制度,发布当地的"社区影响报告"以帮助执法者了解当地优先执法方向;搭建"社区参与小组"和"仇恨型犯罪审查小组",允许市民就特定议题与当地警官和地方检察官展开讨论,就特定案件提出建议和批评等。

三是高度重视被害人和证人工作。这是英国皇家检察署非常与众不同的一点,这可能与英国的私诉传统和刑事诉讼规则的特征有关,被害人和证人的参与对刑事司法体系有效运作不可或缺,皇家检察署不断致力于帮助受害人、听取被害人意见,以及提高公民的作证意识和作证能力,扩大了皇家检察署在公众中的影响力。

　　四是做好向议会负责,接受议会监督工作。皇家检察署每年要向议会提交年度工作报告和财务报告,报告上一年度工作和财务情况。以 2014 年至 2015 年度报告为例,除了常规业务项目之外,还报告了皇家检察署在减少办公楼温室气体排放、节约用水用电、垃圾处理等方面所做的工作,回应社会和民众的各方面关切。

(原载于 2015 年 12 月 22 日《检察日报》)

英国:是否起诉依据
完全准则或门槛标准

何永福 *

根据《1985 年犯罪起诉法》的规定,英国于 1986
年成立英国皇家检控署。在皇家检控署成立以前,由
警察负责侦查起诉案件。皇家检控署成立之后,皇家
检控署不负责案件的侦查, 也不负责指挥警察或其
他侦查机关的侦查, 而只负责起诉一部分罪行较为

何永福

严重的案件。2013 年《皇家检察官准则》为皇家检察官在决定是否起诉犯罪
嫌疑人时提供指引。根据该准则, 皇家检察官在作出是否起诉犯罪嫌疑人
时, 必须公正、中立、客观,有责任确保有罪的犯罪嫌疑人被定罪,确保法律
的正确实施,维护被害人、证人、被告人及社会的利益。在严重或复杂的案件
中, 皇家检察官必须决定是否起诉犯罪嫌疑人以及如果起诉应起诉何种罪
名。皇家检察官根据每个案件的具体情况适用完全准则标准或门槛标准来
决定是否起诉犯罪嫌疑人。

一、完全准则标准

完全准则标准又分为证据标准和公共利益标准。在大多数案件中,皇家
检察官只能根据侦查终结后侦查机关提供的证据来决定是否起诉。然而,在
所有可能的证据被收集和考虑前,也存在根据公共利益要求不起诉的案件。
这种情况下,皇家检察官应决定不推进起诉程序。当案件满足犯罪嫌疑人确
定有罪和能够对公共利益进行充分评价时,皇家检察官应作出起诉决定。如
果皇家检察官没有足够的信息作出起诉决定,侦查应继续进行,并根据完全
准则标准作出是否起诉的决定。

* 广东省珠海市人民检察院检察官,西南政法大学博士研究生。

在证据标准方面，皇家检察官必须确保在每一个指控中都有足够的证据去证实对每一个犯罪嫌疑人定罪的现实可能性。皇家检察官必须考虑可能的辩护意见及辩护意见可能对定罪产生的影响。如果案件没有达到证据标准的要求，不论案件多么严重或多么敏感，检察官必须终止案件。定罪的现实可能性是基于检察官对证据的客观评价，包括犯罪嫌疑人可能提出的辩护意见和其他信息的影响。定罪的现实可能性意味着，按照法律要求，一个客观、中立、理性的陪审员或治安法官或法官有可能对被指控的被告人进行定罪。这与刑事法庭必须适用的定罪标准不同，法官在确信被告人有罪时才能判决被告人有罪。

在决定案件是否达到起诉的证据标准时，皇家检察官应考虑三个因素。一是证据的可采性。皇家检察官应考虑侦查机关收集的证据是否具有可采性。在对证据是否可采进行评价时，皇家检察官应考虑特定证据被法庭认定为不具有可采性的可能性及该证据在整个证据体系中的重要性。二是证据的可靠性。皇家检察官应考虑是否存在影响证据可靠性的因素，包括证据的准确性或完整性。三是证据的可信度。皇家检察官应考虑是否存在对证据的可信性产生怀疑的因素。

在公共利益标准方面，在满足证据标准的情况下，皇家检察官必须考虑根据公共利益的要求是否作出起诉决定。这并不意味着一旦案件达到证据标准的要求，皇家检察官就必须对案件作出起诉决定。在案件达到证据标准的要求时，皇家检察官通常会对案件作出起诉决定，除非基于公共利益需要作出不起诉决定。在某些案件中，皇家检察官通过给犯罪嫌疑人提供在法庭外处理其罪行的机会而不是作出起诉决定来确保公共利益得以实现。

在涉及公共利益时，皇家检察官应考虑七个因素。

一是罪行的严重程度。罪行越严重，越可能被作出起诉决定。在决定案件的严重程度时，皇家检察官应考虑犯罪嫌疑人的罪责、对被害人的伤害程度等因素。

二是犯罪嫌疑人的罪责程度。犯罪嫌疑人的罪责越大，就越可能被作出起诉决定。决定罪责的因素有犯罪嫌疑人的涉案程度、是否事先预谋作案、是否有犯罪前科、是否受到法庭外处理、在保释或法庭命令期间是否犯罪、所犯罪行是否为持续或重复或逐步升级的罪行、犯罪嫌疑人的年龄或成熟情况。在审查犯罪嫌疑人的罪责时，皇家检察官应考虑犯罪嫌疑人在实施犯罪时是否有重大的精神或身体疾病。如果犯罪嫌疑人在实施犯罪时有重大的精神或身体疾病，对犯罪嫌疑人作出起诉的可能性较小。当然，皇家检察官也必须考虑罪行的严重性、是否有再犯的可能、是否需要保护公众或保护照料犯罪嫌疑人的人等因素。

三是案件发生的情形和对被害人的伤害。被害人越容易受到伤害，越可能对案件作出起诉决定。这包括犯罪嫌疑人与被害人之间存在信任或上下级关系。当被害人在案发时是公职人员时，对案件作出起诉决定的可能性更大。皇家检察官必须考虑犯罪嫌疑人是否对被害人的种族或国籍、性别、残疾、年龄、宗教或信仰、性取向或同性恋存在歧视或产生敌意而实施犯罪，一旦存在上述动机或敌意，就更可能作出起诉决定。基于公共利益作出是否起诉决定时，皇家检察官应考虑被害人提出的罪行对其产生影响的意见。在盗窃案件中，还包括被害人家庭的意见。皇家检察官还需要考虑起诉决定是否会对被害人的身体或精神健康产生不利影响，如果有证据显示起诉可能对被害人产生不利影响，考虑到被害人的意见，则可能作出不起诉决定。然而，皇家检控署并没有像出庭律师代表他的代理人一样代理被害人或他们的家庭，皇家检察官必须形成公共利益整体观点。

四是在实施犯罪时犯罪嫌疑人的年龄。如果犯罪嫌疑人是儿童或 18 岁以下青少年，就需要对犯罪嫌疑人的年龄进行特别的关注。为预防儿童和青少年犯罪，皇家检察官必须考虑儿童或 18 岁以下青少年的最佳利益，包括起诉是否对他（她）的未来产生与罪行的严重性不相适应的不利影响。皇家检察官还必须承担 1989 年联合国《儿童权利公约》中规定的义务。犯罪嫌疑人越年轻，越可能不被起诉。然而，在一些情况下，尽管犯罪嫌疑人在 18 岁以下，基于公共利益依然必须起诉犯罪嫌疑人，如犯罪嫌疑人所犯罪行严重、犯罪嫌疑人过去的记录表明没有替代起诉的合理措施、因缺乏犯罪嫌疑人的承认无法对犯罪嫌疑人作出法庭外的处理。

五是对社会的影响。犯罪嫌疑人的罪行对社会的影响越大,越可能被作出起诉决定。皇家检察官对"社会"应作广义理解,不局限于当地社区。

六是起诉的合理性。皇家检察官应考虑从结果来看起诉的合理性:起诉给皇家检控署和更广泛的刑事司法系统带来的成本, 特别是与犯罪嫌疑人可能受到的惩罚相比,成本是否过大。皇家检察官在考虑公共利益时不应仅考虑成本这一个因素,应考虑公共利益标准中所有因素,成本只是评价公共利益的因素之一。起诉的案件还必须与有效的案件管理原则相一致。例如,在涉及多个犯罪嫌疑人的案件中,为避免期限过长、程序复杂而只起诉主要的犯罪嫌疑人。

七是信息来源的保护。在无法给予公共豁免的案件中,应当特别考虑在起诉程序中需要向公众公开的案件细节可能给信息来源或国际关系或国内安全带来的危害,且必须对这种案件进行持续的审查。

二、门槛标准

门槛标准只适用下列情况下对犯罪嫌疑人作出起诉决定: 犯罪嫌疑人被保释有实质风险且证据不足,除非起诉犯罪嫌疑人,否则必须释放处于羁押之中的犯罪嫌疑人。

要把握好适用前提条件。皇家检察官必须决定下列条件是否达到:案件当前没有充足的证据去适用完全准则标准中的证据标准; 有合理的理由相信在合理的期限内可获得进一步的证据; 根据案件的严重性或情形作出立即起诉的决定是正当的;根据《1976年保释法》有持续、实质的羁押理由,根据全案情况这样做是合适的。只要上述条件之一没有达到,就不能适用门槛标准,也不能起诉犯罪嫌疑人。羁押官员必须决定是否继续羁押犯罪嫌疑人还是附条件或不附条件对犯罪嫌疑人进行保释。

要把握好门槛标准的具体要求。一看是否存在合理怀疑。皇家检察官必须确定至少具有合理的怀疑认为被指控的人涉嫌犯罪。在决定是否具有合理的怀疑认为被指控的人涉嫌犯罪时,只要证据具有相关性、可采性,皇家检察官就可以根据证人证言、物证或其他信息等证据作出决定。只有满足有合理的怀疑认为被指控的人涉嫌犯罪的情况下，皇家检察官才考虑案件是否符合下述门槛标准的第二个要求。二是进一步收集的证据足以证明犯罪嫌疑人具有定罪的现实可能性。有合理的理由相信在合理的期限内继续侦查将提供进一步的证据，以致根据完全准则标准所有证据能够达到对犯罪嫌疑人进行定罪的现实可能性。进一步的证据必须是可确定的，而不仅仅是靠猜测的。在作出是否起诉犯罪嫌疑人时，皇家检察官还应考虑下列因素：任何可能获得的进一步的证据的性质、广泛性、可采性及该证据对案件的影响、所有证据支持的指控、现在不能获得证据的原因、获得进一步证据的时间要求、从全案来看任何后来的迟延是否合理。

如果门槛标准的两个要求都达到的话，皇家检察官必须根据当时信息依据完全准则标准中的公共利益标准来作出是否起诉的决定。根据门槛标准作出起诉决定的，皇家检察官必须对起诉决定进行持续审查。对证据进行日常评估以确保起诉是合理的及持续羁押是正当的。

(原载于 2015 年 7 月 14 日《检察日报》)

检察机关:俄罗斯联邦的"护法机关"

王圭宇 *

俄罗斯联邦检察制度,其源头可以回溯到俄罗斯帝国时期,并历经苏维埃俄国时期的"重建"和苏联时期的"再造",最终奠定了当代俄罗斯联邦检察制度的基本样貌。可以说,俄罗斯联邦检察制度,主要是在继承苏联时期检察制度的基础上,因时应势地发展和变革而来。我国在新中国成立之后引进了苏联社会主义检察制度。该制度对我国检察制度的建制产生了重大影响。对俄罗斯联邦检察制度前世今生的考察,无疑具有重要意义。

一、检察制度的历史演进

从历史的角度而言,俄罗斯联邦检察制度的雏形可以追溯到彼得大帝时期,彼得一世被誉为俄罗斯帝国检察制度的奠基人。当时彼得一世借鉴瑞典经验在俄国设立了监察局,主要是为了应对国内包括职务犯罪、贿赂罪、盗窃国库罪等在内的急剧增加的犯罪率。之后,他又通过总结俄国监察局的经验教训,并在借鉴外国检察制度的基础上,正式设立了俄罗斯帝国检察机关和总检察长职务。当时的检察机关是根据集中原则作为一个统一的监督机关体系建立起来的,可以对作为最高国家机关的参政院公开实施相应的监督检察。而各级检察长的首要任务,就是对各种国家机关及其公职人员恪守法制的情况进行监督。在当时,俄罗斯帝国检察机关被定位为"国家的眼睛",总检察长被视为"国家案件的诉讼代理人"。之后,俄罗斯帝国检察制度几经变革,但其组织体系和基本职能变化不大。检察机关的法律地位,一直持续到 1917 年"十月革命"的爆发。

* 郑州大学法学院副教授、博士后。

在 1917 年"十月革命"胜利后,苏维埃俄国正式建立。同年 11 月 24 日,当时的苏维埃俄国以颁布法令的方式撤销了"十月革命"前的检察机关。直到 1922 年 5 月 28 日,全俄中央执行委员会通过了《俄罗斯社会主义联邦苏维埃共和国检察机关条例》,才依据该条例"重建"了检察机关。这时的检察机关,不是对俄罗斯帝国检察机关的简单"恢复",而是在"砸烂"它的基础上重新建立起来的集中统一的新型社会主义检察机关体系。

1922 年 12 月 30 日,苏联成立。1924 年苏联《宪法》未赋予检察机关相应的宪法地位。但是,苏联最高国家权力机关依照《宪法》制定颁布的《苏联和各加盟共和国法院组织原则》则进一步扩大了检察机关的权限,责成其对司法活动是否合法实施监督。在接下来的 1936 年苏联《宪法》和 1977 年苏联《宪法》当中,不仅明确规定了检察机关并赋予其相应的宪法地位,而且还区分了检察机关作为国家的"护法机关"在性质上与司法机关的不同。1936 年苏联《宪法》第九章规定了"法院和检察院",明确将"法院"和"检察院"并列规定,显示出两者的不同:检察院不属于法院,检察机关也不属于司法机关。1936 年苏联《宪法》用 5 个条款(第 113 条-117 条)规定了检察机关,使苏联检察机关得到了进一步的强化和发展。在 1977 年苏联《宪法》当中,其第七编规定了"审判、公断和检察监督",下设"法院和公断机关"(第二十章)和"检察机关"(第二十一章)两章,也明显将"法院"和"检察院"并列规定,同样认为检察院不属于法院,检察机关也不属于司法机关。需要指出的是,无论是 1936 年《宪法》还是 1977 年《宪法》,它们都明确规定了检察机关的监督性。

由此可见,在苏联时期,检察机关独立行使检察权,不属于司法机关,而是一种独立的国家权力机关,专职履行检察监督职能。需要指出的是,作为苏联检察机关体系不断发展的标志,苏联最高国家权力机关还依据 1936 年《宪法》、1977 年《宪法》先后于 1955 年 5 月 24 日、1979 年 11 月 30 日颁布了苏联检察机关史上的第一个《苏联检察监督条例》和第一个《苏联检察机关法》。但是,苏联《宪法》关于检察机关的明确规定,无疑是检察机关地位和实施检察监督的最高保障。

最后需要指出的是,纵观俄罗斯联邦检察机关的历史演进,其在国家政治结构中的地位在不断加强,其监督对象和监督范围也在进一步扩大,而这都源于检察机关在国家政治生活中所发挥的独特监督作用。从宪法的角度而言,俄罗斯联邦检察机关经历了从没有宪法地位到具有宪法地位的嬗变历程,从而实现了在《宪法》这一国家根本法的层面上对检察机关地位的至高保障。

二、检察机关的定位之争

1991 年底,苏联解体、俄罗斯联邦独立。为了建立与俄罗斯联邦新的国家政治体制相适应的检察制度,俄罗斯联邦最高苏维埃于 1992 年 1 月 17 日通过了第 2202-I 号联邦法律——《俄罗斯联邦检察机关法》。《俄罗斯联邦检察机关法》初步奠定了俄罗斯联邦检察机关的法律基础,系统地规定了俄罗斯联邦检察机关的体系和组织、检察监督、检察长参与法院审理案件、检察机关的干部和机构、军事检察机关各级机关组织和活动保障的特点、检察机关组织和活动的其他问题。需要指出的是,由于目前处于全面的社会转型期,《俄罗斯联邦检察机关法》颁布至今已经历了 30 多次的修改、补充和完善,适应并保障了俄罗斯联邦检察制度的改革与实践。

1993 年 12 月 12 日,俄罗斯联邦以全民公决的方式通过了《俄罗斯联邦宪法》,它规定了旨在把俄罗斯联邦建设成为现代化的资本主义宪政国家的奋斗目标,并确立了"三权分立"的宪政体制。《俄罗斯联邦宪法》第 10 条规定,"俄罗斯联邦的国家权力实行立法权、执行权和司法权分立原则。立法权力机关、执行权力机关和司法权力机关相互独立"。与此同时,《俄罗斯联邦宪法》在第七章中规定了"司法权",并将有关检察制度的宪法规范(第 129 条)和司法机关(第 118-128 条)规定在了一起。

《俄罗斯联邦宪法》关于检察机关之宪法地位的规定,引发出一个重要的宪法诘问:既然俄罗斯联邦检察机关被规定在《俄罗斯联邦宪法》第七章"司法权"当中,那么俄罗斯联邦检察机关行使的检察权在性质上是不是属于司法权?或者说,检察机关在性质上或者在宪法地位上是不是属于司法机关?对此,在俄罗斯联邦学术界也存在分歧。例如,俄罗斯联邦宪法法院前院长、退休法官 M.—B.巴格拉依教授就认为,俄罗斯联邦检察机关属于司法权力机关,其中的一个重要理由就是基于《俄罗斯联邦宪法》的上述规定。这种观点甚至一度影响到国内,导致不少国内学者也依据俄罗斯联邦独立之后颁布的《俄罗斯联邦宪法》,宣称俄罗斯联邦检察机关的宪法地位有所降低,独立性有所减弱,在性质上已归属于司法权力机关之列,甚至得出检察机关行将没落等观点。支持此种观点的理由,一方面源于《俄罗斯联邦宪法》的规定,另一方面也来自于与苏联时期《宪法》关于检察机关之规定的对比。因为,在 1936 年苏联《宪法》和 1977 年苏联《宪法》当中,它们都明确了检察机关不同于司法机关的宪法地位,而《俄罗斯联邦宪法》第七章"司法权"在章名中并未如苏联时期《宪法》那样显示出"检察院"或"检察机关"的字眼。对比前后的《宪法》规定,的确很容易让人产生某些误解。

关于俄罗斯联邦检察权属于司法权、检察机关属于司法权力机关的观点,笔者不敢苟同。首先,俄罗斯联邦 1996 年 12 月 31 日颁布的《俄罗斯联邦司法体系法》并未规定检察机关的问题,也未将检察机关纳入到司法(机关)体系的组成当中,这就意味着检察机关并不属于司法机关之范畴。其次,根据《俄罗斯联邦宪法》第 129 条的规定,俄罗斯联邦检察机关是"一个下级检察长服从上级检察长和俄罗斯联邦总检察长的集中统一体系",其与司法权力机关的组织原则存在明显不同。不仅如此,在俄罗斯联邦法律体系当中,关于司法权力机关和检察机关的组织法属于不同层次的联邦法律,也显示了两者之间的区别。例如,关于司法权力机关的组织法都是以俄罗斯联邦宪法性法律的形式予以规定的,而关于检察机关的组织法《俄罗斯联邦检察机关法》却并非俄罗斯联邦宪法性法律,而仅是俄罗斯联邦普通法律。最后,根据《俄罗斯联邦宪法》第 110 条的规定,司法权由俄罗斯联邦法院行使(包括宪法法院、最高法院、最高仲裁法院和其他联邦法院),且俄罗斯联邦的司法权只能由法院行使。换句话说,《俄罗斯联邦宪法》并未授予检察机关行使司法的权力。既然司法权并没有交给检察机关行使,那就意味着检察机关行使的检察权并非司法权,从而检察机关也不属于司法权力机关。至于检察机关不同于执行权力机关,则是显而易见的,此处不再赘言。

据此,笔者认为,从性质上来说,俄罗斯联邦检察机关所行使的检察权,既不是司法权,也不是行政权,而是一种独立的国家权力,即"法律监督权"。进而,俄罗斯联邦检察机关既不是司法权力机关,也不是执行权力机关,而是一种特殊的国家权力机关,即所谓的"护法机关"。

三、检察制度的最新改革

作为俄罗斯联邦的"护法机关",俄罗斯联邦检察机关旨在"保障法律至高无上,保障法制的统一和巩固,保护人和公民的权利与自由,捍卫社会和国家的利益",在国家政治生活当中发挥着独特的作用。特别是近几年来,俄罗斯联邦检察机关在维护国家法制统一、反贪污贿赂、监督行政机关依法行政和对人和公民权利与自由的保障等领域,发挥着越来越重要的检察监督作用。与之相伴,从检察实践的角度观察,俄罗斯联邦检察机关的检察监督职能也在逐步得到强化。

在此背景之下,2014 年 2 月 5 日,俄罗斯联邦通过了《关于俄罗斯联邦最高法院和俄罗斯联邦检察机关的俄罗斯联邦宪法修正案法》,其关于俄罗斯联邦检察机关的性质和定位在一定程度上支持了笔者的以上观点。在这次《宪法》修改当中,俄罗斯联邦明确将《俄罗斯联邦宪法》第七章的章名"司法权"修改为"司法权和检察机关",将检察机关和司法机关并列规定,彰显了其与司法权(司法机关)的不同,进而否定了检察机关属于司法机关、检察权属于司法权的观点。

还需指出的是,在这次《宪法》修改当中,俄罗斯联邦还明确将"俄罗斯联邦副总检察长"写进了《宪法》,赋予其相应的宪法地位,从而提高了其在俄罗斯联邦检察机关体系当中的法律地位。与之相适应,《俄罗斯联邦检察机关法》也对以上相关内容进行了修改、补充和完善。通过《宪法》修改,俄罗斯联邦一方面意在突出和强化俄罗斯联邦检察机关的独立性,另一方面通过赋予俄罗斯联邦副总检察长以宪法地位来提升检察机关在整个国家宪法制度当中的地位。而这两个方面的意义,都有助于充分发挥俄罗斯联邦检察机关检察监督的作用。

(原载于 2015 年 9 月 15 日《检察日报》)

俄罗斯通过修宪强化检察监督职能

王圭宇 *

1991 年底,苏联解体、俄罗斯联邦独立。为了建立起与新的国家政治体制相适应的检察制度,俄罗斯联邦最高苏维埃于 1992 年 1 月 17 日通过了第 2202–I 号联邦法律《俄罗斯联邦检察机关法》,即现行的检察机关法。该法系统规定了俄罗斯联邦检察机关组织和活动等基本内容,不仅为检察制度的运转奠定了坚实的法律基础,同时也为检察制度因应时势进行不断改革提供法治保障。

一、检察制度改革的宪法背景

1992 年《俄罗斯联邦检察机关法》颁布实施后,俄罗斯联邦于 1993 年 12 月 12 日以全民公决的方式通过了《俄罗斯联邦宪法》。《俄罗斯联邦宪法》用一个条款(第 129 条)规定了俄罗斯联邦检察制度问题,仅涉及检察机关的领导体制、检察长的任免等问题。至于俄罗斯联邦检察机关的职权、组织和活动程序等问题,则由《俄罗斯联邦检察机关法》予以规定。

根据《俄罗斯联邦检察机关法》,作为俄罗斯联邦的"护法机关"——俄罗斯联邦检察机关旨在"保障法律至高无上,保障法制的统一和巩固,保护人和公民的权利与自由,捍卫社会和国家的利益",在国家宪政体制和权力体系当中占据特殊的地位,发挥着独特的作用。

《俄罗斯联邦检察机关法》规定,俄罗斯联邦检察机关在国家的多个领域实施广泛的检察监督职能。正如俄罗斯联邦现任总检察长 Ю.Я.恰伊卡在就任之初指出的那样,俄罗斯联邦各级检察机关在维护国家法制统一、反贪污贿赂、监督行政机关依法行政和对人和公民权利与自由的保障等领域发挥着越来越重要的作用。与之相伴的是,《俄罗斯联邦检察机关法》也随着

---

* 郑州大学法学院副教授、博士后。

检察实践的发展和需要,不断地进行修改和补充,迄今为止已先后历经 40 多次修改、补充和完善,有力地适应并保障了俄罗斯联邦检察制度的改革与实践。

为了明确俄罗斯联邦检察机关的宪法地位,增强其独立性,强化其检察监督职能,俄罗斯联邦于 2014 年 2 月 5 日通过了《关于俄罗斯联邦最高法院和俄罗斯联邦检察机关的俄罗斯联邦宪法修正案法》,从国家根本法的层面对检察制度进行了修改。与之相适应,《俄罗斯联邦检察机关法》也进行了相应的修改。本次修宪和修法,对于完善俄罗斯联邦检察制度具有重要意义。

二、检察机关宪法地位提升

本次修宪明确规定了检察机关的宪法地位,强化了检察机关的独立性。

首先,《关于俄罗斯联邦最高法院和俄罗斯联邦检察机关的俄罗斯联邦宪法修正案法》明确将《俄罗斯联邦宪法》第七章的章名由"司法权"修改为"司法权和检察机关",在章名中显示出"检察机关",具有重要的宪法意义。在此之前,《俄罗斯联邦宪法》第四、五、六、七章依次规定了"联邦总统""联邦会议""联邦政府"和"司法权"。而在本次修宪之后,"检察机关"的名称与以上国家权力机关的名称并列,将"检察机关"和其他国家权力机关置于同一层面进行规定,提升了检察机关的宪法地位。

事实上,在苏联时期,1936 年苏联《宪法》和 1977 年苏联《宪法》都曾在章名中显示"检察机关"的名称,在章名之下规定检察机关监督的最高性等内容,具有重要而特殊的宪法地位。例如,1936 年苏联《宪法》第九章规定了"法院和检察院",接着用 5 个条款对检察机关相关问题作出规定。在 1977 年苏联《宪法》当中,其第七编规定了"审判、公断和检察监督",下设"检察机关"(第二十一章)一章,同样用 5 个条款规定了检察监督的最高性、总检察长的任免和任期等问题。不难看出,俄罗斯联邦本次修改《宪法》,重新在关于国家权力机关的章名中规定"检察机关",突出和提升了检察机关的宪法地位。

其次,本次修宪将第七章的章名由"司法权"修改为"司法权和检察机关",也进一步明确了检察权和检察机关的属性。因为,在此之前,《俄罗斯联邦宪法》关于"检察机关"的内容规定在第七章"司法权"之下,而本次修改在章名中将"检察机关"与"司法权"并列规定,有利于增强检察机关和检察权的独立性。

最后,《俄罗斯联邦宪法》规定,"国家权力实行立法权、执行权和司法权分立原则。立法权力机关、执行权力机关和司法权力机关相互独立"(第 10 条)。但是,俄罗斯联邦总统所行使的元首权和检察机关所行使的检察权却不在"三权"之列。俄罗斯联邦检察机关所行使的检察权是一项独立的国家权力,即法律监督权。也因此,检察机关被称为"护法机关"。

三、形成集中统一的检察机关体系

《俄罗斯联邦宪法》第 129 条第 1 款规定,"俄罗斯联邦检察机关是一个下级检察长服从上级检察长和俄罗斯联邦总检察长的集中统一的体系"。在本次修宪当中,该条款被删除。而原来的第 129 条第 5 款规定的"俄罗斯联邦检察机关的职权、组织和活动程序,由联邦法律予以规定"则调整为现在的第 129 条第 1 款的内容。这意味着,更多关于俄罗斯联邦检察制度的内容将被规定在《俄罗斯联邦检察机关法》当中。需要说明的是,这种立宪技术层面上的调整并不影响检察机关的领导体制,而是由《俄罗斯联邦宪法》先作授权式规定(第 129 条第 1 款),而后将其具体内容交由《俄罗斯联邦检察机关法》进行规定。修改后的《俄罗斯联邦检察机关法》第 1 条第 1 款和第 4 条第 1 款依然重申了修改前《俄罗斯联邦宪法》第 129 条第 1 款的内容,继续确认俄罗斯联邦检察机关是一个下级检察长服从上级检察长和俄罗斯联邦总检察长的集中统一的体系。

在本次修宪之前,《俄罗斯联邦宪法》仅规定了"俄罗斯联邦总检察长"和其他检察院检察长的任免问题,"俄罗斯联邦总检察长"在《俄罗斯联邦宪法》全文中出现 8 次,其中在第 129 条当中出现了 4 次,反映出总检察长在《俄罗斯联邦宪法》当中以及在整个俄罗斯联邦检察机关体系当中的重要地位。在本次修宪中,明确将"俄罗斯联邦副总检察长"写进了《俄罗斯联邦宪法》,赋予其相应的宪法地位,从而提高了其在俄罗斯联邦检察机关体系当中的法律地位。从修改之后的《俄罗斯联邦宪法》第 83 条、第 102 条和第 129 条来看，俄罗斯联邦总检察长和副总检察长的任免适用大致相同的程序，都是由俄罗斯联邦总统提出任免建议，而后由俄罗斯联邦委员会予以任免。唯一不同的是，根据修改后的《俄罗斯联邦检察机关法》的规定，俄罗斯联邦总检察长向俄罗斯联邦总统提请任命和罢免俄罗斯联邦副总检察长，然后再由俄罗斯联邦委员会根据俄罗斯联邦总统的建议予以任免。这其中，俄罗斯联邦总检察长在副总检察长的任免过程中具有提议权，俄罗斯联邦总统关于副总检察长的任免建议则据此作出，尽管联邦总统有其自主决定权。同时，这也使俄罗斯联邦总统在俄罗斯联邦副总检察长的任免中起到了关键性作用。需要指出的是，修改后的《俄罗斯联邦检察机关法》对于俄罗斯联邦总检察长和副总检察长的候选人增加规定了任职条件：一是必须年满 35 周岁；二是符合《俄罗斯联邦检察机关法》第 401 条之资格条件；三是在检察机关中工作担任授予衔职的职务 10 年以上（副总检察长的候选人须担任授予衔职的职务 7 年以上）；四是必须为俄罗斯联邦公民。

本次修宪，突出了俄罗斯联邦总统在检察机关体系、尤其是俄罗斯联邦总检察长、副总检察长以及其他检察院（除区检察院、市检察院以及相当于该级别的检察院以外的检察院，如军事检察院等）检察长任免中的作用。第一，在本次修宪之前，只有俄罗斯联邦总检察长是由俄罗斯联邦总统向联邦委员会提出候选人，并提出关于解除时任俄罗斯联邦总检察长职务的建议，然后由俄罗斯联邦委员会予以任免。在修宪之后，俄罗斯联邦副总检察长也适用此程序，尽管和俄罗斯联邦总检察长的任免程序不同。第二，在修宪之前，"俄罗斯联邦主体的检察长，由俄罗斯联邦总检察长同相应俄罗斯联邦主体协商后任命"。在修宪之后，根据俄罗斯联邦总检察长按照俄罗斯联邦主体规定的程序与俄罗斯联邦主体协商后的提名，由俄罗斯联邦总统任命俄罗斯联邦主体的检察长。而俄罗斯联邦主体的检察长的罢免，则由俄罗斯联邦总统根据俄罗斯联邦总检察长的提议作出。第三，其他检察院（除区检察院、市检察院以及相当于该级别的检察院以外的检察院，如军事检察院等）的检察长，直接由俄罗斯联邦总统予以任免。在此之外，区检察院、市检察院以及相当于该级别检察院的检察长则由俄罗斯联邦总检察长予以任免。该级别检察院检察长候选人的任职条件为年满 27 周岁、符合《俄罗斯联邦检察机关法》第 401 条之资格条件、在检察机关中工作担任授予衔职的职务 5 年以上。

四、检察监督职能进一步强化

从《关于俄罗斯联邦最高法院和俄罗斯联邦检察机关的俄罗斯联邦宪法修正案法》以及与之相伴的《俄罗斯联邦检察机关法》的修改可以看出,俄罗斯联邦检察机关的宪法地位得以提升, 检察机关及其行使的检察权的独立性得到加强,检察机关的检察监督职能得以强化。

在《俄罗斯联邦宪法》和《俄罗斯联邦检察机关法》修改前后,俄罗斯联邦检察机关的集中统一体系并没有改变,仍是一个下级检察长服从上级检察长和总检察长的集中统一的领导体制。但是,在此基础上,俄罗斯联邦总统在检察机关体系当中的作用明显加强。从《俄罗斯联邦宪法》规定的宪政结构和权力体系来看,《俄罗斯联邦宪法》赋予总统极大的权力,以保障国家的平稳过渡和发展。在 2008 年《俄罗斯联邦宪法》修改当中,俄罗斯联邦总统任期由 4 年延长至 6 年就是为了进一步发挥联邦总统在国家宪政结构中的主导性作用。本次《俄罗斯联邦宪法》修改,更强化了俄罗斯联邦总统对检察机关系统的影响,也有利于提升整个检察机关的权威性。

纵观修改之后的《俄罗斯联邦检察机关法》,俄罗斯联邦检察机关的检察监督职能实际上得到了加强。例如,在"一般监督"、人和公民权利与自由的恪守情况等监督领域,检察监督对象的范围有所扩大。此外,在某些具体检察监督领域,检察长的权限也有所扩大。可以说,通过本次《俄罗斯联邦宪法》以及《俄罗斯联邦检察机关法》的修改,俄罗斯联邦检察机关的宪法地位和独立性都得以提升和强化,这有利于其充分履行检察监督职能,发挥其作为"护法机关"的独特作用。

(原载于 2015 年 10 月 13 日《检察日报》)

俄罗斯:设计多道程序纠防错案

樊崇义 *　　刘文化 **

刑事错案在全世界是一个普遍性的司法顽疾,从认识的相对论上来说,只要有司法活动存在的地方就一定有错案的发生和存在的土壤,因此,预防错案、纠正错案是刑事司法一个历久弥新的话题。为了预防错案的发生或者在错案发生后予以救济,世界各国一般都在刑事诉讼程序中创设了申诉、再审和国家赔偿等纠错机制,俄罗斯也不例外。

一、对生效裁判的申诉和抗诉程序

刑事申诉和抗诉是及时发现和纠正刑事错案的重要方法和有效途径,只有赋予相关当事人充分的申诉权,才有可能在第一时间杜绝刑事错案的发生,防止刑事案件因为某些瑕疵和程序失当而酿成大错。

根据俄罗斯联邦《刑事诉讼法典》第 402 条的规定,犯罪嫌疑人、刑事被告人、被判刑人、被宣告无罪的人及其辩护人或法定代理人、被害人及其代理人以及检察长,对已经发生法律效力的法院刑事判决、裁定和裁决都有权申请再审。还需要注意的是,检察长的申请称为抗诉,其他人的申请称为申诉。

有权接受申诉和抗诉的监督审法院包括共和国最高法院、边疆区或州法院、联邦直辖市法院、自治州法院和自治专区法院的主席团,俄罗斯联邦最高法院刑事审判庭,军区(舰队)军事法院主席团、俄罗斯联邦最高法院军事审判庭和俄罗斯联邦最高法院主席团。

在俄罗斯,申诉与抗诉并不直接启动再审程序,是否再审需经监督审法院审查。在具体适用上,监督审法院在审查申诉状和抗诉书后,法官可以作

---

* 中国政法大学诉讼法学研究院名誉院长、教授。
** 中国政法大学博士研究生。

出驳回申诉或抗诉的裁决，也可以提起监督程序并将申诉状或抗诉书甚至刑事案卷一并移交监督审法院审理。为加强对法官自由裁量权的监督和指导，切实防范刑事错案的发生，俄罗斯联邦最高法院、边疆区法院或州法院、联邦直辖市法院、自治州法院和自治专区法院的院长，俄罗斯联邦最高法院院长或者副院长有权不同意法官关于驳回申诉或抗诉的裁决。在这种情况下，他可以撤销裁决而作出移送监督审法院审理的裁决。

二、监督审诉讼程序

对于已经发生法律效力的法院刑事裁判，如果被告人及检察长认为可能是一个错误的刑事裁判，有权启动再审程序，目的是撤销或变更原审法院的错误裁判，作出对被告人有利的裁判。

根据俄罗斯联邦《刑事诉讼法典》第 407 条的规定，监督审法院应在作出提起监督审程序决定后的 15 日内开庭审理申诉和抗诉，俄罗斯联邦最高法院应该在 30 日内开庭审理申诉和抗诉。为更大程度地发现案件真实，杜绝刑事错案的发生，裁判阶段的决定由法官多数票通过。在法官票数相等时，视为驳回上诉或抗诉，但这一规则也有例外。例外的情形是针对死刑案件，如果俄罗斯联邦最高法院主席团中成员表决同意判处死刑的少于三分之二，该被告人则有可能被撤销死刑或将死刑改判为更轻的刑罚。这一方面体现了对生命权的尊重，另一方面更体现了对防范刑事错案的一种自觉和谨慎态度。

为彻底查明案件事实真相，防范刑事错案的发生，充分发挥监督审法院在纠正刑事错案、保障相关当事人申诉权方面的作用，俄罗斯《刑事诉讼法典》第 410 条还规定，在依照监督程序审理刑事案件的时候，监督审法院不受上诉或抗诉理由的限制，有权全面检查刑事案件的整个诉讼程序。如果刑事案件中有几个人被判刑，而仅对其中一人或一部分人提出上诉或抗诉，则监督审法院有权针对所有被判刑人检查该刑事案件。监督审法院在依照监督程序审理刑事案件时，可以减轻对被判刑人的刑罚或适用关于较轻犯罪的刑事法律。如果刑事案件中有几个人被判刑或被宣告无罪，则法院无权对没有提出上诉或抗诉的被宣告无罪的人或被判刑人撤销刑事判决、裁定或裁决。根据俄罗斯联邦《刑事诉讼法典》第 405 条的规定，不允许以刑事法律量刑过轻为由而通过监督程序对有罪判决以及法院的裁定和裁决进行再审，也不允许对无罪判决或法院关于终止刑事案件的裁定或裁决进行再审。这些都体现了全面审查原则和有利被告原则，是对被告人利益的最大保护，也是防范刑事错案的需要。

三、恢复刑事案件诉讼程序

如果因"新的情况"或"新发现的情况"导致刑事诉讼相关当事人、检察长或其他公民认为原来已经发生法律效力的刑事裁判存在错误可能的，检察长可以向监督审法院提出再审申请。在一定条件下，监督审法院可以撤销已经发生法律效力的法院刑事判决、裁定或裁决，刑事案件的诉讼可以得到恢复。

适应该程序的两个关键要素是对"新的情况"或"新发现的情况"的理解。根据俄罗斯联邦《刑事诉讼法典》第 413 条的规定，"新的情况"主要是指俄罗斯联邦宪法法院认定法院在该刑事案件中适用的法律不符合俄罗斯联邦宪法和欧洲人权法院认定俄罗斯联邦法院在审理刑事案件时违反了《保护人权与基本自由公约》规定这两种情形。"新发现的情况"主要包括以下情形：(1)已经发生法律效力的法院刑事判决确认，被害人或证人故意作虚假陈述、鉴定人故意提供虚假鉴定结论，以及物证、侦查行为、审判行为笔录和其他文件是伪造的，或者翻译人员故意不正确翻译，导致作出了不合法的、没有根据的或不公正的刑事判决，导致作出了不合法的或没有根据的裁定或裁决；(2)已经发生法律效力的法院刑事判决确认，调查人员、侦查员或检察长的犯罪行为导致作出了不合法的、没有根据的或不公正的刑事判决，导致作出了不合法的或没有根据的裁定或裁决；(3)已经发生法律效力的法院刑事判决确认，法官在审理该刑事案件时实施了犯罪行为；(4)除法院的刑事判决、裁定或裁决外，检察长、侦查员、调查人员关于因时效期届满、大赦或特赦、刑事被告人死亡或未达到刑事责任年龄而终止刑事案件的决定。

根据俄罗斯联邦《刑事诉讼法典》第 415 条的规定,因"新的情况"或"新发现的情况"而提起诉讼的权利在大多数情形下属于检察长。检察长作出启动再审决定的理由可以是公民、公职人员的举报,也可以是其他刑事案件的审前调查和法庭审理过程中取得的材料。同样,根据有利被告原则,如果是因新的情况或新发现的情况,有利被判刑人而引起的再审程序没有任何期限的限制,相应地,为死者的平反所必须进行的再审程序,对其原来的有罪判决也不受期限的限制。

四、平反程序

俄罗斯联邦《刑事诉讼法典》规定的平反程序类似于我国的刑事赔偿程序,主要是对非法地或没有根据地受到刑事追究的人恢复其权利和自由并向他赔偿所造成损害的程序。与平反程序相关的是被平反人,是指因非法或没有根据地受到刑事追究而依法要求赔偿所受到损害的人员。被平反人享有平反权,平反权包括赔偿财产损失、消除精神损害后果和恢复劳动权、领取赡养金的权利、住房权和其他权利。在俄罗斯,因刑事追究而对公民造成的损害,国家应全额赔偿,而不论调查机关、调查人员、侦查员、检察长和法院是否有过错。

作为弥补受到错误刑事处罚的公民的一种救济程序,俄罗斯联邦《刑事诉讼法典》规定了较为详细的平反程序。根据该法典第 133 条的规定,下列人员有权要求赔偿因刑事追究导致的有关损害: 被作出无罪判决的受审人;因国家公诉人或自诉人放弃指控而终止刑事追究的受审人;被执行部分刑罚的被判刑人、被适用医疗性强制措施但后来被法院认定适用这种措施的决定不合法或没有根据而被撤销的;在刑事案件诉讼过程中非法受到诉讼强制措施的任何人等。

在具体程序上,被平反人享有被告知申请国家赔偿的权利,以及获悉相关申请赔偿的程序。根据俄罗斯联邦《刑事诉讼法典》的规定,法院在刑事判决、裁定和裁决中,检察长、侦查员、调查人员在决定中应认定被宣告无罪而终止刑事追究的人享有平反权,同时向被平反的人送达通知,说明赔偿刑事追究所造成损害的程序。

　　向被平反人说明损害的赔偿包括财产损害的赔偿和精神损害的赔偿，前者包括由于刑事追究而失去的工资、赡养金、补助金和其他资金；根据法院的刑事判决或处理财产的裁判没收或收归国家所有的财产；作为执行刑事判决对他科处的罚金和追缴的诉讼费用；由他支付的法律帮助的费用以及其他合理开支。赔偿财产损害的要求可以由被平反人的法定代理人提出。自收到赔偿财产损害的要求之日起 1 个月内，法官、检察长、侦查员或调查人员应确定赔偿的数额并作出赔付决定。赔偿还应考虑通货膨胀的水平。

　　精神损害的赔偿主要包括检察长以国家的名义对被平反人造成的损害向被平反人表示正式道歉；如果关于被平反人拘捕、羁押、停职、适用医疗性强制措施的材料以及关于对被平反人判刑和适用其他非法行为的材料曾在报刊公布，在广播、电视或其他信息媒体传播，相应信息媒体必须在 30 日之内进行关于平反的报道。法院、检察长、侦查员、调查人员必须最迟在 14 日内将宣告公民无罪的决定书面通知其工作、学习单位或住所地。以金钱赔偿精神损害的诉讼按民事诉讼程序提出。对法官、检察长、侦查员、调查人员关于赔付和退还财产的决定不服，被平反人及其代理人、辩护人还可以对赔付决定提出申诉。除了经济上的赔偿外，被平反人经过法定程序还可以恢复其他权利，主要包括恢复被平反人的劳动权、领取赡养金权、住房权等。对根据法院裁判被剥夺专门称号、军衔、荣誉称号和职衔以及国家奖励的被平反人，应恢复有关的称号、职衔和国家奖励。如果法院驳回赔偿损害的要求或者被平反人不同意法院的裁判，则被平反人有权依照民事诉讼程序向法院提出请求。

（原载于 2014 年 10 月 21 日《检察日报》）

俄罗斯联邦设有自然保护检察制度

刘向文 *

自苏联时期创建社会主义检察制度以来，专门检察制度一直是苏联及俄罗斯联邦检察制度的重要组成部分。俄罗斯联邦的专门检察制度包括军事检察制度、运输检察制度、自然保护检察制度、监所检察制度以及地铁检察制度等。自然保护检察制度是俄罗斯检察制度的特色之一。

刘向文

一、俄罗斯联邦自然保护检察制度的历史发展

(一)苏联自然保护检察制度的建立与完善

早在 20 世纪 90 年代,苏联已经建立起世界上独一无二的、复合式的自然保护检察制度。

20 世纪 70 年代中期,苏联工业化进度加快,粗放型增长方式导致生态环境恶化,为此,苏联将环境保护提到宪法原则高度,公民的环境意识明显增强。在这种氛围下,苏联政府对生态环境问题的重视程度日益提高。

特别引起苏联政府高度重视的是俄罗斯联邦伏尔加河流域的自然环境保护问题。当时,伏尔加河流域的生态环境呈现恶化状态。在这种情况下,1990 年 4 月,伏尔加河自然保护检察院应运而生,成为俄罗斯联邦境内第一个全流域性的自然保护检察院(州级检察院),其驻地为加里宁州的首府加里宁市(苏联解体前夕已更名为特维尔州的特维尔市)。伏尔加河自然保护检察院是对位于伏尔加河流域的, 或在伏尔加河流域发挥作用的各级国家机关、自然保护监督机关、企业、机构、组织履行维护环境职能的情况和维

* 郑州大学俄罗斯法律研究中心主任,兼任俄罗斯联邦奔萨国立大学荣誉教授,郑州大学法学院教授、法学博士(苏联列宁格勒国立大学法学副博士)。

护公民生态权的法律执行情况实施检察监督的机关。

除俄罗斯联邦伏尔加河流域之外，其他加盟共和国的自然环境保护问题也引起了苏联政府的高度重视。苏联复合式的自然保护检察制度初步呈现。其主要表现在三个方面。

一是俄罗斯联邦伏尔加河全流域性的自然保护检察机关体系逐步建立。例如，1990 年 10 月，苏联总检察长签署命令，决定成立隶属于伏尔加河自然保护检察院的 12 个跨区自然保护检察院（区市级检察院）。1991 年 11 月，苏联总检察长又签署命令，决定成立伏尔加河自然保护检察院下辖的第 13 个跨区自然保护检察院。

二是在伏尔加河自然保护检察机关体系之外，苏联全境设立了一些独立的区（市）级自然保护检察院。在俄罗斯联邦哈巴罗夫斯克边疆区检察院辖区内设立了 2 个区（市）级自然保护检察院，即哈巴罗夫斯克跨区自然保护检察院和阿穆尔河畔共青城跨区自然保护检察院。在俄罗斯联邦以外的其他加盟共和国里，设立了一些独立的隶属于本加盟共和国检察院的区（市）级自然保护检察院。

三是在未设立自然保护检察院的地区，由区域性检察院负责对自然保护和自然利用立法的执行情况实施监督。例如，哈巴罗夫斯克边疆区检察院下辖 27 个区（市）级检察院。除上述 2 个区（市）级自然保护检察院的辖区外，在其他 25 个区（市）里，仍然由区域性检察院负责对自然保护和自然利用立法的执行情况实施监督。

(二)俄罗斯联邦自然保护检察制度的进一步完善

1991 年底，苏联解体，俄罗斯联邦独立。作为苏联的"法定继承国"，俄罗斯联邦在继承苏联复合式自然保护检察制度的基础上，进一步完善了自己的自然保护检察制度。其主要表现，一是继续完善伏尔加河全流域性的自然保护检察机关体系。例如，在政局动荡、经济困难和生态环境逐渐恶化的 1990 年至 1999 年期间，伏尔加河流域的环境污染程度更为严重，其各项平均污染指标比全国高出 3 至 5 倍。在这种背景下，俄罗斯联邦将里海北部水上检察院、伏尔加河下游水上检察院先后更名为阿斯特拉罕跨区自然保护检察院和伏尔加格勒跨区自然保护检察院。它们成为隶属于伏尔加河自然保护检察院的第 14 至 15 个跨区自然保护检察院(区市级检察院)。二是在 1998 年 1 月 26 日,时任俄罗斯联邦总检察长职务的 Ю·И·斯库拉托夫签署了《俄罗斯联邦总检察院关于伏尔加河自然保护检察院的第 34 号命令》,将伏尔加河自然保护检察院正式更名为伏尔加河跨地区自然保护检察院。三是建立一些新的、独立的跨区自然保护检察院。例如,2010 年 2 月和 8 月,在诺夫哥罗德州、阿尔泰共和国和阿尔汉格尔斯克州先后成立了一个跨区自然保护检察院。

二、俄罗斯联邦自然保护检察制度的复合式结构

目前,俄罗斯联邦是由 85 个联邦主体组成的统一的联邦制国家。其复合式自然保护检察制度的表现是,在三种不同的地区,实行三种不同的自然保护检察制度。

(一)在母亲河流域建立跨地区自然保护检察院

伏尔加河跨地区自然保护检察院下辖伏尔加河流经的 15 个联邦主体。目前,除马里 B 埃尔共和国外,伏尔加河跨地区自然保护检察院在其余 14 个联邦主体境内设立了 15 个跨区自然保护检察院(区市级检察院)。

(二)在生态保护的重点地区建立独立的跨区自然保护检察院

在俄罗斯联邦,除了在伏尔加河流经的 15 个联邦主体建立全流域性的跨地区自然保护检察院外,还在其他 36 个联邦主体的生态环境重点保护地区,或者生态环境遭到严重破坏的地区,建立隶属于本联邦主体检察院的 42 个跨区自然保护检察院(区、市级自然保护检察院),负责对本地区执行生态法律情况实施监督。例如,亚马尔——涅涅茨自治专区面积为 76.9 万平方公里,居民人口总数为 50 万。该自治专区虽然地处西伯利亚的极北地区,地广人稀,但它每年生产俄罗斯联邦 90% 的天然气,12% 的石油等。正是由于大量工业企业的存在,加之实施粗放性增长方式,排出大量的废气、污水等,致使该自治专区内居民人口和工业企业稠密地区的生态环境受到威胁、趋向恶化。因此,亚马尔——涅涅茨自治专区检察院下辖的 15 个区、市

级检察院中,有 1 个跨区自然保护检察院。

在下辖有个别跨区自然保护检察院的联邦主体检察院,设立有自然保护立法执行情况监督处。后者不仅负责指导亚马尔——涅涅茨自治专区内1 个自然保护检察院的工作,而且指导本自治专区内其他 14 个区域性检察院对生态保护的检察监督工作。

(三)在其他 34 个联邦主体里仍由区域性检察院负责生态保护的检察监督

三、职权范围的划分

俄罗斯联邦复合式自然保护检察制度的运转是否有效,关键之一在于正确划分区域性检察院、自然保护检察院和其他专门检察院的职权范围。

(一)伏尔加河跨地区自然保护检察院和区域性检察院的职权范围划分

伏尔加河跨地区自然保护检察院和区域性检察院、其他专门检察院之间的关系,属于"横向性权力关系"。这种"横向性权力关系"大致包括以下两个方面:(1)伏尔加河跨地区自然保护检察院和辖区内与之平级的 15 个俄罗斯联邦主体检察院之间的关系。俄罗斯联邦主体检察院也享有自然保护监督职能,所以它们和伏尔加河跨地区自然保护检察院之间的关系是一种协调和合作关系。(2)伏尔加河跨地区自然保护检察院和辖区内与之平级的其他专门检察院之间的关系,也是协调和合作的关系。为了妥善解决上述"横向性权力关系",防止多头监督、重复监督,提高监督工作效率,俄罗斯联邦总检察长曾于 2008 年 5 月 7 日签发了《关于划分区域性检察院、军事检察院和其他专门检察院检察长职权范围的第 84 号命令》。

(二)跨区自然保护检察院和区域性检察院的职权范围划分

应当指出的是,在俄罗斯联邦,除伏尔加河跨地区自然保护检察院及其所属 15 个跨区自然保护检察院之外,在其他 36 个俄罗斯联邦主体内也设有 1 至 2 个跨区自然保护检察院。例如,在弗拉基米尔州检察院的辖区内,设有 1 个弗拉基米尔跨区自然保护检察院。因此,这里存在着弗拉基米尔跨区自然保护检察院和弗拉基米尔州检察院之间的关系("纵向性权力关系"),也存在着弗拉基米尔跨区自然保护检察院和辖区内与之平级的、弗拉基米尔州其他区域性检察院、专门检察院之间的关系("横向性权力关系")。为了妥善解决上述"纵向性权力关系"和"横向性权力关系",防止多头监督、重复监督,提高监督工作效率,弗拉基米尔州检察院检察长 B·M·切博塔烈夫依照俄罗斯联邦总检察长 2008 年第 84 号命令的规定,于 2008 年 7 月 31 日签发《关于弗拉基米尔跨区自然保护检察院监督客体和监督方向的第 82 号命令》,对此作出了一系列规定。

四、复合式的自然保护检察制度成效显著

俄罗斯联邦复合式的自然保护检察制度工作成效显著。笔者仅以俄罗斯联邦自然保护检察机关的典型代表——伏尔加河跨地区自然保护检察院(州级检察院)的工作成效为例说明。

在伏尔加河流域建立统一的自然保护检察机关体系,是在组织检察监督方面的重要措施。正是伏尔加河跨地区自然保护检察院(州级检察院)下辖 15 个跨区自然保护检察院(区、市级保护检察院)的组织结构,使该检察院能在分析区域性监督机关和护法机关统计信息和资料的基础上,全面、准确、及时地掌控整个伏尔加河流域自然保护领域的法治状况,而后者保证了预防和制止生态违法行为工作的系统性和连贯性,并保证在自然资源利用方面有效抵制狭隘的地方利益和部门利益。

(原载于 2014 年 12 月 9 日《检察日报》)

俄罗斯检察机关
对执行权力机关有监督权

刘向文 * 袁冬冬 **

执行权力机关,即行政机
关,拥有的权限涉及到国家生
活和社会生活的方方面面。执
行权力机关能否严格依法行
使其权限,直接关系到公民权

刘向文

袁冬冬

益的保护,关系到社会秩序的稳定和国家经济建设的顺利进行。运用法律手
段对执行权力机关进行监督和控制,成为法治国家的普遍做法。

俄罗斯联邦目前处于社会转型期, 行政违法呈现多发状况。为了实现
《宪法》关于建设法治国家的目标,为了履行《宪法》规定的关于"承认、恪守
和捍卫人和公民权利与自由"的"国家义务",为了控制执行权力机关在执行
法律过程中的违法现象,《俄罗斯联邦检察机关法》依据《宪法》赋予了检察
机关以国家的名义对执行权力机关遵守宪法和执行法律的情况实施监督的
职能。

一、执行权力机关是检察监督的主要对象之一

在《俄罗斯联邦检察机关法》中,检察长是一个最基本的概念,是集合名
词。它包括俄罗斯联邦总检察长、俄罗斯联邦主体检察长、市检察长、区检察
长、专门检察院的检察长。此外,它还包括俄罗斯联邦副总检察长,俄罗斯联
邦总检察长的顾问和助理, 其他各级副检察长和相应级别检察长的高级助

* 郑州大学俄罗斯法律研究中心主任,兼任俄罗斯联邦奔萨国立大学荣誉教授,郑州
大学法学院教授、法学博士(苏联列宁格勒国立大学法学副博士)。
** 郑州大学法学院宪法学与行政法学博士研究生。

理、助理和负责特别委托的助理,以及各级检察院内各局、处的高级检察官和检察官、高级刑事检察官和刑事检察官(《俄罗斯联邦检察机关法》第54条的立法解释)。检察监督的对象,是指检察长的活动所调整社会关系的范围。检察长的活动旨在调整与执行法律规定相关的社会关系。既然所有的法人和自然人都必须执行法律的规定,那么可以把法人和自然人(公职人员)执行法律的情况视为检察监督的对象。

　　具体地说,在俄罗斯联邦,联邦和联邦主体两级实行三权分立原则,分别设立代表权力机关(立法权力机关)、执行权力机关和司法权力机关。在各联邦主体内,区(市)、市镇村两级(相当于我国的县乡两级)实行地方自治,分别设立地方自治代表机关、地方自治长官及其领导的行政机关。依照《俄罗斯联邦检察机关法》第1条第2款的规定,除最高代表权力机关(俄罗斯联邦议会)、最高执行权力机关(俄罗斯联邦政府)和作为最高司法权力机关之一的俄罗斯联邦宪法法院之外,各联邦部、国家委员会、局和联邦其他的执行权力机关,俄罗斯联邦主体的代表机关(立法机关)和执行机关,普通法院和仲裁法院,地方自治机关,军事管理机关,监督机关以及上述机关的公职人员,商业组织和非商业组织的管理机构及其领导人遵守宪法和执行(适用)法律的情况,均属于检察监督的对象。由此可见,俄罗斯联邦检察机关检察监督对象的范围非常广泛。

　　在上述检察监督的对象中,联邦和联邦主体两级执行权力机关在执行法律过程中的违法行为层出不穷,俄罗斯联邦为此专门颁布了行政违法法典就是例证。因此,执行权力机关被视为检察监督的主要对象之一。

　　值得指出的是,在俄罗斯联邦,尽管区(市)、市镇村两级(相当于我国的县乡两级)实行了地方自治,其地方自治机关目前已不属于国家权力机关体系,但地方自治长官及其领导的行政机关数量众多,拥有的权限涉及本地区居民生活的方方面面。不仅如此,它们还接受执行权力机关的委托,代行执行权力机关的部分权限。因此,地方自治长官及其领导的行政机关被视为广义上的执行权力机关(行政机关)。

二、对执行权力机关实施监督的基本领域

《俄罗斯联邦检察机关法》第 1 条第 2 款规定了检察机关对执行权力机关实施检察监督的五个基本方向（基本领域）：

一是对执行权力机关遵守俄罗斯联邦宪法的情况，执行法律的情况，对执行权力机关及其公职人员所颁布法律文件的合法性实施监督。

二是对执行权力机关及其公职人员恪守人和公民权利与自由的情况实施监督。这里所说的"人和公民的权利与自由"，包括《俄罗斯联邦宪法》第二章 48 个专条罗列的基本权利与自由，还包括《俄罗斯联邦宪法》第 55 条第 1 款宣布的内容，即"俄罗斯联邦宪法中列举的基本权利与自由，不得被解释为否定或减少人和公民的其他公认的权利与自由"。

三是对执行权力机关中那些实施侦查搜查、初步调查和预审活动的机关执行法律的情况实施监督。上述活动，涉及公民最重要的权利与自由。对这些权利与自由的侵犯，会给公民造成严重的不可弥补的损失。这就是为什么《俄罗斯联邦检察机关法》第 1 条第 2 款将其单列，强调其特殊性的主要原因。

四是对俄罗斯联邦司法部（执行权力机关之一）系统中司法警察执行法律的情况实施监督。依照《俄罗斯联邦司法警察法》的规定，俄罗斯联邦司法部增设第 12 个司（司法警察司），自 1998 年 1 月 1 日开始工作。从此，在俄罗斯联邦司法部系统内建立起了一个强力机构——司法警察系统。司法警察系统包括三个独立的分支机构：其一，司法警察——警卫系统，负责保障各级法院已规定的活动程序，包括警卫法院，保障法官和诉讼程序其他参加人的安全，以及在必要时拘传证人到庭等。其二，司法警察——执行员系统，负责保证各级法院判决的执行。其三，国际债务执行系统。《俄罗斯联邦检察机关法》第 1 条第 2 款将其单列，强调其特殊性。

五是对俄罗斯联邦司法部（执行权力机关之一）系统中执行刑罚和适用法院所指定强制措施的机关和机构的行政部门，被拘留、被监禁者羁押场所的行政部门执行法律的情况实施监督。把检察监督的这一领域单列，也是由

保障服刑公民权利与自由的重要性，以及保障犯罪嫌疑人和被告人在被拘留或监禁时权利与自由的重要性所决定的。因为与其他公民相比，被拘留、逮捕的自然人，被限制或剥夺自由的自然人，采取措施以维护自己权利与自由的机会较少。所以，检察长的监督活动，可以成为他们权利与自由的保障。

应当指出的是，检察机关对执行权力机关实施的上述监督，概括地说是对它们（或他们）执行法律情况的监督。这些监督，在俄罗斯联邦通常被称为"一般监督"。它们是《俄罗斯联邦检察机关法》所规定检察监督的首要领域，也是主要领域。该监督领域，最明确地体现了由俄罗斯联邦各级检察长所实施检察监督的实质和使命，即"保障法律至高无上，保障法制的统一和加强，保护人和公民的权利与自由，以及捍卫由法律予以维护的社会和国家的利益"（《俄罗斯联邦检察机关法》第 1 条第 2 款）。

三、对执行权力机关实施监督的基本方式和权限

检察机关是如何对执行权力机关实施监督的？这里仅以下面三个方面为例。

一是从对执行法律情况实施监督的基本方式和权限来看，俄罗斯联邦检察机关对执行权力机关执行法律情况，恪守人和公民权利与自由的情况实施监督的基本方式是主动地进行检查，以及时地发现违法行为和促使违法行为产生的因素（原因和条件），确定在这方面有过错的人。这里所说的"主动地进行检查"，通常是根据检察机关获悉的有关违法事实，或者有关要求检察长采取措施的信息，进行执行法律情况的检查。但依照俄罗斯联邦总检察长于 1996 年 5 月 22 日签署的第 30 号命令的规定，对执行权力机关所颁布文件的合法性审查，也可以在尚未获悉违法信息的情况下进行审查。

《俄罗斯联邦检察机关法》第 22 条第 1 款规定了各级检察长在这方面拥有的第一类权限。其中包括：(1)在出示公务证件的情况下，自由地进入其执行法律情况受到检察长监督的那些机关的辖区和建筑物；(2)准许查阅其感兴趣的文件和材料；(3)要求其执行法律情况受到检察监督的机关领导人提供必要的文件、材料、统计资料和其他资料；(4)要求有关机关的领导人指

派专家,以查明在监督执行法律情况过程中发生的问题;(5)在检察机关收到材料和投诉的情况下, 要求其执行法律情况受到检察监督的机关领导人进行检查;(6)要求其执行法律情况受到检察监督的机关领导人,对受其监督或受其管辖的企业、机构和组织的活动进行审计;(7)传唤公职人员和公民到检察机关,或到自己所在的其他地点,要求他们就违法行为作出解释;(8)对执行法律情况进行检察机关检查,并审查法律文件的合法性。

为了消除已发现的违法行为、消除导致违法行为产生的土壤以及追究违法行为过错人的责任,《俄罗斯联邦检察机关法》第 21 条至第 25 条规定了各级检察长在这方面拥有的第二类权限, 即检察机关拥有下述法律反应手段(又称"检察监督文件"):(1)对与法律相抵触的法律文件提出异议,或者向普通法院系统的法院和仲裁法院提交关于宣布该文件无效的要求 (提起起诉);(2)向国家机关或其他机关送达关于消除已发现的违法行为、消除促使违法行为产生的各种因素的提请书;(3)提起行政违法诉讼;(4)提起刑事案件;(5)要求追究违法行为人法定的其他责任(违纪责任、经济责任);(6)释放根据非司法机关的决定受到非法行政拘留的人;(7)向公职人员送达关于禁止实施违法行为的预先警告。

检察长在自己的职权范围内, 有权采取措施保证依照法定程序赔偿由违法行为造成的物质损失;向普通法院系统的法院和仲裁法院提交起诉状,以维护国家机关、合作社机关、社会自治和公民的利益等。

二是从对侦查搜查活动中执行法律情况实施监督的基本方式和权限来看,在俄罗斯联邦,被授权实施侦查搜查活动的机关,有联邦内务部、联邦安全局、联邦海关机关局、联邦税务警察局等联邦执行权力机关。俄罗斯联邦检察机关对侦查搜查活动中执行法律情况实施监督的基本方式, 也是进行检查。通过检查,以查明上述机关:是否遵守关于已实施犯罪和预备犯罪的声明和投诉的法定处理程序,是否恪守人和公民权利与自由,是否遵守进行侦查和采取侦查搜查措施的法定程序, 以及实施侦查搜查活动的机关所作决定的合法性。

检察长在对侦查活动中执行法律情况实施监督方面的权限包括:(1)进

入被监督机关辖区和建筑物的权限;(2)许可使用侦查搜查活动实施机关文件和卷宗的权限;(3)要求指派专家查明侦查所发生问题权;(4)要求侦查搜查活动实施机关领导人检查本机关活动权;(5)传唤公民要求对违法行为作出解释权;(6)审议和审查公民声明、申诉和其他投诉权;(7)向被害人阐明捍卫其权利和自由的程序;(8)采取措施预防和制止侵权行为;(9)追究侦查搜查活动实施者法定责任的要求权;(10)向侦查搜查活动实施机关提交提请书权;(11)向法律文件的颁布机关提出异议权;(12)向法院提出起诉并出庭支持公诉权;(13)向侦查搜查活动实施机关提出预先警告权;(14)提起行政违法案件或将投诉移送相应机关权;(15)提起刑事案件权;(16)作出采取侦查搜查措施的指示权。

三是从对执行刑罚和适用法院所指定强制措施的机关和机构的行政部门,被拘留、被监禁者羁押场所的行政部门执行法律的情况实施监督的基本方式和权限来看,无论是否获悉违法信息,检察长对被拘留、逮捕、判刑者以及接受强制措施者的羁押机构和机关实施经常性地检查,是检察机关在该领域实施监督的基本方式,也是预防和消除侵犯上述人员合法权益的一种保障。

(原载于 2015 年 5 月 19 日《检察日报》)

俄罗斯联邦军事检察制度自成一体

赵 路*

赵
路

俄罗斯联邦现行军事检察制度源自十八世纪彼得一世时期的军事检察制度。1722 年 1 月 12 日,俄国沙皇彼得一世颁布命令组建正规军队,并在参政院设立总检察长与首席检察长职务。在中央机关各部设立检察长, 由总检察长负责领导并对总检察长汇报工作。根据彼得一世的命令,检察官被赋予重要使命,他说:"检察官职务的确立将成为我们管理国家事务的眼睛与监察官""任何妄想采取不正当行为的人,都必将因此承受最严厉的惩罚。"同一时期,在沙皇俄国的部队与舰队里也建立了检察官官衔制度。沙皇俄国所有步兵团、骑兵团与舰队部署区都设立了集调查官、检察官与法官职权于一身的军法监察官职务,军法监察官履行对当时沙皇俄国各军队、部队内部军事活动进行法律监察与监督的职责,初级军事检察制度基本形成。

其后在近 300 年的历史发展中, 俄罗斯军事检察制度经历了俄罗斯不同时期执政权力更迭、社会经济体制改革、思想意识形态变化,尤其是近现代的十月革命、苏维埃政权建立、苏联解体与俄罗斯联邦成立等社会变革之后,在宗旨任务、组织系统、管辖范围、职权划分等方面不断发展变化。2015年 7 月 13 日,俄罗斯联邦立法委员会对现行《俄罗斯联邦检察机关法》作了第 36 次修订。军事检察制度因侦查委员会从俄罗斯联邦总检察机关的分离单设,在体制上也有了新的变化。改革后的军事检察制度强化了军事检察机制的法律地位, 明确了俄罗斯联邦军事检察机关为俄罗斯联邦检察机关组成中一个具有独立、自主地位的分支体系,规定了军事总检察长职务以及军

* 北京师范大学刑事法律科学研究院副教授, 俄罗斯联邦圣彼得堡国立大学法学院访问学者。

事检察机关的组织构成、检察机关及其公职人员的管辖范围、职能权限与待遇保障等。从现行机制上看,一方面,俄罗斯联邦军事检察制度在根本宗旨、基本任务与一般检察职权等方面与俄罗斯联邦国家检察制度保持高度的统一。另一方面,俄罗斯联邦军事检察制度在组织机构、管辖范围、人员配备与职权划分等方面又具有自己独到之处。

一、组织机构的组成

根据《俄罗斯联邦检察机关法》第 46 条,俄罗斯联邦军事检察机关由以下机构组成:俄罗斯联邦军事总检察机关、各军区军事检察机关、海军舰队军事检察机关、战略导弹(火箭)部队军事检察机关、联邦边防局军事检察机关、莫斯科市辖军事检察机关与其他同俄罗斯联邦各主体检察机关级别等同的军事检察机关、联合军事检察机关、兵团军事检察机关、警备军事检察机关及其他同市辖、区辖检察机关级别等同的军事检察机关(以下统称为军事检察机关)。

俄罗斯联邦副总检察长兼军事总检察长负责领导军事检察机关内部活动,保障人员的选拔、调派与培养,对军事检察官进行考评,下达必要的执行命令与指令,督促所有检察机关履行职责。

军事检察机关职权范围及于俄罗斯联邦武装力量与其他依据联邦立法与单行规范性法令创建的部队、新建军团与军事机关。其他地区,俄罗斯联邦检察机关因特殊情势效力不能及于的,以及俄罗斯联邦域外、依据相应国际条约驻扎俄罗斯联邦军队的地区,由俄罗斯联邦总检察长委托军事检察机关履行检察职能。

俄罗斯联邦总检察长负责决定关于军事检察机关组织机构的成立、改组与撤销,军事检察机关的地位、职权、机构与定员编制等问题。总检察长就这些问题下达的指令,同俄罗斯联邦武装力量总参谋部、俄罗斯联邦边防局、其他部队、新建军团与军事机关指挥部下达指令协调实行。此外的其他组织编制问题由军事总检察长会同俄罗斯联邦武装力量总参谋部、俄罗斯联邦边防局、其他部队、新建军团与军事机关指挥部在定员编制规定限度内解决。

依据军事总检察长决定,在与市辖、区辖检察机关同级别的军事检察机关管辖范围内,可以划分军事检察区段、检察侦查区段与侦查区段。

二、俄罗斯联邦军事总检察长的职能权限

根据《俄罗斯联邦检察机关法》规定,俄罗斯联邦军事总检察机关为俄罗斯联邦军事检察机关的最高领导机构。由管理局、行政处(局级处与局属处)、办公室与接待处构成。管理局局长与局级行政处处长为军事总检察长高级助理,管理局副局长与行政处长、办公室与接待处主任为军事总检察长助理。军事总检察机关组织构成分配条令由军事总检察长批准确定。管理局与行政处设有高级检察官与检察官职务。

军事总检察长配备有第一军事副总检察长与军事副总检察长、特别委托高级助理,上述人员职位与局长职位等同,特别委托助理职位与副局长职位等同。在军事总检察机关内部设置检察委员会,由军事总检察长(任主席)、第一副总检察长与检察长(按职能划分)、其他军事总检察长指定的检察机关工作人员组成。检察委员会成员组成由俄罗斯联邦总检察长依据军事总检察长提议核准。

军事总检察长与各级下属军事检察长,根据法律规定,在自身管辖范围内可以行使《俄罗斯联邦检察机关法》赋予的各项职权,并可依据俄罗斯联邦立法独立行使职权,不受军事管理机关与指挥机关的约束。

与此同时,军事检察官还具有以下一些法定职权:可以参与检察委员会、军委会会议与军事指挥机关工作会议;对其他军事机关进行稽核与检查,稽核与检查费用,由为受检部队与军事机关提供给养的军事管理机关根据检察官命令承担;在出示公务证件的情况下出入部队、企业、机关、组织与指挥部的营区与驻地,不受该部门规章制度限制,允许查阅上述部门的文件与资料;对拘押在禁闭室、军纪惩戒营与其他关押地点的被判刑、被逮捕与被关押的军职人员进行羁押合法性审查,有权立即

释放非法拘押人员;监督相应的部队、警备司令、俄罗斯联邦内务部内卫部队押解警备队、俄罗斯联邦内务机关与机构保障军队禁闭室与警备部队禁闭室在押人员，以及其他地点在押的禁闭人员与拘押人员的警戒、监押与押解。

三、军事检察官和军事侦查官的相关规定

担任军事检察官与军事侦查官的一般条件。在俄罗斯联邦，凡健康状况适合于履行兵役义务并曾参加过履行兵役、具有军官官衔、符合《俄罗斯联邦检察机关法》第 40 条要求的俄罗斯联邦公民,都可以担任军事检察官或者军事侦查机关的负责人与侦查官。根据俄罗斯联邦总检察长的命令或经其许可,非军事人员(文职人员)可以担任军事检察官职务。在俄罗斯联邦检察机关侦查委员会主席下达命令或予以许可的情况下，非军事人员(文职人员)也可以担任军事检察机关领导职务或侦查官职务。

军事检察职务与军事侦查职务的任免权属。俄罗斯联邦军事总检察长隶属于俄罗斯联邦总检察长,对其负有汇报工作的义务。依据《俄罗斯联邦检察机关法》第 14 条第 2 款规定,俄罗斯联邦军事总检察长职务由副总检察长兼任。其职务的任免由俄罗斯联邦会议下辖联邦委员会依据俄罗斯联邦总检察长的提名予以任命与解除。军事副总检察长、军事总检察机关管理局局长、行政处长及副局长与副处长,以及军区、海军舰队军事检察机关副检察长,及其同级别检察长职务的任命与解除,由俄罗斯联邦总检察长确定。军事检察官隶属于上级检察长与俄罗斯联邦总检察长,对其负有汇报工作的义务。其职务的任命与解除,由俄罗斯联邦总检察长确定。军事总检察机关其他检察官职务的任命与解除，由军事总检察长确定。军区、海军舰队检察机关检察长与同级别检察机关检察长,有权任命与解除本机关与下级检察机关的军事检察官职务。

军事检察官与军事侦查官的地位与待遇。俄罗斯联邦军事检察机关与俄罗斯联邦检察机关侦查委员会军事侦查机关军官，享有现役军人地位,

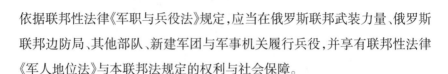

依据联邦性法律《军职与兵役法》规定,应当在俄罗斯联邦武装力量、俄罗斯联邦边防局、其他部队、新建军团与军事机关履行兵役,并享有联邦性法律《军人地位法》与本联邦法规定的权利与社会保障。

军事检察官与军事侦查官的业务考评。军事检察官业务考评依照程序进行,考评程序由俄罗斯联邦总检察长参考兵役履行的特殊性,针对所有军事检察机关工作人员作出特别规定。俄罗斯联邦检察机关侦查委员会军事侦查机关侦查官考评依照程序进行,考评程序由俄罗斯联邦检察机关侦查委员会主席参考兵役履行的特殊性制定。依据俄罗斯联邦总检察长或俄罗斯联邦检察机关侦查委员会主席规定的程序,参照职业经验与业务能力的不同,授予军事检察官与俄罗斯联邦检察机关侦查委员会军事侦查机关侦查官不同资历等级。

军事检察官与军事侦查官的奖励与处罚。军事检察官,依据《俄罗斯联邦检察机关法》与俄罗斯联邦武装力量纪律条令规定,接受奖励,承担违纪责任。只有上级军事检察长与俄罗斯联邦总检察长对其有行使奖励与违纪处罚的权力。俄罗斯联邦检察机关侦查委员会军事侦查机关的侦查官,依据联邦法律规定与俄罗斯联邦武装力量纪律条令规定,接受奖励,承担违纪责任。只有上级俄罗斯联邦检察机关侦查委员会军事侦查机关负责人与俄罗斯联邦检察机关侦查委员会主席对其有行使奖励与违纪处罚的权力。

四、物质保障、社会保障与安全保障

俄罗斯联邦军事检察机关与俄罗斯联邦检察机关侦查委员会军事侦查机关的工作人员与其他军职人员,享有俄罗斯联邦立法有关军职人员地位与待遇的各项法律以及法定享有的社会保障、退休、医疗以及其他形式的保障措施。其职务工资由《俄罗斯联邦检察机关法》第 44 条第 1 款第 3 项予以确定。军职人员的津贴发放由俄罗斯联邦国防部、俄罗斯联邦边防局、其他军队、新建军团与机关的指挥部执行。

对军事检察官与军事侦查官提供的军人津贴包括职务工资、军衔工资、军龄补贴、特种职务补贴(职务工资的 50%)、繁琐性职务补贴、紧张性职务

补贴、特种职务制度补贴（职务工资的 50%以下）、学位比例补贴、"俄罗斯联邦功勋法律工作者"荣誉称号比例补贴，以及其他形式法定的现役军人补贴与补助款项。繁琐性职务补贴、紧张性职务补贴、特种职务制度补贴，由军事检察机关或俄罗斯联邦检察机关侦查委员会军事侦查机关负责人参照每名军事检察官或俄罗斯联邦检察机关侦查委员会军事侦查机关每名侦查官的工作业绩与工作量予以确定。享有按军龄退休权利的军事检察官与军事侦查官，按月对其发放赡养补贴，金额为其领取退休金数额的 50%。

俄罗斯联邦军事检察机关与俄罗斯联邦检察机关侦查委员会军事侦查机关文职人员的法律地位与物质保障，应当按照对地方检察机关与俄罗斯联邦检察机关侦查委员会地方侦查机关工作人员制定的准则实行。

根据《俄罗斯联邦检察机关法》规定，俄罗斯联邦国防部、俄罗斯联邦边防局、其他部队与新建军团指挥部，应当遵循俄罗斯联邦预算立法有关规定对军事检察机关与俄罗斯联邦检察机关侦查委员会军事侦查机关活动所需的经费提供保障；对于军事检察机关与军事侦查机关所需的物资与技术保障，办公处所、交通工具、通讯设备、其他保障与津贴的划拨，由俄罗斯联邦国防部、俄罗斯联邦边防局与其他军队、新建军团的指挥部遵照相关法律规定标准予以实行；对于军事检察机关与俄罗斯联邦检察机关侦查委员会军事侦查机关办公场所的保卫则应当由所在的守备部队负责。

(原载于 2015 年 9 月 8 日《检察日报》)

乌克兰从社会上公开招录
基层检察院检察长

黄礼登 *

2016 年 3 月 29 日，乌克兰议会罢免了该国总检察长绍金的职务。此时，离他 2015 年 1 月被任命此职务还不到一年零三个月。早在 1 月 16 日，乌克兰总统波罗申科就给他施加了要求其辞职的压力。议会的做法是有法律依据的。根据 2010 年修改的乌克兰《宪法》，议会几乎可以任何一个理由解除总检察长的职务。该事件只是反映了乌克兰国家检察制度的一个小的断面，有必要从整体上考察一下其检察体系的概貌。

一、乌克兰检察机关的传统和地位

乌克兰大部分地区在历史上属于俄罗斯帝国，这块土地上的检察机关可以追溯到 1722 年彼得大帝所建立的对法制进行监督的中央机构。19 世纪末、20 世纪初根据西欧模式，乌克兰土地上的检察机关被改革为刑事诉讼中的侦查和起诉机关。十月革命后，根据列宁的思想，前苏联建立了检察体系。1977 年，前苏联《宪法》第 164 条规定，苏联总检察长及其所属各级检察长对一切部、国家委员会和主管部门、企业、机构和组织、地方苏维埃执行和发布命令的机关、集体农庄、合作社、公职人员以及公民是否严格和一律遵守法律行使最高检察权。

在 1991 年独立以前，乌克兰检察机关是苏维埃检察机关的下属机构。1991 年前苏联解体后，乌克兰颁布了自己的《宪法》和《检察院法》，后者取代了 1979 年以来一直在本地区施行的苏维埃检察院法。但是，新法在很大程度上保留了旧法的思想和内容。

乌克兰《宪法》第 121 条至第 123 条对检察机关的任务和组织进行了规

---

* 西南财经大学法学院副教授，德国柏林洪堡大学刑法学博士。2015 年 3 月至 2016 年 3 月在四川省成都市武侯区人民检察院挂职任检察长助理。

定,检察院法对此进行了细化。根据《宪法》,检察机关被明确规定为独立的机构,不属于立法、行政、司法机关。《检察院法》规定,检察机关履行职责不受他人干涉。但是检察机关必须常态地向政府以及公众发布乌克兰国家法治进程状况以及应采取的改善措施。总检察长每年至少向议会报告一次工作。虽然总检察长作出的工作决定不能被总统和议会否决,但是总检察长本人却可以根据《宪法》第122条被议会罢免。

乌克兰检察机关是垂直建立的,分为三级。最高层级为乌克兰总检察院。位于中间层级的是24个州检察院,以及两个特别市检察院,即基辅市检察院和塞瓦斯托波尔市检察院。位于最下一层级的是区检察院和相当于区级的市检察院。乌克兰还存在跨区划的专门检察院,比如运输和环境问题检察院,以及军事检察院。所有检察机关践行检察一体化原则。乌克兰检察院法第6条规定,检察机关在与《宪法》和法律规定一致的基础上,应不带歧视地运用职权。

二、检察人员的任职

乌克兰总检察院的总检察长任期为5年,由总统任命、议会批准。议会可以通过不信任投票罢免总检察长职务。公民获得检察官的任职资格须具备以下条件:不能受过刑事处罚,必须要在国家认可的法学院毕业,还要具备必要的专业和道德资格。较低职务等级检察官的任命需要年满25周岁和拥有至少3年的检察机关或法院工作经历。高级别检察官的任命需要年满30周岁和7年的检察院或法院工作经历。检察官由总检察长直接任命,不需要外部机构的批准。检察机关工作人员不能从属于某一政治党派或者政治运动。

2015年7月2日乌克兰修改了《检察院法》,并在全国范围内从社会上公开招录大约700个基层检察院的检察长。社会人员报考必须有5年的地方司法机关工作经验,而检察机关内部人员报考只需要具有3年检察院工作经验。这项措施是为了重新获得人民对检察机关的信任。2015年12月,乌克兰开始大规模招录检察长以下级别的检察人员。这项大刀阔斧的改革举措使得全国大约有 70%的检察职位被更新。

三、检察机关的法律监督职能

乌克兰检察机关的权力不局限于刑事诉讼，它还要对国家机构实行法律监督。

乌克兰《检察院法》第 1 条规定，总检察院及其下属检察院对遵守和正确运用法律实行监督。检察监督的对象广泛，既包括政府内阁及其各部，经济管理机关、乡镇委员会、军事机关、政党、社会组织、企事业单位和自治社区，也包括公务员和公民个人。但是与前苏联检察制度不一样的是，乌克兰检察机关拥有的检察监督权的具体内容由法律进行了细化规定，没有定义为泛泛的"一般监督权"。尽管如此，它拥有的法律监督权仍然十分庞杂。所有国家机关都处于它的监督之下，它可以对其违法行为提出抗议、声明和检察建议，还可以提议进行刑事上、行政上或者纪律上的处罚。2010 年检察机关提起了 600 起针对法官的监督程序，38 名法官被解职。

除此以外，检察机关还要对保障人权和公民权利的情况进行监督。检察机关有权列席各级立法机关和行政机关的会议。要追究议员刑事责任时，总检察长要向议会申请取消议员的豁免权。《检察院法》第 25 条和第 28 条对检察机关实施监督规定了严格条件。检察机关必须表明它针对谁、依据什么法律、针对什么违法行为开展监督。它还必须告知被监督者相应的救济措施。

四、检察机关在诉讼中的职能

根据《宪法》和《检察院法》规定，检察机关代表国家出庭支持公诉，还可以针对一审判决向上一级法院提起上诉。为了完成公诉任务，乌克兰总检察院发布的文件规定了两项原则：一是对任何一个相关情况需进行有效率的、广泛的和客观的调查；二是为了恢复被侵害的人权或者防止犯罪后果，应该采取及时的措施。

乌克兰《刑事诉讼法》细化了检察机关的职能。在刑事诉讼中，检察机关可以决定启动侦查程序,有权查阅和调取有关的文件、资料。它可以对有关单位开展审计和检查,可以指定法定的调查机构(指内政、安全、税务、海关、军事、国家反腐败局等机关)实施侦查,有权下达具体侦查指令包括采取秘密侦查措施。它可以批准或者拒绝侦查人员的起诉意见书。检察机关虽然不被称为侦查机关,但是它对侦查机关实施的监督可以达到事实上控制侦查程序的地步。它可以监督初查以及侦查机关的其他执法情况,无需考虑其官方地位如何。一旦收到相关举报,检察机关必须对所发现的违法行为采取行动,并要及时恢复被害人的权利和法定利益。

除了参与刑事诉讼,在法律规定的情况中,比如公民因身体、精神、经济困难,或者类似的情形下不能维护自己的利益时,检察机关可以作为公民利益的代表提起、参加民事或者行政诉讼。它还可以作为国家利益的代表向法人或者自然人主张权利。

五、乌克兰检察机关的发展

自乌克兰独立以来,检察机关经过了 25 年的发展,检察职能也发生了一些变化:原属于检察机关的权力,比如逮捕、对住宅的搜查、涉及财产的搜查等,被转移给法院;检察机关确立了工作人员的宣誓制度;检察机关对自身的定位也逐渐从对法律遵守和运用的监督转向强调对法定利益的保护。但是,总体来说,乌克兰检察制度并没有出现根本性变化。尽管从法律规定上没有再规定检察机关的"一般监督权",也删除了对法院实施法律监督的字眼,但检察机关对国家各机关仍然存在广泛的监督权。

2010 年,乌克兰司法部建立了一个专门小组,提出了改革检察制度的方案。但是之后的立法实践表明,其他国家机关对检察机关实施政治影响的可能性反而变大了。以前的检察院法对总检察长解职规定了具体的理由,而现在却使用了口袋性条款。《检察院法》第 2 条第 3 款规定:总检察长可以基于"其他原因"被解职。欧盟理事会的"威尼斯委员会"由此希望,乌克兰将来在增强检察机关独立性方面作出更大的努力。由于乌克兰国内有相当大的政治力量致力于加入欧盟,因此关于检察机关独立性也是该国理论探讨的热点。

六、检察机关的独立性及改革方向

为了保证检察机关的独立性，乌克兰在法律上作出一些保障性规定。比如国家机关和地方自治机关、官员、媒体、政治性组织以及其代表不得干涉检察机关的工作。法律明确了干扰检察人员履行职务和影响检察机关作出合法决定的行为可以被施以刑事处罚。在国家机关和官员向检察机关就其正在经办的具体案件发出的相关文书内，不得含有对处理结果的指令或者要求。没有检察官或侦查人员的批准，不得传播关于调查或者阶段性侦查的结果。检察机关的合法决定对所有机关、企业、部门、组织、官员、公民都有效，相关人员和机关必须在规定的期间内履行。

对于将来的改革方向，乌克兰国家检察官学院教授史迪特申科认为，基于检察官和法官相似的职业性，乌克兰检察制度改革要增强检察机关的司法属性，这也是检察机关活动去政治化的需要。乌克兰应该以西欧国家比如法国、西班牙、意大利为参照，在这些国家中，检察权属于司法权。另外，1917年到 1920 年的"乌克兰共和国"时期，检察机关同样是设置在司法权系统中的。乌克兰宪法将规定检察机关组织、工作程序、机构等事项交给了一般法律来调整，因此把检察机关规定为司法机关，不需要修改《宪法》，不会付出很高的立法成本。

2015 年 11 月，修法机构将一份新的《宪法》修正草案提交给乌克兰议会，这份草案是和威尼斯委员会紧密合作的结果，涉及避免对总检察长地位进行政治影响的问题。草案规定，只能在出现明文规定的理由时，才能解除总检察长的职务。该草案的另一大看点是，检察机关的任务被限于只是提起公诉，对审判前侦查的领导，以及在规定的情况下代表国家进行法律监督的职能却没有被提及。显然，这份草案很大程度上体现了欧盟的意见。但是，乌克兰国内各派并不统一的诉求，使得其检察改革的实际具体走向还有待观察。

（原载于 2016 年 4 月 12 日《检察日报》）

白俄罗斯给予检察官
广泛的职权和保障

季美君 *　　萨齐科·保罗 **

白俄罗斯，作为前社会主
义国家苏联的一个组成部分，
在独立后的二十多年中，不断
修订《白俄罗斯共和国刑事法
典》及改革相关的机构与职权，

季美君

萨齐科·保罗

一直致力于逐步摆脱苏联刑事法制的影子而努力向欧洲刑事体系靠拢，同
时又不断地打造着自己国家的刑事法制特色，检察制度也不例外，其特色主
要表现在以下几个方面。

一、检察官拥有广泛的职权

白俄罗斯赋予检察官的职权可以说是世界上最为广泛的职权之一。检
察官既享有审查起诉权、案件侦查权和批准逮捕权，还拥有一般监督权和参
加会议权。

白俄罗斯检察官一般监督权的范围非常广泛，不但有权监督一般机关
及个人遵守执行法律的情况，而且还涵盖专门的监督权，即对犯罪侦查活动
和法院的诉讼活动进行监督，同时还有权监督监狱、拘留所或其他采取强制
措施场所的执法情况，也就是说，检察官有权对属于监督范围内的所有法
人、自然人在执行法律的统一性和准确性方面进行监督。

为确保这一职权的履行，法律进一步规定了检察官的自由出入权、要求

* 最高人民检察院检察理论研究所研究员，中国人民大学法学院法律语言研究所兼
职研究员、同声翻译，证据法学博士。
** 白俄罗斯总检察院法律秩序实践研究中心反贪污贿赂部主任，法学博士。

提供文件权、解释权和审查决定权。具体内容为：自由出入权是指出于工作的需要，检察官在出示工作证后，可自由出入被监督的企事业单位，以便检查执法情况。要求提供文件权是指对被监督的单位，检察官可以要求提供文件，同时还可以要求单位的领导和其他公务人员提供由他们签署的命令、指令、决议、指示、必要的文件材料、统计资料等。解释权是指检察官可以传唤公务人员、公民，并要求他们对违法的事由作出解释。根据法律规定，检察官可以要求公务人员、公民对其收入来源作出郑重声明。审查决定权是指检察官有权对公民因行政违法被采取行政拘留及相应措施的合法性进行审查，可以决定释放被非执行机关非法拘留的人员。毫无疑问，这些具体的权力使检察官能及时有效地行使法律监督权。为使检察官的法律监督更具合法性，2009 年 10 月 16 日颁布的白俄罗斯总统令第 510 号规定：检察官不能对一些私人企业进行检查，如才注册 2 年的私人组织和企业，设立的分公司获得税号不满 2 年的以及总统令中提到的一些其他组织。其他企业和组织是否需要检察官的检查也视其危险程度而定，危险程度高的，可以每年检查一次，危险程度低的，可以每 5 年检查一次，其目的是不干扰这些企业和组织的正常生产和经营活动。但是，如遇特殊情况，总检察长或副检察长可以作出突击检查的决定。另外，该总统令还进一步规定了严格的启动程序和检查程序。这些规定适用于所有的检察机关，这就意味着白俄罗斯检察官对执法活动的一般监督受到了一定程度的限制，同时也有助于保护企业和组织的业务活动免受无理由的检查。

案件侦查权，指的是白俄罗斯检察机关享有侦查贪污贿赂案件的职权。白俄罗斯总检察院内的侦查部门通常侦查最重大的案件。所谓最重大的案件，指的是引起公众广泛关注的，或造成严重损失的，或给人类带来灾难的案件，但立法上并没有作出明确规定。为了提高侦查的效率与质量，2011 年 9 月 12 日，白俄罗斯总统下令成立统一的侦查委员会。将原来由克格勃（前苏联国家安全委员会）、检察院和内务部所拥有的侦查权统一集中到侦查委员会，三大机构中的侦查员都调到侦查委员会工作。该委员会于 2012 年 1 月 1 日起开始运作。重组后，在总检察院，侦查部门由白俄罗斯总检察院的副检察长领导,其他成员为各部门的主任和副主任、侦查最重大案件的资深侦查员和侦查员、资深的侦查犯罪专家和犯罪专家以及副检察长的助手们。与此相类似,其他级别检察院的侦查部门也作了相应的整合。

批准逮捕权,是由《白俄罗斯共和国检察官法》(下称《检察官法》)第24条规定的,即检察长享有批准逮捕令、通缉令以及采取特殊侦查措施的权力,如批准通过邮电系统查找犯罪信息、查抄犯罪证据、监听电话和其他谈话、查验电报,以及通过技术渠道传递的信息、开棺验尸、搜查尚未缉拿归案的犯罪嫌疑人或被告人的住所、进行心理咨询、解除被告人的职务等。这一权力以及实施其他处罚行为的权限由白俄罗斯总检察长、各州检察长、明斯克市检察长、各区(市)检察长、区际检察长以及相应级别的检察长行使。

参加会议权,是指检察官可以参加国家权力机关和管理机关的会议,而总检察长、副总检察长则有权参加白俄罗斯最高苏维埃及其下属机关、白俄罗斯政府、最高法院及其主席团、最高经济法院及其主席团的会议。此外,总检察长、副总检察长,各地区或专门检察院的检察长、副检察长及其授权的检察长助理还有权参加国家管理机关和地方代表苏维埃委员会的集体会议。

尽管白俄罗斯检察官在履行职责时权力很大,但也不可以为所欲为,而是必须依法行使。另外,对检察机关的工作,白俄罗斯最高苏维埃司法监督委员会以及其他委员会有权进行监督。

二、检察官享有优厚的物质条件

在白俄罗斯,检察官是受人尊敬的职业。在白俄罗斯,要成为一名检察官,与世界上其他国家相比,其要求并不是最高的。通常情况下,只要是白俄罗斯公民、高等院校法律专业毕业、具备必要的业务素质和道德素质,通过相关的考试和实习即可。但白俄罗斯检察官所享有的社会物质条件、法律保护和社会保护,却是世界上最为优厚的国家之一,唯一可以与之相匹敌的恐怕只有俄罗斯的检察官了。

《检察官法》第40条规定,检察官可以享有的优厚待遇为:一是高工资。

白俄罗斯检察官的工资由职务工资、级别（军衔）工资和工龄工资构成，其具体金额由白俄罗斯共和国最高委员会规定。检察官还享有独立完成公务及强化干部业务所必需的物质条件。二是休假时间长。白俄罗斯检察官每年享有 30 天的假期。在检察机关工作满 10 年后，额外享有 5 天带薪假期；满 15 年后，额外享有 10 天带薪假期；满 20 年后，额外享有 15 天带薪假期。三是住房福利。根据相关法律规定，检察官在递交住房申请后，白俄罗斯地方执行机构和管理机构须在 6 个月内向其提供设备完善的独立住房。检察官家庭电话安装和学龄前儿童入托入园问题依照此申请程序解决。检察机关以国家拨给的住房基金分配住房，获得住房的检察官依照协议（合同）须在检察机关工作至少 5 年。如果检察官在此期限之前离职，除因健康状况、应征入伍、女性有 8 岁以下孩子、检察机关撤销或减员等原因外，应全额补偿住房建造和购买费用。依照法律规定的住房配额，检察官在检察机关工作满 20 个自然年后，其家庭所居住的国家住房基金分配的住房无偿成为其个人财产。如检察官因公殉职，按其生前住房分配原则和条件，其家属仍然有权获得设备完善的住房。

三、完善的社会保障措施

白俄罗斯检察官还受到国家的特殊保护。一是人身安全方面的保护。《检察官法》第 44 条规定：检察院必须为检察官提供个人保险，保险事项为因执行公务而发生的身故、伤害、残疾和疾病。保险程序和获保条件由白俄罗斯共和国政府作出规定。另外，有关检察官的诉讼，只有白俄罗斯总检察长或副总检察长可以提出，并依法追究检察官的行政责任。检察官有权保存、携带和使用枪支弹药。二是物质财产方面的资助。如果检察官在执行公务时死亡，或因受伤、身残、患病而最终导致死亡，检察机关在取消其职务后 1 年内向死者家庭或死者抚养的人发放一次性补助，金额为死者 15 年的生活费总额。检察官在职期间或离职后 1 年内因执行公务致残，检察机关向其发放一次性补助，金额按残废一类、二类或三类等级分为 5 年、4 年半或 4 年的生活费补助。检察官因执行公务而导致财产损失的，由国家财政预算全额补偿。另外,检察官在执行公务时,凭证件有权免费使用市区、郊区及地方交通工具包括客运汽车和火车(出租车除外);派出公差时,有权优先预定宾馆房间及获得乘坐交通工具的通行证件。三是优厚的退休待遇。检察官可以按照劳动法规定中止劳动合同,也可以根据退休条件有权自行决定退休:男性总工龄满 25 年,女性总工龄满 20 年,其中从事检察官工作至少 15 年;或者,男性满 55 岁,女性满 50 岁,同时要求男性总工龄满 35 年,女性总工龄满 25 年,其中从事检察官工作至少 8 年。

白俄罗斯检察官离休时,国家给予其依法离休时平均工资额的 60%作为养老金。如果检察官到达退休年龄后退休,养老金依照法律特殊规定,金额不少于离休时的养老金额。检察官离退休时给予 6 个月的职务工资作为退职金。职务工资包括附加津贴,根据检察官的级别确定。检察官离休后有权受聘工作,领取养老金和全额工资。此外,当检察机关撤销或减员时,检察官如从事检察工作 2 年以上,可获得 6 个月工资作为退职金,并按照法律规定的程序和条件获得平均工资额作为失业救济。

综观世界各国的检察制度,鉴于检察工作的艰巨性、复杂性、专业性和重要性,不少国家对检察官的职务保障制度都十分重视,给检察官提供了切实的人身安全保障和丰厚的物质条件,如韩国、德国等。但条件最好的要数俄罗斯和白俄罗斯了,这与它们都曾是苏联的加盟共和国那段历史有关。在白俄罗斯,作为一名检察官,既享有高工资待遇,又享受完善的保障措施,可以说工作生活中的方方面面,大至住房保险、小至通讯出行,国家都安排得妥妥帖帖。无疑,检察官的福利待遇制度在一定程度上体现了该职业的专业性和重要性,这也是白俄罗斯检察官在社会中享有极高的职业荣誉感和威信的关键因素之一。

独立后的白俄罗斯经济发展虽然比较缓慢,但国家依然十分重视检察机关的建设,突出表现在检察机关的经费及物质技术保障均由国家财政预算承担。检察机关支付检察官的基本工资、交通费用和住房费用,有关专家、翻译和其他专业人士的劳动报酬等,也由国家预算支出。同时,《检察官法》还规定:地方执行机关和管理机关应当为当地检察院租用办公场所和通讯设备；检察机关的交通工具和技术设备由白俄罗斯政府集中保障，费用由国家预算担负。

因此，作为国家机构之一的检察机关，白俄罗斯各级检察长们根本无需为本单位的办案经费短缺、办公场所拥挤和技术设备落后而担忧，更无需为筹集相关的资金而绞尽脑汁、四处求助。由于各级检察长的任命也无需经过地方官员的点头同意，因而，其检察权的行使根本不受制于地方政府和地方领导。在此基础上，检察权的独立真正有了物质上和权力上的双重保障。

量刑建议制度产生于近代西方。在英美法系中，英国的检察官没有量刑建议权，与之不同的是，美国的量刑建议制度比较有特色，一般既可由缓刑官在专门的量刑程序中提出量刑建议，也可由检察官在辩诉交易程序中提出量刑建议。

（原载于 2015 年 1 月 27 日《检察日报》）

第二编
亚洲国家检察制度

特搜部：日本检察体系的反腐利器

万　毅*

特别搜查部是日本检察厅所属的一个特别机构，简称特搜部，是日本打击贪污腐败案件的专门刑事机构，类似中国香港的廉政公署。

一、历史由来

日本检察机关的特搜部制度，系 1949 年 5 月 14 日时任东京地方检察厅副首席检察官、后来的最高检察厅检察总长马场义续所创设。二战之后，日本进入重建期，公共工程的支出巨大，引起政客的觊觎，大量的贪污事件频发。原本寄望于独立性较强的检察系统能够对这一状况进行查处，但结果令人失望，这类案件被追诉的比例极低。为了因应这种混乱状态，自 1947 年开始，东京地方检察厅成立了"物资隐匿事件搜查部"，以揭发囤积物资的行为，1949 年更名为"特别搜查部"，简称"特搜部"，其任务除了对隐匿物资行为的侦查外，还包括对政界贪污、企业造假账等违法犯罪行为的查办。本来这一构想与当时盟军主张由警察行使侦查权，检察官仅负责法庭公诉活动的主张不符，但后来因为检察体系的特搜部在"昭和电工"案中展现出检举政治腐败的强大实力，终于让盟军首肯保留住了日本检察官的侦查权。

此后，日本陆续在东京、大阪、名古屋等三地检察厅设置特别搜查部，专门调查侦办巨额逃漏税、重大经济犯罪、公职人员的贪污渎职犯罪，成为日本打击政、财、官界不法活动的主力。被称为"战后日本三大政治弊案"（"昭和电工违法超贷案""洛克希德跨国贿赂案""瑞克鲁特公司以未上市股票行贿案"）等一大批政经界贪腐要案的成功侦办，让日本司法界逐渐形成了所谓"因为有特搜部，所以会揭发巨恶"的信念，大众也坚信因为有特搜部，检

* 四川大学法学院教授，最高人民检察院检察理论研究所兼职研究员、最高人民检察院首批检察改革智库成员。

方会检举万恶。特搜部因此在整个日本社会赢得了巨大声誉。

二、组织机构

在编制上,日本的特别搜查部设于一审地方检察厅,由检事、副检事层级的检察官与辅佐职的检察事务官所组成。之所以将特搜部设置于一审检察厅,主要是为了与日本《刑事诉讼法》相衔接,避免因案件的审级造成管辖方面的争议。虽然特搜部设置于一审地方检察厅,在行政上受地方检察厅管理,但在侦查业务上是完全独立的,受日本最高检察厅检察总长直接指挥。特搜部的检察官都是由日本全国各地选拔而来的侦查专家组成,他们大多三四十岁,有十年以上经验。

特搜部内设有特搜事务课、特搜资料课、特殊直告班、财政经济班等单位。特殊直告班的主要任务在于受理侦办受贿、背信、侵占、诈欺等案件;财政经济班的主要任务是担当所谓财政经济案件的侦办,包括直接税、间接税脱税案件及其他财政经济案件,并承办警察厅生活经济课移送案件的指挥、指导及案件的侦办;特搜部资料课负责调查银行户头、整理和分析所扣押的资料、暗中监视、搜查住宅等等。该资料课所累积的资料和专门技能,是特搜部广受赞誉的调查力的泉源,特搜事务课则经办部内的总务。

三、具体运行

日本的特搜部制度长处在于其组织的大型化、专业化、严密化,以此确保大型侦查作业的顺利完成。日本当时创设特搜部的本意就是"以老练的检察官为中心,配以新进检察官、副检察官和检察事务官,以成立智能犯的搜查班,并使其在某种程度上成为专门的组织",以应对重大的、专业性犯罪。为此,日本特搜部配备了强大的人力、物力,并确保其侦查作业的专业性。以东京特搜部为例,其人员编制有 116 名,其中检事 36 名,副检事 3 人,各类检察事务官 70 余名,其编制约相当于我国一个地级市检察院的规模。如此充沛的人力保障,使得日本特搜部有能力集中进行大型侦查作业。在"洛克希德案"的侦办中,东京特搜部为了搜查犯罪嫌疑人的住处和办公室,调动了特搜部检察官、检察事务官、司法警察官以及警视厅、东京国税局官员等共计 400 余人,同时对 27 处地方展开搜查。这一侦查作业的规模,即使在日本搜查史上也号称第一。

四、职责权限和办案模式

日本特搜部的职权限于侦查,不同时履行起诉及出庭支持公诉等职务。为了让特搜部集中精力侦办大案,日本检察厅另设立特别公诉部,以配合特搜部工作,负责对特搜部侦查终结的案件提起公诉及出庭支持公诉。

日本特搜部办案采集体办案与共同侦查模式,不仅同一检察厅的同一特搜部内实行集体办案与共同侦查,有时若人手不足,也会由同一检察厅的其他部门如刑事部等调派检事或检察事务官支援,若仍有不足,则自其他检察厅调派检事或检察事务官前来支援。例如前数年大藏省官员集体贪渎案件,检方之行动系自各地调派 30 余位检事,连同检察事务官共 70 余位人员,同至东京地检特搜部协同侦查。

五、"检察首脑会议"

日本特搜部制度虽然成效显著,但并非完美无缺,因为这种高度一体化的专门侦查组织,本身存在一定的隐忧:一方面,特搜部检察官权力如此巨大,一旦被滥用,后果不堪设想。另一方面,特搜部检察官基于检察一体原则,完全听命于最高检察厅检察总长,如果检察总长个人存有私心或者牵涉于政治角力之中,那么,特搜部就可能被滥用作政治斗争、打击政敌的工具。而检察总长一旦庸碌无为,无力抵御政治力量对特搜部的干预、操纵,特搜部也可能因此沦陷为政治工具。正基于此,日本检察厅设立了"检察首脑会议"。"检察首脑会议"是日本特搜部的最高决定机关,当要决定有关政界重要事件的侦查方针时,一定要召开此项会议。会议结论不采取简单的"多数决",而是根据"检察一体"原则,由全体出席成员讨论到获得共识为止。设立检察首脑会议制度的目的,一方面是表示集思广益及团结与慎重,另一方面也是为了展现检察首长不畏政治势力之干预,誓将案件追查到底的高度责任心与积极态度,其积极态度,较之第一线侦查阵营的特搜部检察官们更鲜明。

六、牵涉田中首相的洛克希德案

在战后日本三大政治弊案中,最能体现检察首脑会议职能的是美国洛克希德案。1972 年美国洛克希德公司将公司生产的三星机种卖给日本全日空公司,经由日本丸红商社桧山广社长居间中介,将五亿日元的贿款送交田中首相,案情因 1976 年 2 月 4 日在美国国会参议院举行公开听证会而爆发,而田中首相已于新闻爆发前 1974 年 11 月 26 日宣布辞去首相职务。出身于东京特搜部的时任检察总长布施健基于"检察一体"原则,于 1976 年 2 月 18 日亲自指挥最高检察厅、东京高等检察厅、东京地检、法务省等 19 位官员召开会议,在会议上,布施健向检察官发表讲话:"我来负全部责任,希望大家尽全力侦查。"

1976 年 2 月 24 日清晨,东京特搜部展开大型侦查行动,布施建再次发表谈话,向国内外媒体表达了日本检察官坚定不移的态度:"关于所谓洛克希德问题的重要性,根据美国所发表资料,我们曾努力研究其是否构成犯罪,结果认为应以违反所得税法和外汇管理法事件进行搜查为宜,乃决定在国税、警察当局紧密合作下,于今日开始搜查。今后将尽全力致力于其真相的公布。"正是在检察总长布施健的亲自带领下,1976 年 8 月 16 日日本检察厅以受托受贿罪和违反外汇管理法起诉了田中前首相。布施健检察总长的这种独立的精神和负责的态度,是该案成功侦破的关键,同时也对真正的检察一体精神作出了最好的诠释。

但是,"检察首脑会议"这种监督制约机制,毕竟只是检察机关内部的一种内控措施,真正在对抗外来的强大政治压力时,能否真正保持独立尚有疑问,一如被称为日本检察史上的"污点"的造船业集体行贿弊案所揭示的那样,当作为内阁成员的法务大臣违法对检察总长行使外部指令权,而检察总长无力抗命时,整个侦查体系即告全面崩溃。但是,好在经过多年法治发展的淬炼,日本检察官的官厅独立性和官员独立性已经获得公众的普遍认同,政治力量不敢轻易介入、影响特搜部的案件侦办过程(如造船弊案案发后,日本的法务大臣迄今未再行使外部指令权),这使得特搜部作为日本检察体系的著名反腐利器,至今仍威名赫赫,并成为一些国家和地区改革贪渎职务犯罪侦查机制时学习、借鉴的样本。

(原载于 2014 年 9 月 23 日《检察日报》)

日本检察制度兼具
大陆与英美法系特色

肖建华 *　石达理 **

肖建华

石达理

日本检察制度与大陆法系检察制度有着很深的渊源。1890 年，日本《刑事诉讼法》以及由德国人鲁道夫参与制定的《裁判所构成法》公布并施行，在裁判所内设置检事局。审检合署的形式和检事职务的权限划分标志着日本检察制度被深深地打上了大陆法系的烙印。

二战后，在美国的压力下，日本于 1946 年制定了《日本国宪法》，奉行三权分立的宪政制度；而 1947 年《检察厅法》以及 1948 年《刑事诉讼法》的施行则在组织上明确区分检察厅与裁判所。裁判所是司法审判机关，检察厅则是隶属于法务省的行政机关，裁判官与检察官各司其职，检察官在刑事诉讼案件中负有侦查与提起诉讼之责。借此，日本现代检察制度得以确立，并体现了英美法系国家的特征。大陆法系检察制度的根基加上英美法系检察制度的原则与规范，构成了颇具特色的日本现代检察制度。

一、检察制度的特点

概括而言，日本检察制度在检察官的裁量权、检察机关的组织体系和检察官的选任、保障及社会地位方面具有大陆法系国家的特点，而在检察官的职能与检察机关的地位上则带有英美法系国家的烙印。

检察制度的组织体系。在组织体系方面，日本检察机关的设置与大陆法

---

* 中国政法大学诉讼法学研究院教授。
** 郑州轻工业学院政法学院讲师、法学博士。

系国家基本相同。大陆法系检察机关多表现为"审检合署",强调检察机关的高度统一性,检察官内部有鲜明的等级之分,上一级法院的检察官都可以对其下级下达命令或指示。在地位方面,基于检察机关法律监督的职能,尽管检察机关隶属于法务省,附设于同级的法院系统之中,由行政机关领导,但其通常被视为准司法机关,保持了自身的独立性。日本检察机关的组织体系也奉行检察官同一体原则。日本检察厅要求检察官上命下从,检察权的行使整体独立于外界。由于日本检察厅自上而下分为最高检察厅、高等检察厅、地方检察厅和区检察厅。另外,由于日本检察机关隶属于法务省,检事总长须向法务大臣负责。法务大臣可以就检察官的职能对检察官进行一般意义的指挥监督。但是,对于个案的调查与处分,仅仅只能对检事总长进行指挥。检事总长、次长检事和各检事长由内阁任免,并由天皇予以确认。

检察官的选任和任职保障。日本检察官选任程序也与大陆法系国家类似。依据日本法律的规定,所有的法律从业者包括法官、检察官以及律师在开始其职业之前,都必须经受司法研修所的训练,这三种基本的法律从业者的培训被置于一个统一的机构之中进行。法科学生在完成了大学本科教育之后,必须通过司法考试进入司法研修所的法律学徒分部进行法律实践训练。在工资、待遇等方面,检察官与法官近似,远高于一般国家公务员。完备的身份保证制度使检察官体系相当稳定。检察官被认为是社会精英,享有极高的社会地位。

检察机关的自由裁量权。传统大陆法系国家采取起诉法定主义。按照法律的规定,检察机关应对案件事实进行主动调查,查明事实,如果充分证实某种犯罪行为确已符合法定条件,检察官必须提起公诉,无须经任何人认可或否定。同时,大陆法系国家检察制度中多设置"起诉便宜主义",赋予检察官自由裁量权,即使嫌疑人有足够的犯罪嫌疑,达到了提起公诉的要求,检察官也可以自由地决定是否予以起诉。当然"起诉便宜主义"只能限于一些轻罪或显著轻微之罪。总体而言,大陆法系各国检察官的自由裁量权较小,主要突出了其捍卫法律适用公正、公平的特点。与之相反,美国检察官在刑事诉讼方面的自由裁量权却以宽泛著称,尤其是在决定是否起诉方面,检察官裁量权几乎不受限制。另外，美国检察官还拥有举世闻名的辩诉交易权利，能够在极大的范围内与犯罪嫌疑人讨价还价。

从立法上看，日本检察官的裁量权比大陆法系检察官大，比美国检察官小。日本最高检察厅认为检察官的业务范围是，检察官应当对收集到的证据进行充分论证后，最终决定是否向裁判所提起诉讼，即决定是否起诉嫌疑人的权力只能由公诉的主宰者检察官享有。日本法律中规定检察官应当根据掌握的证据在确信嫌疑人能够获得有罪判决的高度可能性下才提起诉讼。表面上看日本检察官拥有完全的自由裁量权，但具体到制度中就会发现情况并非如此。首先，对于不起诉的情形法律作出了明确规定，对检察官裁量权进行了限制。其次，虽然在立法上日本实行了"起诉便宜主义"，并且也没有对"起诉便宜主义"给予条件限制，然而在司法实务中，检察官却很难在一些重大案件中自由裁量。为了防止起诉决定权的滥用，日本法律针对"起诉便宜主义""起诉犹豫（暂缓起诉）"制定了准起诉制度和检察审查会制度，使得检察官的"起诉便宜主义"的裁量权被消解了许多。《检察审查会法》第 41 条甚至规定，如果检察审查会对检察机关的不起诉决定作出两次"起诉担当"的决议，那么可以最终剥夺检察官的诉讼权力，由律师替代检察官履行公诉职权。

检察机关的职能。比较而言，日本检察机关的职能更类似于美国，而不是大陆法系国家。日本检察厅的职能可以概括为：在刑事诉讼程序中，检察官作为国家追诉机关独占公诉权，能够为正当行使公诉权而进行独自搜查等等，承担着刑事司法体系运行中的核心职能。此外，亦具有以下职能：请求法院正当适用法律并监督判决的执行；对属于法院权限的其他事项，当认为职务上有必要时，可要求法院予以通知或向法院陈述意见；能够以公益代表人身份处理其他按照法令属于自己权限的事务。

大陆法系检察官的职权范围较广，而其中又以法律监督职能作为其根本特征。日本检察机关则偏重于代表国家利益提起诉讼，其"诉讼功能"的单一性比较明显，没有很明显的法律监督职能，可以说，日本检察制度在职能上与美国更接近一些。

二、检察审查会的产生及其作用

(一)日本检察审查会的产生

1948 年 7 月 12 日,随着日本《检察审查会法》的公布,日本检察审查会正式开始运行。据日本最高裁判所统计,从成立至今,全日本检察审查会的案件审查数量已累计超过了 15 万件;检察官依据审查会决议而最终决定起诉的案件超过了 1400 起;被选为检察审查员或者候补审查员的日本人也已达到 50 万人以上。由此看出,检察审查会确实发挥了监督检察机关起诉权行使的良性作用。

从历史来看,日本战后关于检察审查会制度的设置,实际上经历了一场激烈的斗争。起初,美国占领军掌控日本后,决定在日本复制美国的"三权分立"宪政模式。在刑事诉讼程序中,美国准备引入具有限制起诉权力的大陪审团制和检察官公开选举制度。但是,两项制度均遭到了日本民众的强烈抵制。作为一种妥协也是保持"三权分立"下司法体制的形式完整性,美国为日本设立了一种国民决定对检察起诉权没有约束力的奇特的制约检察权制度即检察审查会制度。

(二)日本检察审查会的作用

为在检察官独占的起诉权力中反映出民意、抑制检察官不适当的不起诉处分,日本在地方裁判所或者其支部所在地设置了检察审查会;亦即,通过抽签,由与案件无关的 11 名国民(拥有选举权)组成机关。每一名审查员任期为六个月。检察审查会职责涉及对检察官不起诉处分当否的审查以及对检察事务的改善提出建议或劝告。审查程序的启动方式有两种,一是依据犯罪被害人以及告诉人、告发人向检察审查会提出申请;二是以报纸消息等为线索,检察审查会主动展开审查。为了吸引更多的国民使用此程序,审查的申请和咨询都不收取费用。审查的方式主要是通过对检察厅办理案件记录的查看,以国民的观点进行判断。另外,考虑到审查过程可能会涉及到法律专业问题,法律规定检察审查会可以要求律师作为审查辅助员。审查会议非公开进行,保证了审查员能够自由地表达自己的意见。审查的决议结果分为三种:"起诉相当""不起诉不当"和"不起诉相当"。一般情况下,审查决议只要审查员中过半数同意就能通过,但是"起诉相当"结果就必须三分之二以上同意方能通过。"不起诉相当"的情况下,检察官作出不起诉处分后,刑事诉讼程序宣告结束。在"不起诉不当"和"起诉相当"的情况下,检察官就必须再次展开侦查,研究是否应当提起诉讼。在作出"起诉相当"决议后,如果审查会再度受到检察官不起诉的处分决定,再次举行的审查会就必须委托律师以审查辅助员身份旁听会议。如果再次作出"起诉担当"的决议,检察审查会可以给予检察官出席会议陈述意见的机会。当"起诉担当"结果确定后,除了犯罪嫌疑人死亡或诉讼时效逾期外,裁判所必须指定律师提起公诉并且进行公开审判,即"强制起诉决议"。

现在,日本检察审查会成为确认社会正义价值、监督检察起诉权力和实现民众参与司法的重要机构。国民对检察机关的信任危机根源于检察机关的行政屈从,而检察审查会拥有的巨大权力也正是民众为防止公诉权正义的丧失而找寻的有力武器。不过,其自身也存在着一些不尽如人意的问题。首先,审查员的判断容易受到外界的干扰。其次,检察审查会启动方式过于随意化,强制起诉决议的"排检"要求,都加剧了对检察官独立地位的侵害。长此以往,对于检察制度发展将会起到何种作用,有待时间证明。

三、检察官行政属性与司法属性的冲突

从检察官的身份保障和地位来看,日本政府和国民在内心深处仍把检察机关当作是高于普通行政机关的具有司法性质的机关,对检察机关保障人权、打击犯罪尤其是政府官员腐败等职务犯罪有很强的期待性,甚至能与期待法官公平裁判的程度相提并论。然而,检察机关完全履行权力的前提是其应当拥有一定的独立权能。但是,日本检察机关的行政权性质和受制于行政权力的事实,使得要求检察机关发挥法律职能的社会期待与其自身行政隶属性产生了一定的冲突。

日本检察权因其具有较强的行政特色而引发社会争议,但英美司法实务中不存在这一问题,这是因为美国具备三权分立的政体。美国法院独揽司

法权，行政权要想对司法权进行制衡就只能利用检察机关在刑事案件中的公诉职能，防止法院对裁判权肆意滥用。其次，依托于美国当事人主义的诉讼结构和高度发达的律师制度，检察官与被告人、辩护律师在法庭上的地位相当，检察官往往必须使出浑身解数才能在与实力强大的律师交战中获得胜利。为了更好地履行打击犯罪的正义使命，检察官被赋予了极大的自由裁量空间。

日本按照《宪法》的规定，也将检察机关作为行政机关制衡司法权的工具。然而，三权分立的检察官权能却在此出现了水土不服。这是因为日本深受大陆法系国家法律文化的影响，检察官在实际办案中没有也不可能被授予充分的自由裁量权。尽管日本诉讼法引进了交叉询问等英美法系的庭审规则，但是在刑事诉讼程序中没有完全实施当事人主义。

总体观之，日本检察职能的自主性与行政性质的矛盾，可以看作是检察机关与政党之间的矛盾，是外部矛盾；检察官对自由裁量权的需求与成文法国家对自由裁量权严格限制之矛盾，是检察职能与自身法律传统之间的矛盾，属于内部矛盾。这两个矛盾有时又可以转化，一旦检察机关对法律适用的自由裁量过大，往往被看作是受到政治因素的干涉所致。从另一个角度审视，日本检察制度本质上仍然缺少独立的内涵。虽然它也同时代表着一种司法权力，是国民基于信任而赋予之，但行政权的干涉消磨了它的独立性。民众一方面想赋予检察官更大的侦查、起诉的自由权来打击犯罪，一方面却又对检察机关受到的政党影响有着极大的顾忌。检察审查会作出的强制起诉决定，由法院选定律师替代检察官履行公诉权利，与其说是民众对检察机关的不信任，不如说是消解检察官的行政属性和司法属性内在冲突的一种途径。

（原载于 2015 年 5 月 5 日《检察日报》）

日本检察官：
员额可增减，薪酬高于公务员

万　毅* 　邹　桦**

日本的检察官，位高而权重，在日本社会中享有广泛的声誉，被誉为"精英中的精英"，经济上亦享有优厚的待遇，是日本年轻人追求的理想职业。

 万毅

 邹桦

然而，检察官职业又被认为是日本"最难跻身"的职业之一，不仅因为其"准入门槛"高（需经过严格的司法考试），更因为其员额数少（占日本总人口数0.002%），年轻人要成为一名检察官，必须经过千军万马争过独木桥式的"地狱般"的历练。

一、员额情况

根据日本《检察厅法》的规定，检察厅的职员主要包括检察官、检察事务官、检察技官、检事总长秘书以及其他。其中，根据职能的重要性可分为三类：一是检察官，即行使检察权的国家公务员，具体分为检事总长、次长检事、检事长、检事和副检事五种职务。二是检察事务官。受检察官或其他上级官员之命，掌管检察厅事务，并辅佐检察官或受其指挥进行侦查。实践中，一名检察官至少配备一名及以上检察事务官。在检察官不足的时候，由法务大臣指定检察事务官代行处理检察官事务。三是检察技官。技官，是日本国家公务员的官职之一，是掌握某一门专业知识的公务员，被分配到检察厅工作，受检察官指挥，例如会计、翻译、土木、机械等。技官，根据所分配的

---

* 四川大学法学院教授，最高人民检察院检察理论研究所兼职研究员、最高人民检察院首批检察改革智库成员。

** 重庆第三军医大学讲师、法学博士。

部门的不同,分别有不同的称谓,如内阁府技官、警察厅技官、检察厅技官等。日本检察厅的职员员额数是包含了上述所有职员类别在内的就职人员的总数。

日本检察厅职员的员额数,系根据《行政机关职员定员令》规定的编制定额而确定的,并由法务省根据各地案件受理数提出增减意见,一般5年进行一次人员编制调整。根据日本《行政机关职员定员令》的规定,截至2014年12月31日日本法务省总的员额为52848人,其中检察厅的员额为11810人,占了法务省总员额数的22%。但实务中存在一定的空额,根据日本检察厅的官网显示,2014年检察厅实有检察官2734人(其中检事1835人、副检事899人),检察事务官和检察技官等9062人。另根据日本总务省统计局网站的统计,到2014年12月31日日本全国总人口数已经达到1亿2709万人,以日本检察厅现有员额数11810人为基数计算,检察厅职员的员额数约占总人口数的0.009%,而检察官的员额数仅占其总人口数的0.002%。

此外,根据日本最新修改的(平成二六年四月四日法律第一八级)《裁判所职员定员法》的规定,日本法院系统的职员员额总数为24745人,其中法官员额为3755人:包括高等法院长官8人,法官1921人,助理法官1020人,简易法院法官806人;另外,还有除法官以外的执行官、兼职人员等20990人。与法院的职员数量相比,日本检察厅的职员员额数约只有法院的一半,而检察官的员额数亦比法官员额数少30%。

二、薪酬高出公务员30%

在日本,国家公务员分为特别职位和一般职位的公务员,特别职位的公务员主要包括内阁总理大臣、国务大臣、内阁法制局长官、人事官及监察员、法官及其法院其他职员等;一般职位的公务员包括一般行政官、外交官、检察官、检察事务官、刑事官、税务职员等等。所以,日本检察官属于一般职位的国家公务员,工资由国家财政预算支出。但是由于检察官职能的特殊性和重要性,检察官参照法官,由专门的法律对检察官的工资作出规定,也就是形成于昭和 23 年(1948 年)7 月 1 日的《检察官俸给法》。该法对检察官的初任工资、升级工资及其他相关事宜,都作出了详细而明确的规定。

　　一般新任检察官都是从初级做起,以后每年根据表现进行逐步调整,在初任的几年调整相对要快些,大约半年升一级,然后才按任职年限逐步提升。《检察官俸给法》对检察官工资之外的其他经济待遇作出了详细的规定,例如,对次长检事及其检事长支付单身就任津贴;对寒冷地区就任检事长支付寒冷津贴;对等待空缺就任的检察官,也支付一半的薪水,并支付其家属扶养津贴、调整津贴、住房津贴、年末津贴、年末特别津贴和寒冷地区工作津贴;对检察官的轮换调动,提供检察官住房,并帮助解决检察官家属的生活等等,也明确规定了检察官加班、休假、值班等情况是没有津贴可领的(根据 2014 年 4 月 18 日本《检察官俸给法》第 2 条的规定,日本检察官工资列表如图所示)。

日本检察官工资列表

区分		月薪
检事总长		1495000 日元
次长检事		1222000 日元
东京高等检察厅检事长		1328000 日元
其他的检事长		1222000 日元
检事	一级	1198000 日元
	二级	1055000 日元
	三级	984000 日元
	四级	834000 日元
	五级	720000 日元
	六级	646000 日元
	七级	585000 日元
	八级	526000 日元
	九级	426900 日元
	十级	392500 日元
	十一级	368900 日元
	十二级	345100 日元
	十三级	322200 日元
	十四级	306400 日元
	十五级	288200 日元
	十六级	277600 日元
	十七级	253800 日元
	十八级	244800 日元
	十九级	234300 日元
	二十级	227000 日元
副检事	一级	585000 日元
	二级	526000 日元
	三级	444700 日元
	四级	426900 日元
	五级	392500 日元
	六级	368900 日元
	七级	345100 日元
	八级	322200 日元
	九级	306400 日元
	十级	288200 日元
	十一级	277600 日元
	十二级	253800 日元

　　注:此表格数据来源于日本总务省行政管理局 2014 年《法令数据提供系统》。

王鲁坤/制图

另外，作为日本检察官的得力助手的日本检察事务官的工资与日本检察官的工资是不同的，前者远低于后者。在日本，检察事务官属于一般职位的国家公务员，其工资组成参照日本《一般职位职员薪资法》中公安职员类的工资标准实行，同时也有补贴奖励，住房、通勤等津贴。

比较而言，检察官虽然亦属于一般职位的国家公务员，但由于检察官的工资参照法官，因而比一般国家公务员的工资高出约30%。至于检察官与律师的薪酬收入则没有可比性，因为律师的薪酬收入受市场调节，本身差异极大。目前日本执业律师大约有3.5万人左右，根据2012年日本国税厅的调查显示，年收入在100万到150万日元左右的律师有约585人、年收入在150万到200万日元的律师有约594人、年收入在200万到250万日元的律师有约651人、年收入在250万到300万日元的律师有约708人、年收入在300万到400万日元的律师有约1619人……像这样年收入不是很高的律师是占多数的，可以说多数律师收入不及检察官或基本相当。但是，年收入在千万日元的律师也有，年收入在3000万到5000万日元的律师有约1169人、年收入在5000万到1亿日元的律师有约612人、年收入在1亿到2亿日元的律师有约232人、年收入在2亿到5亿日元的律师有约51人，年收入在5亿到10亿日元的律师有约5人。

（原载于2015年5月26日《检察日报》）

159

对日本检察官"半独立"地位
不要误读

万　毅*

　　日本的检察官制度在历史上曾对东亚国家和地区产生过较大影响,部分检察制度设计如检察官的"半独立"地位、特搜部制度、检察官俸给表制度等皆独具特色,至今仍是各国检察制度改革发展中竞相仿效的样本。但是,目前理论界对于日本检察官的"半独立"地位存在一些误解,本文拟对此展开简要的介绍和评析,以正视听。必须说明的是,日本的检察机关分为四类:最高检察厅、高等检察厅、地方检察厅和区检察厅,其首长分别称为检事总长、检事长、检事正和首席检察官,为了行文的方便,本文按照中文的习惯,将检事总长称为检察总长,将检事长、检事正和首席检察官统称为检察长,但其间差异,读者诸君不可不察。

一、广义的司法官

　　二战后,日本受英美法的影响,对司法权及司法官的解释一直持狭义说,即认为只有以审判为核心的法官才是日本宪法中规定的"司法官宪",至于检察官则被定位为行政官。

　　日本之所以将检察官定位为行政官,主要是基于两方面的原因:一是日本检察机关在组织上隶属于法务省,法务省本身属行政机关序列,其行政首长法务大臣名义上是检察体系的上司和领导,享有对检察官的一般指令权和对检察总长的个案指令权即所谓外部指令权。是故,检察机关在组织上属行政之一环。二是日本检察机关内部奉行上命下从、上下一体的"检察一体"原则,检察总长对全体检察官、上级检察首长对其所属检察官享有指挥监督权及职务收取、移转权即所谓内部指令权。是故,检察权之运行,并非如审判

---

* 四川大学法学院教授,最高人民检察院检察理论研究所兼职研究员、最高人民检察院首批检察改革智库成员。

权之运行采取合议制,而是采取上令下达、上命下从制。上述行政化的隶属关系和组织体系,使得日本检察官欠缺实质上的司法独立性,与法官在性质上迥然有别,检察官因此被定位为行政官,而非司法官宪。

然而,检察官的职务权限包括侦查、起诉和执行,这些职权本身与司法权(即法官的审判权)有着密不可分的关系:一方面,检察官的职权与法官的审判权在目标上是一致的,都是为达成刑事司法任务、实现国家刑罚权。另一方面,审判权的启动依赖于检察官,在不告不理的原则下,检察官事实上起着审判入口的把关作用,检察官未起诉的案件法官无法审判,而检察官起诉的案件法官则必须审判。此外,法官的裁判一旦生效确定,裁判内容的实现即执行也依赖于检察官。正是因为检察官的职权与法官的审判权密不可分,一旦检察官无法独立行使职权,必将波及审判权,造成司法的不公。换言之,在检察权欠缺独立性的情况下,审判权也难以"独善其身"。对此,日本理论界有所谓"车轮理论",即将独立行使的检察权与审判权比作车之两轮,欠缺其中之一,均无法确保刑事司法机制的健全运作。

正基于此,日本理论界普遍认为,检察官虽然隶属于行政官,但其职责并非执行一般行政事务,而在于达成刑事司法功能,换言之,日本检察官在组织上是行政属性,但在功能上却是司法属性,因而,为确保检察权的公正行使,实有必要赋予检察官类似于法官的独立性保障。为此,日本通过《检察厅法》《检察官俸给法》等法律建立起确保检察官独立行使职权的保障机制,包括:职务的独立性、身份保障、适格审查制、退休制度以及薪俸表制度。这就使得日本的检察官在某种程度上具有了与法官一样的司法官属性,被称为广义的司法官或准司法官。

二、审检分立制

日本在二战前曾采审检合署制,即将检察机关附置于法院(裁判所)。战后,随着1947年日本《检察厅法》的颁布实施,改审检合署制为审检分立制,即将检察机关附置于法院改为两者对置。

之所以改采审检分立制,是因为检察机关与法院虽同为广义上的司法机关,目标一致,但两者在刑事司法体系中的角色和功能却不尽相同,理应分属两个各自独立且互不隶属的系统。更为重要的是,日本的检察官秉承了大陆法系检察官监督、制衡法官的功能,审检合署显然不利于发挥检察官监督、制衡法官的功能,基于此,检察机关必须在法院之外独立建制、自成体系。

日本检察制度中的审检分立,有两层含义:一是审、检互不隶属。即检察官与法官、检察事务与法院的审判事务之间没有隶属关系,检察官独立于法院之外行使职权;二是审、检平行对等。为便于检察官行使侦查、起诉和执行等法定职权,并发挥监督、制衡法院的功能,检察机关在机关组织上必须配合法院的审级与管辖而设置,从而形成审、检平行对等的司法格局。在日本,检察机关的机关设置系根据法院的审级由上到下分为四类:最高检察厅、高等检察厅、地方检察厅和区检察厅,并分别对应于法院系统的最高裁判所、高等裁判所、地方裁判所和家庭裁判所、简易裁判所。

三、独任制官厅

作为广义上的司法官,日本检察官在履行职权时具有相当大的独立性,因而被称作"独任制官厅"。

之所以称检察官而非检察厅为"独任制官厅",是因为在日本,检察权的行使属于每个检察官的权限,每个检察官都是以自己个人的名义而不是以检察总长或检察长辅助者的名义来履职行权的。例如,提起公诉的检察官应当在起诉书上签署自己的名字,而在提起上诉以及执行刑罚等职权行使中,也都是由承办检察官以自己的名义作出决定,而非以机关首长即检察长的名义或者检察长法定代理人的名义。因此,在日本,每位检察官都是履行检察职权、执行检察事务的独立单位,每一个检察官都是"独任制的官厅"。

日本检察官的"独任制官厅"地位,具有以下几层含义——

检察权的主体是检察官而非检察首长。作为检察权的主体,日本每个检察官,都有行使检察权的资格和权限,而不是只有检察厅首长即检察总长或检察长才有这种权限。正因为如此,日本关于检察官履职行权的相关法律如

《检察厅法》《刑事诉讼法》中授权的对象都是检察官,而非检察首长。

在检察官与检察首长的关系上,检察官是具有自主决定权和代表国家意志的独立主体,而非检察首长的辅助者或法定代理人。日本检察官的职责权限直接来源于法律的授权,而非检察首长的授权,因而,在履行职权时,检察官始终处于自主决定、独立负责的地位,而非唯检察首长之命是从的"传声筒"或检察首长的"手足"。这被视为是日本检察官司法属性的集中体现,因为,在采取首长负责制的一般行政领域中,只有居于行政组织顶点的机关首长才处于独立负责的地位,而在日本检察机关内部,每个检察官都处于这种自主决定、独立负责的地位,这正是日本检察官司法官属性的反映。

检察机关作为一个机构,并非法定的权力主体。在日本,各级检察厅即检察机关,只是各级检察官的集合体或办公处所,本身并不具备履职行权的主体资格,因而不能成为法律授权的对象,更不存在所谓检察机关整体行权的概念。

检察官是独立的办案主体。作为独任制的官厅,日本检察官是当然的独立办案主体,所谓独立的办案主体,是指检察官独立承办案件、独立决定案件并独立承担责任。

四、外部指令权

日本的检察官作为行政官,必须服从上级的指挥监督,因此,其独立性与法官独立不同,具有一定的限度,被称为"半独立"。

日本检察官的"半独立"地位,首先体现为法务大臣外部指令权的限制。根据日本《检察厅法》第 14 条的规定,法务大臣就侦查、公诉及裁判执行等检察事务有一般之指挥监督权,但对检察个案之调查或处分,仅得指挥检察总长。据此,作为日本检察体系名义上的上司,法务大臣享有对检察官的一般指令权和对检察总长的个案指令权即所谓外部指令权。所谓一般指令权,是指法务大臣基于统一法律的解释和适用等政策性目的,有权对检察官发布训示、命令或通知并要求全体检察官遵行不悖。所谓个案指令权,是指法务大臣有权针对具体个案的处理而对检察总长发布指令。

　　由于检察总长系日本检察机关的最高首长，法务大臣有权就个案处理对检察总长进行指挥监督，也就意味着法务大臣可以借由指挥检察总长而间接指挥全体检察官。这也是日本检察制度历来最为人诟病之处。因为，日本的法务大臣作为法务省的首长，是典型的政务官，系内阁之成员，与政府同进退，其行事准则与检察官不同，如果容忍法务大臣以个案指令权干预检察业务的处理，可能导致法务大臣基于政治利益考虑而借个案指令权干预检察权的独立行使。这一弊端在日本战后的"造船疑案"中体现得最为充分。

　　"造船疑案"是第二次世界大战后日本发生的著名弊案。该案涉及企业界对政府官僚巨额行贿，由于事涉政府高级官员和国会议员，所以当时的日本检察总长向法务大臣提出希望通过内阁向议会申请同意逮捕相关嫌疑官员的要求，但是当时的法务大臣犬养健依据日本《检察厅法》第 14 条对检察总长作出了"暂时延期逮捕，继续任意侦查"的指示。该案中，法务大臣发动个案指令权，干扰、阻碍检方侦查，根据事后检察总长在国会作证时的证言，当时如果不是法务大臣行使个案指令权，检察机关有可能以受贿而逮捕、起诉相关嫌疑官员。该案的发生，在日本国会引起在野党的大加挞伐，法务大臣犬养健最终被迫辞职。该案的发生动摇了日本战后的政治舞台，更使日本检察官的政治廉洁性产生伤痕，并在日本检察史上留下了所谓检察官屈服于政治的污点。

　　或许正是基于对"造船疑案"的检讨，在该案之后，虽然日本《检察厅法》第 14 条仍然保留了法务大臣的个案指令权，但法务大臣却未再行使过个案指令权，使得第 14 条逐渐成为一项睡眠条款，而这显然有利于日本检察官独立行使职权，也是日本检察官职务独立性进一步增强的体现。内部指令权与法官不同，日本检察官因为受"检察一体"原则的约束而始终处于受上级检察首长指挥、监督的地位。根据日本《检察厅法》第 7 条至第 13 条的规定，检察首长对所属检察官享有指挥监督权以及职务收取、移转权即所谓内部指令权。

　　然而，绝不能因为日本检察官处于受上级检察首长指挥、监督的地位，就否认日本检察官的独立性。实际上，在日本，"检察一体"原则始终是以检察官职务的独立性为前提的,日本检察官对于检察事务(案件)独立负责的主体地位,始终受到尊重;即使处于上级的指挥监督之下,行使检察权的权限仍然由各个检察官自己掌握,因此,日本检察官的职务独立性并不因上级的内部指令权而有所动摇,相反,上级检察首长的内部指令权必须与日本检察官的职务独立性相协调。实践中,上级检察首长并不会片面地强调下级服从,而主要是通过审查、劝告、承认等柔性方法行使内部指令权。在具体个案的处理上,上级检察首长往往更尊重一线办案检察官的意见,轻易不会启动指挥监督权, 即使上级检察首长与下级检察官之间就案件处理结果存在分歧意见,上级检察首长也主要是通过沟通、劝告、说服的方式,促使双方达成共识,而不是简单地硬性要求下级检察官服从自己。如果沟通说服无效,双方各执己见、难以达成共识,上级检察首长一般也不会直接行使指挥监督权, 强行要求下级检察官改变自己的意见, 而是会启动职务收取权或移转权,将案件收回由自己承办或转交其他检察官承办,以此体现对检察官职务独立性的尊重。

(原载于 2015 年 6 月 9 日《检察日报》)

监察指导部：日本检察官的检察官

万 毅*

一、日本检察机关尝试建立另一种内部监督制约机制

众所周知，大陆法系国家的检察官，历来被誉为"法律守护人"，履行法律监督职责，行使侦查、公诉和执行大权，位高而权重。但是，"谁来监督监督者"，始终是大陆法系检察制度设计上的一个悖论。正因为大陆法系检察官大权在握，为防止检察官滥用权柄、操纵案件，制度上就必须为检察官设置检察官，以收监督、节制之效，这正是大陆法系国家普遍奉行检察一体制的根本原因所在，盖因上下一体、上命下从，上级可以指挥、监督下级，以最高检察机关之检察总长节制全体检察官，防止个别检察官滥权舞弊。

但是，近年来在日本，检察一体制的弊端逐渐暴露出来：一是检察总长分身乏术、根本无力对个体化的检察官进行有效监督，所谓检察总长节制全体检察官更像是"安徒生的童话"。二是在层级化、官阶化甚至官僚化的日本检察体系内部，所谓上级指挥、监督下级可能演变为官官相护。正因为如此，日本检察机关近年来开始尝试建立另一种内部监督制约机制：即在最高检察厅内部设置监察指导部，专门负责对各级检察官违法乱纪行为的监督、调查。监察指导部的检察官，类似军队中的宪兵（军事警察），被称为"检察官的检察官"。

在日本，监察指导部只设置在最高检察厅，其他各级检察厅均未设置这一部门。日本最高检察厅监察指导部的设立，与日本特搜部制度密切相关。长期以来，以东京特搜部为代表的日本检察机关特搜部因为成功侦办了一大批高官权贵的贪腐弊案，而树立了日本检察官刚正不阿、不畏权贵的正直形象，但也由此造成特搜部检察官位高权重、难以制衡的隐患。从 20 世纪

---

* 四川大学法学院教授，最高人民检察院检察理论研究所兼职研究员、最高人民检察院首批检察改革智库成员。

40 年代开始，陆续发生了多起由特搜部立案调查最终却被平反的冤案，包括由特搜部查办的逮捕多名政治家的"煤矿国管疑案"、涉及多名国会议员的"卖淫贪污事件"以及"陆山会事件"等。这些事件经由日本新闻媒体披露报端，在整个日本社会产生了极其恶劣的影响，尤其是其间还发生了日本检察官以损坏检察官名誉为名逮捕新闻记者的事件，更使得日本国民对特搜部检察官执法的公正性和合法性产生了强烈的质疑，并使日本检察官的正义形象遭受极大挑战。这其中，又以 2009 年发生的大阪地方检察厅特搜部检察官篡改证据、出入人罪的"村木案"影响最为恶劣，并直接触发了日本社会对特搜部制度的全面检讨以及日本最高检察厅监察指导部的设立。

二、"村木案"的发生震动了日本整个检察界

"村木案"的发生既有一定的偶然性，也有其必然性。该案经过如下：在日本，残障人士寄信可以享有优惠，所以许多商业团体为了减轻发送宣传广告的成本，都想取得残障证明以享受邮寄信件的折扣，并为此不惜采用造假、行贿等违法犯罪的手段。2009 年 4 月，对外宣称是残障团体的"凛之会"创办者仓泽邦夫因涉嫌违反《邮政法》，被大阪地方检察厅特搜部逮捕，调查中发现该团体自 2004 年开始利用伪造的残障团体证明书，冒用邮费优惠政策，大量发送企业广告。由于涉及伪造公文书，可能会有官员涉案，因此，特搜部对该案的"案中案"进行了深入调查，负责侦办该案中案的主任检察官是号称大阪地方检察厅特搜部"王牌检察官""老 A"的前田恒彦。2009 年 6 月 14 日，前田恒彦逮捕了日本内阁厚生劳动省残障福利部局长村木厚子，认为正是身为局长的村木厚子下令让下属将伪造的残障团体证明书发放给了"凛之会"。2009 年 7 月 4 日，大阪地方检察厅正式起诉村木厚子。

但随后该案却风云突变。2010 年 1 月 27 日，被告人村木厚子出庭受审，法官发现该案的关键证据——伪造的残障团体证明书在出具时间上存在疑点，负责该案公诉的检察官为此与侦办该案的主任检察官前田恒彦沟通、商讨相关事宜和对策。不料，前田恒彦却在谈话中自爆曾经篡改过该案的重要物证——在被告人下属家中查扣的软盘资料内容，因为该软盘中的资料内容即关于伪造和出具残障团体证明书的时间，与起诉书中指控的事实不一致，前田恒彦担心软盘中的内容会对检方的立证有妨碍，为使卷、证一致，遂利用自己办案用的手提电脑篡改了软盘中的内容。事情严重，该公诉检察官不敢隐瞒，遂于同年 1 月 30 日将前田恒彦篡改证据的行为报告给了大阪地方检察厅特搜部副部长佐贺，并主张被告人村木厚子是无罪的，应该向社会公开此事。佐贺随即就该案向大阪地方检察厅特搜部部长大坪弘道作了汇报。但后者认为如果将此事向社会公开，将会瓦解特搜部的士气并对特搜部的声誉造成不可挽回的损失，于是决定隐瞒事实真相。大坪弘道在向大阪地方检察厅检事正及次席检事报告该事件时，将该事件修饰成前田恒彦并无湮灭证据的意图，只是在检视证物时，不小心改动了资料内容；由于该软盘已经归还给被告人，亦无法再继续查证。况且，该软盘最后并未在公诉时列入证据目录、作为指控证据使用，因而事实上并没有造成任何不良后果和影响。基于此，大坪弘道将该事件定性为证据管理上的疏失，而非故意湮灭证据。大坪弘道的想法是把此事大事化小、小事化了，最后不了了之，以维护大阪地方检察厅特搜部的声誉。

但该案最终因日本媒体的跟进而曝光，真相一经披露，日本社会一片哗然，谁也没有想到在日本一贯享有良好声誉，被誉为"正义化身""法律守护人"的检察官居然会篡改证据、出入人罪。日本最高检察厅更是大为震惊，迅速宣布对此案展开专门调查，并于 2010 年 9 月 21 日逮捕了前田恒彦。10 月 1 日，大坪弘道和佐贺同时被捕。10 月 11 日，日本最高检察厅对前田恒彦以湮灭证据罪向大阪地方裁判所提起公诉。10 月 21 日，日本最高检察厅又以包庇罪将大阪地方检察厅大坪弘道和佐贺两人送上法庭，同时两人也遭到日本法务省的惩戒而免职。

"村木案"的发生震动了日本整个检察界，在该事件调查完毕后，日本最高检察厅检察总长大林宏为此专门召开新闻记者会向日本全体国民谢罪。大林宏认为在检察界一次起诉 3 名高阶检察官，是极为严重的事件，自己身为检界首长对此负有不可推卸的责任，故与其副手次长检事伊藤铁男一起引咎辞职。日本法务省虽然认为"村木案"的发生与最高检察厅及总长个人并无直接的关联,但尊重其意愿,接受了他的辞呈。同时,因为该案发生在大阪地方检察厅,大阪地方检察厅检事正小林敬和次席检事玉井英章均遭到惩戒,分别被处减俸 4 个月和 6 个月。

三、日本最高检察厅毅然决定增设独立的监察指导部

"村木案"的发生,使得日本特搜部以及日本整个检察体系被推到了舆论的风口浪尖,而特搜部长期以来位高权重却缺乏监督、制约的问题也暴露无遗,从大阪地方检察厅特搜部正、副部长为了维护机关之声誉而试图只手遮天、掩盖事实真相这一点来看,特搜部内部已经演变为一个专断而封闭的系统,内部监督制约形同虚设。在日本媒体和舆论的口诛笔伐下,特搜部制度长期以来存在的各种问题得到全面检讨, 甚至一度传出要废除特搜部制度、解散特搜部的呼声。但日本检察界一致认为特搜部制度是日本检察的象征和金字招牌,不应轻言废除,继任的检察总长笠间治雄亦公开表态:"反对的声音很强,对于改头换面的大动作,慎重一点有好处。"最终,特搜部的名称得以保留,但是,在因"村木案"而酝酿发酵的民间情绪的渲染下,日本整个社会都弥漫着要求特搜部包括日本整个检察体系进行大幅改革的氛围和吁求。

2010 年 11 月 4 日,日本法务省召开记者会,宣布设立一个由 14 名委员组成的第三方机关——检察检讨会。该委员会的委员涵盖了学界、实务界和评论界各方人士,主要讨论检察机关的侦查方式、组织与制度、检察人事的内部运作,尤其是如何强化内部监控体制等问题。2011 年 7 月,日本最高检察厅公布了检察改革方案,宣布将通过设立专门的监察组织、限制权力等措施来防止类似大阪地方检察厅特搜部的事件再次发生。根据日本最高检察厅公布的检察改革方案, 日本最高检察厅将在其内部增设一个独立的部门——监察指导部,专门负责调查检察机关内部的不公正行为,包括检察官审讯时有无刑讯逼供、有无隐藏和篡改证据,等等。这即是日本最高检察厅监察指导部的由来。

其实,日本最高检察厅在成立监察指导部之前,其内部已经存在一个类

似的部门，即日本最高检察厅事务局下设的监察室，它的职能性质与监察指导部基本相似，可以说监察室就是监察指导部的前身。但作为事务局下设的一个小机构，无论是其地位抑或权限，实际上都很难真正对日本全体检察官的违纪违法行为展开监督、调查，象征意义大过实际意义。"村木案"之后，为了回应日本社会对特搜部制度包括整个日本检察体系缺乏监督、制约的质疑，日本最高检察厅毅然决定将监察室更名为监察指导部，并将其从事务局中独立出来，提升为与事务局平行并列的二级机构。之所以将监察指导部设置于日本最高检察厅内部，就是希望以其高级别、高规格震慑各路"诸侯"；而之所以将其升格为二级机构、由室改部，也是希望监察指导部直接听命于检察总长，借以排除监督、调查中可能遭遇的各种阻力。换言之，监察指导部的设立，表明日本最高检察厅希望以一个级别更高、权限更大的专门部门，来更好地履行对全体检察官的监督、调查职能。

根据《日本检察厅事务章程》的规定，日本最高检察厅监察指导部主要负责对检察厅的预算执行情况、职员的服务和职业道德伦理情况等事务的监督、调查。另据《日本检察厅事务章程》第 6 条的规定，监察指导部的部长由法务大臣从检察官中任命，并统领该部所管辖的事务，指挥监督所属检察事务官、检察技官及其他职员。监察指导部下设的机构只有一个即监察指导课。根据《日本检察厅事务章程》第 13 条的规定，课长从检察事务官或检察技官中任命，并指挥监督其所属职员。因此，监察指导部的人员构成与日本最高检察厅的其他部门基本一致，都包括了检察官、检察事务官和检察技官，但由于监察指导部主要承担从内部监督、调查检察官的违纪违法行为的职能，其侦办对象都是作为同僚的其他检察官，地位和功能类似于军队中的宪兵，因而又被戏称为"检察官的检察官"。

日本最高检察厅监察指导部的设立，实际上反映了日本检察体系长期以来的一个固有观念，即注重检察机关内部监督、制约机制的构建。由于日本检察机关历来被定位为刑事司法机关，为维护其职权行使的独立性，防止外部势力干预检察官独立办案，日本检察机关除接受必要的第三方监督（如检察审查会）外，不太愿意接受外部的监督、制约，而是更倾向于在检察机关内部构建监督、制约机制。正因为如此,尽管"村木案"的发生已经表明传统的检察一体制的监督、制约功能有可能失灵,但日本最高检察厅仍然选择相信内部监督,转而采用监察指导部这一新的内部监督机制。至于这一新的监督制约机制的有效性,还有待进一步观察。

(原载于 2015 年 10 月 20 日《检察日报》)

韩国也有斯塔尔:特别检察官制度

万　毅*

美国的独立检察官制度,曾因其独树一帜而受人瞩目。1998 年,在美国前总统克林顿性丑闻事件中,由美国国会任命、负责调查该案的独立检察官斯塔尔一纸报告令克林顿与莱温斯基的性丑闻大白于天下, 也令独立检察官这一角色名噪一时。然而,鲜为人知的是,我们的近邻韩国其实也有类似于美国独立检察官的制度设计,这就是韩国的"特别检察官"制度。

一、建立特别检察官制度的缘起

在韩国,检察机关本系侦办政府官员腐败案件的法定主体。为此,韩国地方检察厅均内设有专门的肃贪反腐机构——特别搜查部,韩国的最高检察机关——大检察厅也在其内设机构中专门设置了"中央搜查部",负责侦办政府高层官员的贪腐案件。虽然韩国大检察厅中央搜查部仅有 6 名在编检察官,但根据检察一体原则,中央搜查部有权指挥地方检察厅特别搜查部的检察官协助其办案,借此可以形成上下一体、上命下从的侦查合力。实务中,只要大检察厅认为案件重大、适合由中央搜查部侦办的,即有权指示地方检察厅将该案卷证移交中央搜查部, 由中央搜查部接手并负责指挥该案之侦办。多年来,韩国检察机关尤其是大检察厅的中央搜查部,在韩国政界的肃贪反腐方面战功赫赫,其所侦办的大案、要案不胜枚举,其中最为国人熟知的可能要数韩国前总统全斗焕与卢泰愚贪污案, 以及前总统卢武铉涉嫌于 2002 年总统选举期间违反政治献金法案件等等。正是经由对上述重大政治弊案的侦办,中央搜查部在韩国民众心中享有广泛的盛誉。

但是,韩国的检察体系在行政上隶属于法务部,作为内阁成员的法务部长是各级检察机关名义上的行政首长, 并有权就侦查中的个案对检察总长

* 四川大学法学院教授,最高人民检察院检察理论研究所兼职研究员、最高人民检察院首批检察改革智库成员。

域外检察

行使指挥监督权。由于韩国法务部长是内阁成员，而内阁总理又是总统任命的，法务部长有权对检察总长行使个案指挥权，某种程度上就意味着总统有权对检察体系发号施令，这就留下了行政干预司法的"隐患"。

韩国检察机关与法务部长之间的这种行政隶属关系，不仅使韩国的检察体制始终存在着行政干预司法的隐忧，也使韩国检察机关在侦办一些敏感度较高的政治性案件时，地位相当尴尬。由于这类案件往往涉及政府高层，执政党和在野党都会围绕案件展开政治角力，开放的社会舆论亦会对检察机关办案是否预设政治立场、是否会"奉命(不)起诉"大肆炒作，而民众在舆论的引导下更是对行政是否会干预司法忧心忡忡，对检察官办案的中立性和独立性普遍会产生质疑。在这种社会氛围下，负责侦办这类案件的检察机关往往举步维艰、动辄得咎。尤其是韩国历史上"黑金"政治一度泛滥成灾，不良政商相互勾结、违法收受政治献金即"黑金"的案件层出不穷，负责侦办这类案件的检察机关，往往因为外部政治力量的介入而"压力山大"甚至自身难保。

正因为韩国检察体系存在上述种种困境，从上个世纪 80 年代末开始，韩国社会即开始广泛讨论仿效美国的独立检察官制度，在韩国现有检察体制之外设立特别检察官制度的必要性和可行性。当然，韩国国内也有观点对设立特别检察官制度持强烈的反对态度，认为设立特别检察官制度会破坏现行检察体制，无异于屋上架屋，且在国会进行特别检察官的提名程序时，有关特别检察官人选议题难免受制于政党的影响力，有贬抑特别检察官公信力之虞，尤其是在美国的独立检察官和特别检察官制度业经证明失败的背景下，韩国实无仿效的必要。但是，由于当时韩国检察机关的公信力几乎已经跌至谷底，社会舆论普遍支持建立特别检察官制度，用以有效侦办高层政治人物涉及敏感度较高的弊案。1999 年，韩国最终出台了第一部《特别检察官法》，由此建立起韩国独具特色的特别检察官制度。

二、特别检察官的选任与职权

根据韩国法律的规定，是否针对个案设立特别检察官，由韩国国会通过特别检察官法案决定。特别检察官的人选,由韩国国会协商选定,国会将在特别检察官法案通过后成立由执政党和在野党相同人数参加的特别检察官推荐小组,并推荐两名特别检察官人选,报请总统从中选取一名担任特别检察官。

特别检察官的任职资格,必须具备法官、检察官或律师资格,且具有丰富的法律实务经验。实务中被任命为特别检察官的,既有资深的前法官和前检察官,也有知名的律师和教授。例如,在 2008 年的"BBK 股价操纵案"中,时任总统的卢武铉所任命的特别检察官郑镐英,即为韩国前首尔市高等法院院长,深孚众望;在 2007 年的"三星案"中,被任命为特别检察官的赵俊雄系前高级检察官;而在 2012 年"总统内谷洞私宅案"中被任命为特别检察官的李光范,身份是一名律师,之前则担任过司法研修院教授、大法院院长秘书室长、法院行政处司法政策室长等职务。

特别检察官一经任命,其职务层级相当于韩国高等检察厅检察长,享有检察官的所有法定职权,并有权依据检察一体原则指挥、监督所属检察官协助办案。此外,特别检察官还可以任命多名特别检察官助理,组成特别检察官调查组,至于具体人数,则由特别检察官根据办案需要自行决定。在 2008 年的"BBK 股价操纵案"中,特别检察官郑镐英任命了 5 名特别检察官助理,而在 2012 年的"总统内谷洞私宅案"中,特别检察官李光范任命了 6 名律师担任特别检察官助理。除此之外,实务中因为特别检察官有权指挥其他检察官和警察参与协助办案,因而,实际参与特别检察官调查组办案的检、警人数可能多达数十人。例如,在"总统内谷洞私宅案"中,以特别检察官李光范为首的特别检察官调查组除了李光范本人及其任命的 6 名助理外,韩国检察厅还派出了首尔中央地方检察官李宪相等 4 位检察官参与办案,首尔地方警察厅的警员及首尔市政府等单位调遣的人员也参与了这个特别检察官调查组,最终的特别检察官调查组共由 63 名成员所组成。

为限制特别检察官的权力,特别检察官的办案期限受到法律的严格限制,具体的办案期限,由国会通过的特别检察官法案明确予以规定,特别检察官必须在该期限内及时结案, 若到期仍不能完成调查而需要延长调查期限的,需要向任命特别检察官的总统提出申请。例如,在"总统内谷洞私宅案"中,特别检察官的调查期限为 30 天,到期后特别检察官向总统提出申请,要求延长 15 天。但时任韩国总统李明博驳回了特别检察官调查组延长调查期限的申请,理由是特别检察官调查组已经进行了充分调查,若延长调查期限,可能影响到韩国总统选举,因此,不允许继续进行调查。

特别检察官对案件调查完毕后,认为案件证据不足的,应当作出不起诉处分,而案件证据充分、决定起诉的,则通常会在作出起诉决定后,按照《刑事诉讼法》关于管辖的规定,将案件移交有管辖权的地方检察厅检察官进行公诉,换言之,韩国的特别检察官一般仅履行侦查职能,而非全权检察官。当然,实务中也有特别检察官亲自出庭公诉的案例。

三、特别检察官制度的独特功能

客观地讲,韩国之所以在检察体系之外另设特别检察官,说到底是不再信任检察机关,而试图通过"任命外部人"代行检察官职权的方式来达到确保其独立、公正办案的目的。因为韩国当时的检察机关无法彻底摆脱政治力量的左右(至少舆论和民众坚信如此),其办案的独立性和中立性受到社会普遍质疑。在这种情况下,如果仍然坚持由检察机关来对那些敏感度较高的政治性案件进行调查,那么不仅无助于案件的解决,反倒可能促使事件升级。因此,由国会通过特别检察官法案,在现行检察体系之外任命一个外部人代行检察官职权,对案件另行展开调查,可以促使 "政治问题司法化解决",进而实现政治解套。

这方面最典型的例证是韩国"三星案"。2007 年 11 月 5 日,韩国三星集团负责法律事务的前高管金容哲通过媒体揭露,三星集团总裁李建熙曾下令贿赂政界和法律界人士,并通过属下干部名下的户头非法筹集秘密资金。金容哲指控称,三星集团设立秘密贿赂基金,用于收买政府及司法机构官员,以逃避韩国检察机关对董事长李健熙执掌三星期间一系列丑闻的调查,其中包括以不法手段向子女转移财产。金容哲还揭露,涉案政府官员不仅包括参与三星案件调查的检察官,还包括韩国检察总长林采珍、大检察厅中央搜查部部长李贵男和国家清廉委员会委员长李钟伯。该案案发后,韩国大检察厅中央搜查部随即宣布,将对三星集团涉嫌贿赂一案展开调查。但此时,由于韩国检察体系部分检察首长,包括其检察总长林采珍、中央搜查部部长李贵男均涉案,再由检察机关自身的侦查组织展开案件调查,实难获得民众的信任。因此,案发后,韩国国会议员及民间团体均强烈呼吁本案必须由特别检察官进行侦查。民意难违,同年 11 月 22 日,韩国国会朝野三大政党迅速通过《三星秘密资金案特别检察官任命法案》,随后由时任韩国总统的卢武铉依法任命已退休的前检察官赵俊雄为特别检察官,主持该案的调查。特别检察官赵俊雄不负众望,经过 105 天的侦查,对包括三星集团总裁李建熙在内的 10 名被告人提起公诉。

从韩国同年发生的另一起敏感案件——"BBK 案股价操纵案"中,也可以看到特别检察官的这种独特作用。2007 年韩国总统选举期间,在野党总统候选人李明博涉嫌操纵股价,检察官遂对李明博展开调查,并于投票日前以犯罪嫌疑不足对李明博作出了不起诉处分,李明博的民意调查声望顿时飙涨,但却引起其他政党候选人支持阵营的不满,最后国会通过《BBK 股价操纵案特别检察官任命法案》,并指派特别检察官郑镐英对该案重新进行侦查。特别检察官郑镐瑛经过 40 天的密集侦查,于 2008 年 2 月 21 日完成该案调查,并完全澄清所有对李明博的指控。虽然该案的这一处理结果,仍然让其他政党候选人和部分舆论感到不满,但多数人平静地接受了这一司法结论。随后,李明博顺利当选为韩国总统,一场可能一触即发的政治危机转眼间烟消云散。

上述两起要案都存在一个共同点,即韩国检察机关包括专门侦办贪腐大案的大检察厅中央搜查部已经不再适宜承担案件的侦办责任。在"三星案"中,大检察厅检察总长以及中央调查部部长均涉案,检方再主持该案侦办,显然已经不具有公信力,在这种情况下,由国会通过特别检察官法指派特别检察官另行侦查,是解决检察机关公信力问题的最佳方案。而在"BBK股价操纵案"中,由于韩国检察机关已经两度立案侦查该案,并作出了不起诉处分,再由检察机关侦办该案,于法于理都不合适。且案发时正值韩国总统选举前夕,而涉嫌人又是民意支持度颇高的总统候选人,事关政治角力,敏感度太高,由国会通过特别检察官任命法案、指派独立性和中立性更强的特别检察官另行侦查,显然更具公信力,更能说服社会公众接受调查结果,至少不会加剧事件危机,导致事件进一步升级。这正是韩国特别检察官制度的独特功能所在。

(原载于 2015 年 4 月 14 日《检察日报》)

韩国以制度制约检察官起诉裁量权

肖建华* 吴勇圭**

韩国检察权有双重性质。一方面,以实现国家刑罚权为目的,本质上属于行政权,如检察厅本身隶属于法务部。另一方面,因为提起并支持公诉的机能与裁判密切相关,其同时具有司法的性质,所以检察厅亦可被称为准司法机关。本文在介绍韩国检察官(在韩国,检察官称为"检事")职权的基础上,重点介绍一下韩国检察权的起诉裁量权及对其的控制。

一、检察官的职权

根据韩国法律规定,检察官具有以下几项职权。

犯罪侦查及提起公诉。包括犯罪侦查、提起和支持公诉两大内容。(1)犯罪侦查。检察官作为犯罪侦查的主宰者,在侦查范围上没有限制,对所有犯罪行为不仅有检举嫌疑人、收集证据等侦查权限,而且具有指挥司法警察进行侦查或监督其执行行为是否适当的权限,同时司法警察要服从检察官在职务上的命令。为了保证检察官的指挥得到圆满行使、确立侦查指挥体系,韩国各种法律规定了司法警察的报告义务和检察官的侦查中止命令权、替换任用要求权及逮捕、拘留场所监察制度。(2)提起和支持公诉。检察官作为追诉机关,享有独占追诉权而决定起诉或不起诉,但在检察实务中认为必须具备能够作出有罪判决的充分证据时才可以起诉,如果达不到这个程度就作出不起诉决定(起诉独占主义)。但例外情况下,对于轻微犯罪,法律规定了警察署长的即决审判请求权。反之,尽管有充分的犯罪嫌疑、具备追诉要件可以提起公诉,但考虑到刑事政策上的得失,可根据检察官的裁量作出不起诉决定(起诉便宜主义)。对此,有观点主张起诉裁量是作为公益代表的检

---

* 中国政法大学诉讼法学研究院教授。
** 韩国司法研修院教授。

察官的固有权限,也有观点对检察官滥用裁量权作出不起诉决定表示担忧。另外,在提起公诉的情况下,在终局裁判确定之前,检察官要支持这个公诉,必要时还可以撤回公诉。

执行裁判的指挥、监督。需要执行的所有刑事案件的裁判,原则上都由检察官指挥、监督其执行。即检察官不仅有权指挥执行逮捕、羁押令状和没收、搜查令状等在侦查、裁判过程中的裁判执行,而且有权指挥裁判确定后刑罚的执行。

执行及指挥、监督诉讼业务。在以国家为当事人或参加人的诉讼中,检察官代表国家的法务部长官进行诉讼;在行政诉讼中,由相关行政厅作为被告,检察官指挥监督行政诉讼业务。

二、检察官起诉犹豫制度

韩国的刑事诉讼制度不仅赋予作为国家机关的检察官相近于独占的公诉权,而且认可其决定提起公诉当否的裁量权。即提起公诉时,虽有充分的嫌疑和具备诉讼条件,检察官仍"可不提起公诉"。韩国《刑事诉讼法》第247条之规定表明其引入了起诉犹豫制度,这是采取起诉便宜主义的立法。

起诉便宜主义不仅可以让那些不受刑罚处罚也能改过自新的犯罪人早日回归社会,而且有助于以选择和集中原理为基础的效益性刑事司法的运行;但同时也不能排除政治性倾向和权力恣意,且难以维持平等原则和法律稳定性。故问题的核心并不在于作为公诉权主体的检察官是否有权作出起诉犹豫形态的不起诉处分决定,而在于如何对之采取事前、事后的控制,以确保公诉权的正当行使。

起诉犹豫是指虽然可以认定犯罪事实,但参照量刑条件后,认为没有必要追诉时所作的不起诉处分,即相当于检察官的侦查终结决定。但起诉犹豫与不起诉处分有所不同,起诉犹豫是在可以提起公诉甚至可以获有罪判决的情况下,因刑事政策上的原因而不提起公诉。

韩国《刑事诉讼法》并未直接规定起诉犹豫的法定效果,仅规定在决定不起诉时,检察官应当立即通知告诉人、告发人、犯罪嫌疑人、被害人,告诉权人有权申请裁定。再者,检察官如果再启动程序侦查已决定起诉犹豫的案件,其不仅对起诉效力没有任何影响,而且即使法院对所起诉之案件宣告有罪判决,也不违反一事不再理原则。即检察官的起诉犹豫处分决定不受一事不再理的限制。

另外,起诉犹豫是行政部公务员检察官所作的"处分",但并不属于"行政处分",因此不得对之提起依据行政审判或行政诉讼的不服申请。对起诉犹豫决定不服时,可以提出检察抗告、裁定申请、宪法诉愿,这些成为制约起诉裁量的主要途径。

检察官在决定起诉犹豫时可以参照以下事项:犯罪人的年龄、性格、智能及所处环境;与被害人的关系;犯罪行为的动机、手段、结果;犯罪后的状况,与量刑条件一致。在判决有罪的情况下,量刑条件不仅是基于法定刑加重减轻后的处罚刑范围内决定具体的宣告刑时所参照的标准,亦是宣告犹豫或者执行犹豫的标准。

韩国《刑事诉讼法》所规定的起诉犹豫的标准过于抽象,所以起诉、不起诉的标准应在既可以鉴定又为社会可容纳的范围内具体化。韩国宪法裁判所认为,除上述事项外,犯罪嫌疑人的前科记录、法定刑的轻重、犯罪行为对社会的影响、社会形势及加罚性评价的变化、法令的公布或废止、共犯的赦免、犯罪行为发生后时间的经过等,均可以成为起诉犹豫的标准事项。这就将起诉犹豫的标准进一步具体化。

三、四项制度控制起诉裁量权

起诉独占主义和起诉便宜主义本身含有追诉裁量滥用或误用等危险,有必要对检察官的公诉权及起诉裁量权进行控制,为此,韩国建立了一系列的制度,包括检察抗告制度、宪法诉愿制度、特别检察官制度及裁定申请制度。

检察抗告制度。检察抗告是对检察官的不起诉处分决定不服时所采取的方法。依此制度,告诉权人在接到不起诉处分通知日起 30 日内,得以书面通过地方检察厅向高等检察厅申请抗告。地方检察厅或高等检察厅检察官如果认为有理由抗告,可更正不起诉处分决定;反之,如果高等检察厅驳回其检察抗告请求,告诉权人可向高等法院申请裁定。告诉权人如果不服抗告请求的驳回,可向检察总长请求再抗告,但对再抗告的驳回决定无法再申请裁定。

宪法诉愿制度。宪法诉愿是指因公权力行使或不行使致使韩国《宪法》所保障的基本权利受到侵害之人,向宪法裁判所请求其权利救济的制度。但是,法院的裁判不属于宪法诉愿的对象,而且用尽其他法律救济程序之后才能提出宪法诉愿。据此,检察官的不起诉处分也理所当然成为宪法诉愿的对象,但检察官的起诉处分决定和对属于裁定申请对象的犯罪所作的不起诉处分决定,最终要受到法院的审判,而不能成为宪法诉愿的对象。宪法诉愿的胜诉决定,采用撤销检察官的不起诉处分的形式,但即使宪法裁判决定撤销不起诉处分,其亦无强制起诉的效力。若检察官进行再侦查后仍作出不起诉决定,也没有其他的应对方法。

特别检察官制度。检察权的行使,特别强调"政治中立",但在现实中往往不能真正实现政治中立。因此引入了对于检察厅所处理的显露出政治倾向的一些疑难案件,由独立于检察组织的机关担当其侦查和追诉的特别检察官制度。对此,韩国未制定一般性法律,而是依据个别立法处理个案。实际上,韩国多次制定了任命特别检察官的法律。由国会议长以书面形式向总统申请后,总统书面委托大法院院长推荐特别检察官的人选,大法院院长再从律师当中以书面形式推荐其候选人,最后总统从候选人中选择一人任命为特别检察官。根据关于任命特别检察官的法律,特别检察官的职务范围涉及侦查案件、决定提起公诉与否、支持公诉,而且在必要的时候可以要求大检察厅、警察厅提交侦查案卷记录、证据资料等,也可以要求派遣检察官或警察。

裁定申请制度。原则上只有告诉权人可以对检察官的不起诉处分申请裁定,但作为例外,告诉权人可以对于韩国《刑法》第 123 条至第 125 条规定的犯罪范围内申请裁定。根据韩国《刑事诉讼法》规定,只有当高等检察厅驳回检察抗告后,裁定申请人才可以向高等法院申请裁定。因此,检察抗告成为裁定申请的前置程序,而裁定申请成为检察抗告的补充程序。但在特定情况下,无需前置程序即可直接申请裁定。其具体程序则为:裁定申请人 10 日以内向地方检察厅提交裁定申请书; 地方检察厅应在 7 日以内将裁定申请书、意见书、相关侦查案卷、证据物经高等检察厅移送到高等法院;高等法院应在 3 个月内依据抗告程序作出决定。裁定申请的决定分为驳回决定和提起公诉决定两种。

对于裁定申请制度,从韩国检察机关的角度看,它对其起诉裁量权形成了制约,因此韩国检察机关可能会不依裁定决定积极地提起公诉。另外,裁定申请制度也成为法院的负担。但有学者主张,通过裁定申请制度控制起诉裁量,能强化对韩国法院、检察厅等机关的制约,进而提高公众对司法的信赖度。因此,若激活此制度,在短期内,一些机关可能认为自己的权利受到了约束,但从长远来看,这是一项有效可行的制度。

（原载于 2015 年 4 月 28 日《检察日报》）

日韩检察机关内设机构设置注重专业化

万　毅*

检察机关的内设机构，主要功能在于承载法律赋予检察机关的各项职能，并确保各项职能得到专业化及高效率的履行。在大陆法系检察制度下，检察官被定位为"法律守护人"，其职能贯穿刑事诉讼始终，包括侦查、公诉（起诉、出庭支持起诉、上诉、再审申请和非常上诉）以及指挥刑罚执行等，因而，大陆法系国家的检察机关往往根据上述职责权限而平行分设侦查、公诉和执行机构，分工合作、各司其职。同为大陆法系检察制度之分支，作为近邻的日本和韩国的检察制度在检察官的角色定位以及检察官的职权配置上基本相同，其内设机构亦大致相当。

一、日本检察机关的内设机构

日本检察机关的内设机构，分为"检察行政事务部门"和"检察业务部门"两大类。所谓"检察行政事务部门"，是指履行检察机关人事、财务以及物资后勤供应职能的部门，包括事务局、总务部以及监察指导部等。所谓"检察业务部门"，是指专门履行法定办案职能的部门，包括公安部、公判部、交通部、刑事部、特别刑事部、特别搜查部等。

日本《刑事诉讼法》赋予了检察机关三大诉讼职能:侦查、公诉和指挥刑罚执行，上述业务部门实际上就是为检察机关高效及专业地履行上述三大诉讼职能而设，其中因为指挥刑罚执行的业务量较小，故该职能由承担公诉职能的公判部一并行使。因此，公判部同时承担着公诉职能和指挥刑罚执行的职能，负责出庭支持起诉、上诉、再审以及判决之执行。除此之外，公安部、交通部、刑事部、特别刑事部、特别搜查部，均系承担侦查职能的部门，负责

---

* 四川大学法学院教授，最高人民检察院检察理论研究所兼职研究员、最高人民检察院首批检察改革智库成员。

不同类型刑事案件的侦查及其处分。其中,公安部,负责间谍、妨害公务、选举犯罪等案件的侦查及处分;交通部,负责交通类案件的侦查及其处分;特别刑事部、特别搜查部,负责贪渎、经济犯罪及其他白领犯罪等重大刑事案件的侦查及其处分;刑事部,则负责公安部、交通部、特别刑事部(特搜部)所管辖的案件之外的一般刑事案件的侦查及其处分。

　　日本检察机关的机关设置由上到下分为四类: 最高检察厅、高等检察厅、地方检察厅和区检察厅,其内设机构并不完全一致,上、下级检察机关之间的内设机构也并非完全对应。日本最高检察厅内设有事务局、总务部、监察指导部、刑事部、公安部、公判部等 6 个部门。日本的高等检察厅共有 8 个,分别设在东京、大阪、仙台、福冈、名古屋、广岛、札幌、松高。其中,除东京高等检察厅内设有事务局、总务部、刑事部、公安部、公判部等 5 个部门外,其他高等检察厅的内设机构仅有事务局、总务部、刑事部、公安部等 4 个部门。日本的地方检察厅共有 50 个,分别设在都道府县的政府机构所在地以及北海道的函馆、旭川、钏路,其内设机构一般包括事务局、总务部、刑事部、交通部、公安部、公判部、特别刑事部(或特别侦查部)。但各个地方检察厅的内设机构亦不完全一致,有的不设公安部,有的不设交通部,有的则没有公判部。此外,东京、大阪、名古屋三个地方检察厅设有特别搜查部,其他地方则设有特别刑事部,名称虽不一致,但所管辖的案件范围基本相同。至于区检察厅,则一般不设部而只设课与室。

　　日本检察机关的内设机构有三个特点:

　　一是侦查部门的设置强调专业化。根据日本《刑事诉讼法》的规定,侦查权的主体是检察官,检察官负责侦查,警察仅仅只是检察官的辅助机构。由于侦查作业,尤其是专门领域案件的侦查作业,往往需要专业知识和技能的熟练运用,因而,日本检察机关对于侦查部门的设置突出专业化,根据案件类型的不同而同时分设公安部、交通部、刑事部、特别刑事部(特别搜查部)四个侦查部门,分别侦办特定类型的案件。

　　二是将审查起诉的职能交由侦查部门而非公诉部门行使。日本《刑事诉讼法》赋予检察机关公诉权,包括审查起诉、出庭支持起诉、上诉、再审申请以及非常上诉等。但是,日本检察机关却将公诉权一分为二,将审查起诉的职能交由侦查部门行使,承担公诉职能的公判部,仅行使出庭支持起诉、上诉、再审申请和非常上诉等职能。之所以如此划分,是因为日本《刑事诉讼法》规定,侦查程序以检察官作出起诉或不起诉处分而终结。换言之,在日本《刑事诉讼法》中,审查起诉并不是一个独立的程序阶段,而只是侦查程序的终结程序。刑事案件的侦查,系由侦查部门的检察官作出起诉决定后,方告终结,随后才将案件移送公判部由公判部出庭支持起诉。

三是内设机构的数量和名称规范化。我们千万不能因为日本各级检察机关内设机构的不一致,就想当然地认为其对检察机关内设机构的设置比

日本《检察厅事务章程》规定的
内设机构示意图(未包括事务局)

检察厅	部
最高检察厅	总务部 监察指导部 刑事部 公安部 公判部
东京高等检察厅	总务部 刑事部 公安部 公判部
其他高等检察厅	总务部 刑事部 公安部
东京地方检察厅 大阪地方检察厅 名古屋地方检察厅	总务部 刑事部 交通部 公安部 特别搜查部 公判部
横滨地方检察厅 崎玉地方检察厅 千叶地方检察厅 京都地方检察厅 神户地方检察厅 福冈地方检察厅 札幌地方检察厅	总务部 刑事部 交通部 特别刑事部 公判部
广岛地方检察厅 仙台地方检察厅	总务部 刑事部 特别刑事部 公判部
高松地方检察厅	总务部 刑事部 特别刑事部
东京区检察厅	总务部 刑事部 公判部 道路交通部

王鲁坤/制图

较随意。恰恰相反，日本各级检察机关内设机构的设置是相当严格而规范的，因为日本《检察厅事务章程》对包括最高检察厅在内的各级、各地检察厅内设机构的数量和名称，甚至二级机构的数量和名称，都作出了详细而明确的规定，日本各级、各地检察厅都必须严格地按照《检察厅事务章程》规定的数量和名称来设置内设机构。例如，根据《检察厅事务章程》的规定，东京地方检察厅只能内设总务部、刑事部、交通部、公安部、特别搜查部、公判部等6 个部门，且事务局只能设立总务课、人事课、文书课、会计课、用度课等 5 个二级机构，实践中东京地方检察厅正是严格按照上述规定来设置内设机构的。日本之所以通过《检察厅事务章程》对各级、各地检察厅内设机构的数量和名称作出明确规定，主要是为了管理上的规范，防止各级、各地检察厅自行其是、随意设置内设机构，造成检察机关内设机构杂乱无序，进而影响到检察体系的运作和形象。当然，数量和名称上的明确和规范，并不意味着对所有内设机构不加区分、强行统一。实际上，正是考虑到各地区刑事案件类型和业务量上的差异，日本《检察厅事务章程》对各级、各地检察厅内设机构的数量作出了不同的规定和要求。例如，由于业务量方面的考虑，8 个高等检察厅中，除东京高等检察厅外，其他高等检察厅均不设公判部，其公诉和指挥刑罚执行的职能由其他部门代为行使。再如，由于案件类型和数量方面的原因，50 个地方检察厅中，有的不设公安部，有的不设交通部，有的则没有公判部，相应的诉讼职能由其他部门代为行使。

二、韩国检察机关的内设机构

韩国的检察制度在历史上曾深受日本检察制度的影响，因而在检察官的角色定位以及职权配置方面几乎与日本完全一致，其内设机构除名称略有差异外，亦与日本基本相同，主要可分为"检察行政事务部门"和"检察业务部门"两大类。但与日本不同的是，韩国对各级、各地检察厅内设机构的数量和名称并未作出明确的规定和规范。根据韩国《检察厅法》的规定，高等检察厅、地方检察厅依其业务量及性质，可设立相关部门，各部门设部长检事统筹业务。从目前韩国检察厅的内设机构来看，主要包括事务局、总务部、企划调整部、监察部、公安部、公判部、外事部、刑事部、少年部、调查部、特别搜查部、强力部、毒品暨有组织犯罪搜查部、高科技搜查部等部门。其中,事务局、总务部、监察部等属于检察行政事务部门,其他则属于检察业务部门。

韩国检察机关依法履行侦查、公诉以及指挥刑罚执行的职能,上述法定职能皆由各内设机构分别行使。其中,公诉与指挥刑罚执行的职能由公判部行使,而侦查职能则根据案件类型分别由公安部、外事部、刑事部、少年部、调查部、特别搜查部、强力部、毒品暨有组织犯罪搜查部、高科技搜查部等部门行使。公安部、刑事部、特别搜查部所管辖的案件范围与日本的同名机构相同。所谓外事部,主要负责涉外案件的侦查及其处分;所谓少年部,主要负责侦办未成年人犯罪案件;所谓调查部,主要负责处理告诉、告发等较严重案件的侦查及其处分;所谓强力部,主要负责侦办暴力犯罪;所谓毒品暨有组织犯罪搜查部,主要负责毒品以及有组织犯罪案件的侦办;所谓高科技搜查部,主要负责侦办电脑、科技类犯罪以及支援其他部门侦办的案件中涉及电脑、高科技部分的侦查工作。

韩国检察机关在机关设置上由上到下分为三级:大检察厅、高等检察厅、地方检察厅暨支厅。大检察厅,是韩国最高检察机关,内设有企划调整部、中央搜查部、刑事部、强力部、毒品暨有组织犯罪搜查部、公安部、公判讼务部、监察部及事务局等部门,并设置有若干"实验室"(如DNA分析、文书鉴定、语音分析、测谎实验室等)。韩国共有5个高等检察厅,分别设在首尔、

韩国首尔中央地方检察厅内设机构示意图

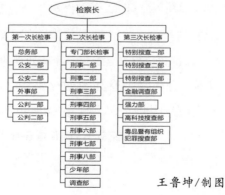

王鲁坤/制图

大田、大邱、釜山以及光州。此外,韩国共有 18 个地方检察厅,另有 37 个地方检察厅支厅,其内设机构并不完全一致。

与日本检察机关的内设机构相比,韩国检察机关的内设机构数量更多、分工更细,更重视侦查作业的专业化和科技化。以韩国首尔中央地方检察厅的内设机构为例,其内设有公安部、公判部、外事部、刑事部、少年部、调查部、特别搜查部、金融调查部、强行部、毒品组织犯罪搜查部、高科技搜查部等 11 个业务部门,其中,除公判部外,其余 10 个部都是行使侦查职能的部门,其分工主要是根据所管辖案件的类型来划分。不仅如此,其部分内设机构还根据专业化的要求分设为若干二级机构,例如,刑事部又根据案件的类型而进一步细分为 8 个部:刑事一部,负责计划、监察、人权侵害等业务;刑事二部,负责保健、医疗、药品、食品案件;刑事三部,负责暴力、放火、失火、铁路公安等犯罪;刑事四部,负责租税、保险、信用交易等案件;刑事五部,负责交通事故、航空运输等犯罪;刑事六部,负责公正交易、工商、物价、著作权、保护消费者等犯罪;刑事七部,负责文化、旅游、教育、投机行为、职业稳定等业务;刑事八部,负责建筑、建设、不动产等相关犯罪。由此可见,其内设机构的分工不可谓不细,专业化程度相当之高。

仅就内设机构的数量来看,韩国首尔中央地方检察厅的内设机构达到了 23 个之多。但我们绝不能因为其内设机构数量多,就轻易得出其机构冗杂的结论,因为,内设机构和部门的多少其实并不是问题,关键在于每个内设机构的人力资源和业务量是否充足。以韩国首尔中央地方检察厅为例,其公判部分为公判一部和二部,共有 10 名检察官,并配属了 60 位搜查官作为助手,而刑事部则有 7 至 9 名检察官,每位检察官配置 2 名以上的搜查官和至少 1 名助理,刑事部每位检察官每个月需要处理约 300 件案件。可见,韩国首尔中央地方检察厅的内设机构虽然数量多,但其机构人力资源充沛,业务量也较大,并不存在机构冗杂、人浮于事、效率低下的问题。

（原载于 2015 年 6 月 16 日《检察日报》）

三个特征凸显检察制度
发展的东亚模式

万　毅*

　　众所周知,韩国以及我国台湾地区的检察制度在历史上曾经深受日本检察制度的影响,而日本则先是仿效法国创设了自己的检察制度,后又"以德(国)为师",学习、借鉴了德国的检察制度。可以说,日本、韩国以及我国台湾地区的检察制度基本是以法、德等欧洲大陆法系国家的检察制度为蓝本构建的。但是,法、德等欧洲大陆法系国家与地处东亚、同属儒家文化圈的日本、韩国以及我国台湾地区,在经济、社会尤其是文化传统上毕竟存在着较大的不同,这种国情或区情上的差异,使得日本、韩国以及我国台湾地区检察制度的发展逐渐呈现出自身的某些特色,姑且称之为检察制度发展的东亚模式。

一、强化检察官侦查权

　　法国创设检察官制度的目的本在于废除传统的纠问式诉讼,分割、制衡法官权力,防止其集权擅断,故制度设计上检察官的职责重心在起诉而非侦查。将检察官定位为法定的侦查权主体并由其掌控侦查程序,进而实现对国家权力的双重控制、防范警察国家重现,这是德国 1871 年《刑事诉讼法》对检察官角色和检察制度的创造性构想和历史性贡献。但在德国司法实务中,检察机关由于人力资源有限,又长期处于有"将"无"兵"的尴尬境地,很难真正承担起所有刑事案件的侦查职能,只能委诸于警察侦查取证。实践中,一般刑事案件均由警察自主展开侦查作业、调查取证,而后才向检察官移送侦查结果,而作为警察名义上的指挥官和上司——检察官在接手案件后最多进行带有补充性质的侦查,即所谓的"二次侦查"。换言之,德国检察官仅是

* 四川大学法学院教授,最高人民检察院检察理论研究所兼职研究员、最高人民检察院首批检察改革智库成员。

形式上的侦查权主体,警察才是实质上的侦查权主体。正是在此意义上,我们才一直认为侦查职能实际上是法、德等欧洲大陆法系国家检察官的"短板"和"弱项"。

日本、韩国以及我国台湾地区的检察制度"以德(国)为师",沿用了德国《刑事诉讼法》对检察官侦查权和侦查程序主体的基本角色定位。然而,与德国所不同的是,随着日本、韩国以及我国台湾地区在 20 世纪中叶的经济崛起,其内部也逐渐陷入"黑金"政治的泥淖,官商勾结、腐败丛生。深受儒家文化影响的人民,渴求政治清明和社会清廉,故将革故鼎新的希望寄托于身负打击犯罪职责的检察官身上,由此导致上述国家和地区的检察官逐渐从"幕后"走向"前台",一跃成为打击犯罪的急先锋,开始自行组建大型、专业化的侦查组织和机构,亲自担负起侦查犯罪尤其是职务犯罪的职责。这方面最典型的是日本,其于 1949 年在东京地检署首创"特别搜查部"(简称"东京特搜部"),调集了国内最优秀的资深检察官,组成了一个大型、成建制、专业化的侦查机构,专责侦办高官贪渎犯罪和重大经济犯罪案件。东京特搜部创设后,连破大案,在打击政治高层腐败以及重大经济犯罪方面成效显著,日本遂又陆续在大阪、名古屋地检厅分设了两个特别搜查部,从而在检察机关内部形成了打击政治高层贪渎犯罪和重大经济犯罪的侦查"铁三角"。正是在日本的影响下,韩国检察机关也在各级地检厅内设置了专门的反腐机构——特别搜查部,更是在其最高检察机关——大检察厅内专门设置了"中央搜查部",负责侦办政府高层官员的贪腐案件。诸如广受世人关注的韩国前总统全斗焕与卢泰愚贪污案,前总统卢武铉涉嫌于 2002 年总统选举期间违反政治献金法案等大要案,皆由韩国大检察厅中央搜查部一手查办。而我国台湾地区先是于 2000 年在台湾"高等法院检察署"下设立了"查缉黑金行动中心",并陆续于台北、台中、台南、高雄成立了 4 个隶属该中心的"特别侦查组"(简称"特侦组"),专责查办涉嫌官商舞弊及"黑""白"挂钩的重大贪渎案件。后又于 2007 年 4 月 2 日成立了台湾"最高法院检察署"特别侦查组,专责查办政治高层贪渎舞弊案。

在检察机关内部组建专门打击职务犯罪和经济犯罪的大型、专业化侦查组织和机构,使得检察机关拥有了直属的侦查部队,能够独立、自主地展开大规模侦查作业,这是法、德等欧洲大陆法系国家检察制度未曾有过的尝试,它极大地强化了检察官的侦查职能,使检察官摆脱了警察在侦查权行使上的牵制与掣肘,终成为名副其实的侦查权主体,更有利于检察官充分发挥其国家权力之双重控制功能,是对检察制度的进一步发展、完善。

二、发展"多检种联合作战"模式

在法、德等欧洲大陆法系国家,检察官历来被誉为"孤独的英雄",其中一个重要原因即检察官办案向来是"单兵作战"。为了弥补检察机关有"将"无"兵"、人力不足的缺陷,法、德等国在立法上将警察配置为检察官的辅助机构,并明确了检察官对警察的指挥监督权,由此确立起"检、警一体化"的侦查体制。但由于检察官与警察在体制上分属两个部门,各自司法角色和机关文化皆不相同,实践中很难实现跨机构的指挥、合作,以至于法、德等国司法实务中长期以来一直存在着立法与实践相脱离的"两张皮"现象——检察官事实上无力指挥警察,检、警两机关基本上各自为战。故而,法、德等国检察官有"将"无"兵"的困境并没有因为"检、警一体化"机制的设立而有所缓解,检察官"单兵作战"的办案模式仍维持如旧。

日本、韩国以及我国台湾地区的检察制度基本移植德国模式,因而实践中也普遍存在检察官指挥警察有心无力,实战中检、警各自为战,检察官"单兵作战"的问题。随着日本、韩国以及我国台湾地区检察官侦查职能的强化,办案量陡增,案多人少的问题日益突出,传统的检察官"单兵作战"模式已经难以为继。况且,检察官侦查职能的强化,带来的不仅是工作量的加大,还包括侦查作业方式的改变。一方面,传统的检察官单兵作战模式对应的是检、警合作下检察官的"二次侦查"模式,但在检察官走上前台、独立承担起贪渎犯罪和经济犯罪的侦查任务后,"二次侦查"已经让位于"直接侦查"和"全面侦查"。面对重大、复杂的贪渎犯罪和经济犯罪,尤其是那些高组织化、高科技化、高隐秘性的跨区域经济犯罪,检察官"单兵作战"根本无力完成侦查作业和调查取证的任务,而必须调集大量人力、物力,以"大兵团联合作战"的方式对犯罪呈围剿之势,方能有效地遏制犯罪。在这个意义上可以说,传统的"单兵作战"模式已经不能适应日本等国检察官侦查实践之所需。另一方面,现代犯罪的高度专业化和高科技化已经成为"新常态",这就要求承担侦查职能的检察官必须具备相关的专业知识和技能,如此方能有效地展开侦查作业,但这恰恰又是以法律为主业的检察官所欠缺的,而缺乏专业和技术支撑的检察官"孤军深入"往往难以克敌制胜。传统的书记官等辅助角色,虽然可以为检察官提供后勤保障,但却无力为检察官提供专业和技术上的支持,检察官迫切需要精通专业技术的助手,如此才能形成打击犯罪的合力。在这个意义上可以说,检察官"单兵作战"的传统办案模式已经无法有效应对现代犯罪情势之发展。

众所周知,作为打击犯罪的主力军,警察的侦查作战能力主要是强在侦查一体化原则下多警种之间可以协同作战,刑事警察主攻,民警、交警、网警等其他警种协同配合,协同作战,并由此形成立体攻防体系。或许正是受此启发,为了摆脱长期以来检察官人力不足、"检、警一体化"机制功能有限的困境,以日本为代表的东亚国家和地区,开始尝试通过增加检察机关内部的职员类型、直接为检察官配备辅助人员的方式来发展"多检种联合作战"模式,以取代传统的检察官"单兵作战"模式。以日本为例,根据日本《检察厅法》的规定,检察机关内部的职员设置包括检察官(检事总长、次长检事、检事长、检事、副检事)、检察事务官、检察技官。其中检察事务官和检察技官都属于检察官的辅助人员。日本《检察厅法》第 27 条规定,检察事务官,受检察官或其他上级官员之命,掌管检察厅事务,并辅佐检察官或受其指挥进行侦查。在检察官不足时,则由法务大臣指定检察事务官代行处理检察官事务。同时,日本《检察厅法》第 28 条又规定,检察技官,受检察官指挥,掌管技术。根据上述规定,检察事务官和检察技官都是检察官办案时的专业助手,能够为检察官办案提供人力和技术上的辅助、支撑,从而形成了"多兵(检)种"联合办案的团队化办案机制。而在韩国,各级检察厅内部除检察官外,也设置有搜查官一职,以辅助检察官履行职权。韩国的搜查官相当于日本的检察事务官,但又兼有书记官的部分功能。根据韩国《刑事诉讼法》和《检察厅法》的规定,搜查官负责案件的讯问、调查、制作文书,在简易案件中甚至可以作为检察官的职务代理人,代理检察官履行控诉职责。至于我国台湾地区,亦于1999年修改其"法院组织法",在检察机关内部增设检察事务官一职。根据台湾地区"法院组织法"第66条之2的规定:"各级法院及其分院检察署设检察事务官室,置检察事务官,荐任第七职等至第九职等;检察事务官在二人以上者,置主任检察事务官,荐任第九职等或荐任第十职等;并得视业务需要分组办事,各组组长由检察事务官兼任,不另列等。"其第66条之3第一项又规定:"检察事务官受检察官之指挥,处理下列事务:一、实施搜索、扣押、勘验或执行拘提。二、询问告诉人、告发人、被告人、证人或鉴定人。三、襄助检察官执行其他第60条所定之职权。检察事务官处理前项前二款事务,视为'刑事诉讼法'第30条第一项之司法警察官。"

在检察机关内部增设检察事务官或搜查官以及检察技官等类似职务,无疑为冲锋陷阵的检察官配备了辅助的友军部队,从而形成了"多检种""大兵团"协同作战的有利态势。由于检察事务官、检察技官等直接隶属于检察机关,系检察官的"子弟兵"和"嫡系"部队,不存在指挥、调度不灵的问题,而是"招之能来、来之能战",这就克服了传统"检、警一体化"机制的弊端。可以说,有了检察事务官、检察技官等"子弟兵",除非需要展开大规模侦查作业,一般情况下检察官已经不再需要调度警察协助办案。更为重要的是,检察事务官、检察技官等皆从财经、电子、建筑等具有特定专业知识背景的人中选任,可以凭借其特殊专长在侦查作业、调查取证、事实认定等方面为法律专业出身的检察官提供知识和技术上的辅助、支持,成为检察官办案时的专业助手,有效弥补了检察官专业知识不足的缺陷,极大地提高了检察官办案的效率和能力。

三、塑造检察官独任制官厅地位

自法国创设检察官制度以来,检察官即具有半司法、半行政的双重属性。检察官的司法属性要求其保持办案履职的独立性,而检察官的行政属性则要求全体检察官作为一个阶层化组织贯彻上命下从、上下一体原则。然而，检察一体与检察独立之间在一定程度上又存在着一种此消彼长的零和关系，如何平衡检察机关内部检察一体与检察独立之间的这种内在紧张关系，一直是世界各国检察官制度改革发展的中心议题。

作为检察官制度的滥觞之地，法、德等欧洲大陆法系国家一直坚持传统的检察机关首长代理制，即将检察官视为检察首长的代理人，检察官履行职权皆以检察首长的名义进行。例如，德国《法院组织法》第 144 条规定，检察院实行首长代理制，即检察官系检察长之代理人。这种首长代理制实际上是对检察官行政属性的强调。因为，在法理上，只有行政机关才实行首长负责制，视行政首长为职权和责任主体，而行政下属则并不具有独立负责的主体地位，不过是机关首长的代理人而已，其所行使之职权亦非本身所固有，而是来源于机关首长之授权。同理，检察机关实行首长代理制，也就意味着检察官并非自主决定、独立负责的主体，而只是检察长的代理人，其职权亦来源于检察长之授权。深入分析，这种首长代理制与检察官的司法属性和检察独立原则所强调的检察官办案主体地位是有一定冲突的。正是为了平衡这一冲突，德国学理上将检察机关的首长代理制解释为一种当然代理，即检察官履行职权无须检察长特别授权。实务中德国检察官是以检察长的名义、自己署名履行职权，即使检察官在对外履行职务行为时违背检察长的意思，其职务行为仍然有效。

虽然德国学理界试图通过迂回解释的方式平衡首长代理制与检察独立原则之间的冲突，但这一解释的内在逻辑性仍值得商榷。值得注意的是，在这一问题上，日本的检察理论和实践取得了一定的突破和创新。在当今日本检察界，已经不再坚持传统的首长代理制，而是转向检察官独任制，即将检察官视为独任制官厅，每一名检察官都是履行检察职权、执行检察事务的独立单位。官厅独任制与首长代理制的最大区别就在于：首长代理制坚持一切权力归于检察长，检察官并非权力主体，其权力来源于检察长之授权，检察官履行职权必须以检察长之名义进行；而官厅独任制则强调检察权的主体是检察官而非检察长，每一位检察官都有行使检察权的资格和权限，而非只有检察厅首长才有这种权限，检察官的权力来源于法律的直接授权，检察官履行职权都是以自己个人的名义而不是以检察长代理人的名义。正因为如此,日本关于检察官履行职权的相关法律如《检察厅法》和《刑事诉讼法》中检察职权的授权对象都是检察官,而非检察长。日本的官厅独任制对于韩国和我国台湾地区产生了直接的影响,韩国的《刑事诉讼法》《检察厅法》以及我国台湾地区的"刑事诉讼法"和"法院组织法"中检察权的授权对象都是检察官而非检察长。

较之于法、德等国的首长代理制,日本、韩国以及我国台湾地区奉行的官厅独任制显然更为强调和突出检察官的司法属性和检察独立原则。在官厅独任制下,检察官是具有自主决定权和代表国家意志的独立主体,而非检察首长的代理人,这使得检察官始终处于自主决定、独立负责的办案主体地位。检察官的这一自主决定、独立负责的办案主体地位,正是检察官司法属性的集中体现,亦是检察独立原则的具体要求和体现,并使得检察官与一般行政机关完全区别开来。正是在这个意义上,可以说,日本、韩国以及我国台湾地区倡导的官厅独任制,更为符合检察制度发展的客观规律,是检察制度发展史上的一个重要创新和贡献。

(原载于 2016 年 3 月 29 日《检察日报》)

越南赋予民事检察广泛的
参与权和监督权

李　莉*

越南《民事诉讼法》对于检察机关在民事诉讼活动中所享有的职权规定得较为完善,本文主要介绍一下在越南检察监督体系中具有显著特点的民事检察监督制度。

李莉

一、越南检察机关民事检察权的法律依据

越南检察机关的民事检察权的法律依据主要集中体现在 2004 年修订的《民事诉讼法》中。2004 年 6 月 15 日越南国会第 5 次会议通过了修订后的《民事诉讼法》,并于 2005 年 1 月 1 日产生法律效力。该法共 36 章 418 条,将原来的《审理民事案件的程序法令》(1989 年)、《承认和执行外国法院民事判决和裁定法令》(1993 年)、《审理经济案件程序法令》(1994 年)、《承认和执行外国仲裁裁决法令》(1995 年)、《审理劳动纠纷程序法令》(1996 年)等系列法令全部融入一部民事诉讼基本法中。此外,依据《民事诉讼法》第 341 条的规定,与越南商事仲裁活动相关的民事案件审理程序按照《商事仲裁法》(2010 年)的规定执行。

越南《民事诉讼法》在总则第一章明确了民事检察权的总体范围。检察院依照法律的规定对民事诉讼、落实各类申请权、建议权和抗诉权过程中遵守法律的情况进行检察,旨在保障及时、依法审理民事案件。检察院参与由法院搜集证据且当事人提出申诉的案件、属于法院审理权限的民事案件、检察院对法院的判决、裁定提出抗诉的民事案件的审理(《民事诉讼法》第 21 条)。

* 广西大学中国—东盟研究院副研究员，曾参与中国—东盟国家检察制度比较研究课题。

越南《民事诉讼法》赋予了检察机关在整个民事诉讼过程中广泛的参与权和监督权,并且还明确了检察机关履行权力的方式和路径。

二、越南检察机关民事检察权的具体权能

检察机关参与民事诉讼的权力。在参与民事诉讼程序方面,越南检察机关享有相当大的主动权,必要时可以在任何阶段参加诉讼。并且,检察机关的这种程序参与具有强制性,并决定庭审的有效性,检察员缺席时诉讼程序必须推迟。譬如,《民事诉讼法》第 207 条规定,在一审程序中,同级检察院检察长指定的检察员有参加庭审的职责。检察员在法庭上被更换或不能继续参加庭审,但有候补检察员一直参加庭审,那么庭审继续。没有候补检察员代替的, 审判委员会决定推迟庭审, 并通知同级检察院检察长。《民事诉讼法》第 264 条规定,在二审程序中,检察院抗诉或已经参加一审的同级检察院检察员必须参加二审法庭。第 266 条规定,在检察员必须参加但又缺席的情况下必须推迟二审庭审。在审判监督程序和再审程序中, 也有类似的规定。不仅在审判程序中,而且在民事调解程序中,检察机关的这种参与也不例外。同级检察院的检察员必须参加调解会议,检察员缺席的则必须推迟。在法院审理撤销仲裁裁决的诉讼中,《商事仲裁法》第 71 条第 3 款规定,庭审应当在当事人和其律师,以及同一级检察院检察官的出席下进行。在承认和执行外国法院民事判决和裁定、外国仲裁裁决的程序中,审核申请书的会议,同级检察院的检察员必须参加,检察员缺席的会议必须推迟(《民事诉讼法》第 355 条、第 369 条)。

检察机关的抗诉权。越南检察机关的民事抗诉权内容丰富,在民事诉讼的不同阶段,法律一共规定了三种不同的抗诉制度。一是二审程序的抗诉。越南检察机关在二审程序中的抗诉权既可以针对法院生效的判决、裁定,也可以针对未生效的判决、裁定。越南《民事诉讼法》规定,在接到合理的上诉状后,一审法院应当立即以文书形式报送同级检察院(《民事诉讼法》第 249 条)。同级和上级检察院检察长有权对一审法院暂停或停止审理案件的判决、裁定提出抗诉,旨在请求上级法院依照二审程序直接重新审理案件(《民事诉讼法》第 250 条)。在二审庭审前或在二审法庭上,下达抗诉决定的检察院或上级检察院均有权直接撤销抗诉,而无需经法院审核。二审法院对案件中检察院撤诉的部分停止二审审理。二是审判监督程序的抗诉。审判监督程序是重新审理已产生法律效力,但因为在审理案件过程中发现严重违法现象而被提起抗诉的法院判决、裁定。三是再审程序的抗诉。再审程序是重新审理已产生法律效力,但由于判决前法院和当事人不知情的、新发现的情节可以变更判决、裁定的基本内容等原因而被提起抗诉的判决裁定。

执行、申诉、控诉的检察监督。检察院在自己的职责范围内监督当事人、执行机关、执行员以及与执行法院判决、裁定相关的个人、机关组织在执行过程中是否遵守法律,以便保证法院判决、裁定的执行及时、彻底和符合法律(《民事诉讼法》第 379 条)。检察院依照法律的规定,监督审理民事诉讼中的申诉、控诉是否遵守法律。检察院有权请求、建议同级或下级法院、机关组织和个人有责任保证有依据地、合法地审理申诉和控诉(《民事诉讼法》第 404 条)。

检察机关的建议权。具体包括:(1)临时强制措施。对于正在审理案件的法院院长下达采取、变更、取消临时强制措施的决定或审判长不下达采取、变更、取消临时强制措施的决定,当事人具有申诉权、检察院有建议权(《民事诉讼法》第 124 条)。(2)搜集证据。检察院参与由法院搜集证据且当事人提出申诉的案件,在审查民事案件卷宗内的证据发现其不具备审理依据的情况,审判长应要求当事人提交补充证据。在当事人自身无法搜集证据而且又有请求的情况下,审判长可以采取相应的措施主动搜集证据。当事人具有对法院采取措施搜集证据的决定提起上诉的权利。当事人的上诉必须立即送达检察院。检察院在当事人上诉和审查法庭审理情况的基础上有权请求法院核实、搜集证据(《民事诉讼法》第 85 条)。

检察机关的知情权。为了规范检察机关的监督职权和提高监督能力,越南《民事诉讼法》充分地保障了检察机关在参加民事诉讼一审、二审、审判监督、再审、民事调解等若干程序中对案卷材料的知情权。譬如,为使检察机关及时参与到民事诉讼程序中,《民事诉讼法》第 174 条规定,一审法院从受理案件之日起 3 个工作日内，法院必须使用文书向同级检察院通知法院已受理案件。第 195 条规定，一审法院对案件进行审理的决定要在下达决定之后立即送达当事人、同级检察院。在检察院依据本法第 21 条第 2 款的规定参加庭审的情况下，法院必须将案件卷宗送达同级检察院。知情权的确立使检察机关在参与诉讼、监督诉讼的情况下，能够提前全面了解案件信息，然后有针对性地就案件情况提出检察建议和意见。知情权的充分有效行使是靠全面完善的通知送达制度来保障的，《民事诉讼法》基本上在每一个程序规定中都提到了案件材料的通报和送达。

检察机关对民事诉讼程序的支持。具体包括：（1）保护证据。在证人被威胁、控制或收买不提供证据或提供与事实不符的证据的情况下，法院有权决定迫使有威胁行为的人、控制人或收买人中止威胁、控制或收买证人的行为。在威胁、控制或收买行为有犯罪迹象的情况下，法院要请求检察院追究其刑事责任（《民事诉讼法》第 98 条）。（2）对妨害和阻碍民事诉讼活动的行为的制裁。法院对阻碍诉讼人核实、收集证据活动的行为人，以及违反法庭规定的人追究刑事责任，提起刑事诉讼的时候，从决定起诉的 10 日内，必须将决定移交给有审理权的检察院起诉、证明犯罪行为的相关资料和证据。检察院必须在刑事诉讼法规定的期限内审查起诉、提起公诉。如果不起诉，则要书面通知决定起诉的法院，说明不起诉的理由（《民事诉讼法》第 388 条）。

三、越南对检察机关民事检察权的监督制约

检察人员不当行使民事检察权可以作为提起再审的理由。检察员故意弄错案件的卷宗或故意下达违法的结论，可以作为依照再审程序对已经发生法律效力的法院判决、裁定提起的抗诉的理由之一（《民事诉讼法》第 306 条）。

当事人可以对检察机关和检察人员在民事诉讼过程的行为和结论进行申诉和控诉。《民事诉讼法》第 33 章赋予了参与诉讼的个人、机关、组织有权对民事诉讼中违反法律规定或侵犯自身合法权益的决定或行为，对民事诉讼机关、个人的决定和行为提起申诉。该法还规定，对检察员、检察院副检察

长的决定和诉讼行为提起申诉的由检察院检察长在收到申诉的 15 日内审理;如果不同意审理的结果,申诉人有权申诉到直接上级检察院。在收到申诉后的 15 日内,直接上级检察院必须审核并下达决定。直接上级检察院有终审审理权。对检察院检察长的决定和诉讼行为提起申诉的由直接上级检察院在收到申诉的 15 日内审理。直接上级检察院有终审审理权。

(原载于 2014 年 12 月 16 日《检察日报》)

越南检察机关的组织体系
与职权范围

樊崇义 *　刘文化 **

越南民主共和国检察制度深受前苏联检察制度的影响，具体表现在检察机关与法院和政府具有平行的法律地位、检察机关享有法律监督权、检察机关内部实行高度统一的垂直领导等。

一、检察系统实行垂直领导体制

在越南，调整检察职权和制度的法律主要包括《宪法》和《人民检察院组织法》。1959 年 12 月 31 日，越南第一届国会第一次会议通过的《宪法》对国会、政府会议、法院和检察机关的组织等内容作出了规定。1992 年，越南现行《宪法》规定检察系统内部实行垂直领导体制，并规定检察机关承担两项职能：一是监督国家机构和公民守法的职能，此即一般监督职能；二是公诉权和司法监督权。国会只监督检察机关履行职权后的结果，对于履行职权的过程并不干涉，检察系统的最高权力由最高人民检察院检察长行使。

2001 年 12 月，越南通过的《宪法修正案》，第一次提出建立法治国家的要求，对 1992 年《宪法》所规定的国会、总理、检察机关的职权等内容均作了相应修改。该修正案第 137 条规定："最高人民检察院行使公诉权，监督司法活动，保证法律得到严格、一致的遵守。"地方各级检察机关和军事检察机关在法律规定的职权范围内行使公诉权和监督司法活动。2002 年，越共中央提出"今后一段时期加强司法职能建设"的司法改革要求。2005 年，越共中央发布了第 49—NQ/TW 司法改革战略决议，对一些重大司法体制问题提出了突破性的改革举措。在此次司法改革过程中，检察机关原来承担的基本职能维持不变，即还是负责起诉和监督司法活动，但检察机关的组织体系有必

* 中国政法大学诉讼法学研究院名誉院长、教授。
** 中国政法大学博士研究生。

要根据新的法院组织结构进行调整。根据现有的改革方案,越南将由"依行政区域划分设立法院"改为"依审判权限划分设立法院",为了与法院的此项改革配套,检察机关需要依此设立对应级别的机构。

二、检察机关的组织体系

越南《人民检察院组织法》规定,检察系统包括三级检察院和各级军事检察院。三级检察院是:最高人民检察院;省、中央直辖市检察院;省辖市、郡、县检察院。军事检察院在军队内组织,包括中央军事检察院、军区和同级军事检察院、省和地区军事检察院。检察部门的活动经费由政府预算,在会同最高人民检察院统一之后呈报国会决定。

最高人民检察院的组织机构包括:检察委员会,各局、司、院、办公厅和培养检察干部的院校、中央军事检察院。省、中央直辖市检察院的组织机构包括:检察委员会、各处、办公室。最高人民检察院和省、中央直辖市检察院人员组成均包括:检察长、副检察长(若干名)、检察员、调查员。县、郡、省辖市的检察院工作机构由检察长、副检察长和检察员若干组成,根据检察长的分工负责某项工作。中央军事检察院在机构上属于最高人民检察院。中央军事检察院检察长兼任最高人民检察院副检察长, 负责指导各级军事检察院的活动,对最高人民检察院负责并报告工作。在军事检察院工作的军人、国防工人和职员,其权利和义务等按军队制度的规定执行。各军事检察院的组织和活动由国会常务委员会规定。

根据越南《宪法》和《人民检察院组织法》的规定,最高人民检察院检察长对国会负责并报告工作,在国会闭会期间,向国会常务委员会和国家主席负责并报告工作。地方检察院检察长对于本地遵守法律的情况向人民议会负责并报告工作,回答人民议会代表提出的问题。最高人民检察院检察长由国会根据国家主席的建议选举、免职或罢免,其任职期间与国会的任职期间相同。检察院由检察长领导。下级检察院检察长接受上级检察院检察长的领导。各地方检察院检察长、各级军事检察院检察长接受最高人民检察院检察长的领导。地方检察院,中央军事检察院副检察长,军区和同级军事检察院,省和地区军事检察院的检察长、副检察长和检察员由最高人民检察院检察长任免。最高人民检察院机构设置的规定,须报国会常务委员会批准。检察系统的总编制也由最高人民检察院检察长确定,但须报国会常务委员会批准。各级检察院选择检察员和调查员的具体标准、规章、检察部门的工资制度、级别、证件、服装等均由国会常务委员会规定。最高人民检察院、省和中央直辖市检察院、中央军事检察院、军区和相当于军区的军事检察院设立检察委员会,根据少数服从多数的原则,按照法律规定讨论和决定重大问题。

三、检察机关的职权

侦查权。越南检察机关在执法、守法、司法的监督过程中,发现有严重违反法律的犯罪行为,检察机关认为有必要的,可以立案侦查。检察机关侦查的案件紧紧围绕检察机关的法律监督职能展开,涉及的案件范围广,具有灵活性。另外,在侦查机关进行侦查活动时,检察机关可以提出侦查要求,指导侦查活动,如果认为有必要,检察机关可以依法直接讯问犯罪嫌疑人,询问证人、被害人等。由此可见,越南检察机关对案件的侦查权限并不以案件性质为划分,而是以检察机关对侦查活动的监督为主线,只要出现违反法律规定的情形,检察机关即有权履行侦查职责,且检察机关有权指导侦查,在侦查过程中行使部分侦查手段。此外,越南检察机关也负责对职务犯罪案件的侦办和查处。

公诉权。越南检察机关在对刑事案件提起公诉的过程中,始终起主导作用。越南的刑事案件由检察机关提起公诉,检察机关对侦查机关侦查终结的案件,有权决定起诉,出庭支持公诉;在法庭审理中,如果案情发生变化,检察机关有权撤回公诉。在侦查阶段,检察机关即享有对犯罪行为是否立案的权力,也即其有权决定是否对该犯罪行为进行追诉。如检察机关发现有犯罪的事实迹象而侦查机关没有立案的,有权要求侦查机关立案;如果有依据确定侦查机关已经立案的罪名与实际情况不符,则有权要求侦查机关予以变更;如果有证据确定侦查机关错误地对犯罪嫌疑人进行立案的,则有权要求侦查机关对立案决定予以改正。检察机关在侦查机关立案过程中即开始履行公诉权,这一职权的行使使检察机关具有了启动、控制和指导侦查活动的权力。除此之外,越南检察机关对特定的民事案件、行政案件也有起诉权。

法律监督权。检察机关在刑事司法领域享有的法律监督权包括立案监督权、侦查监督权、审判监督权和执行监督权。

在越南,只有检察机关才有权决定是否立案,侦查机关对刑事案件的立案决定,都要经过检察机关的审查批准,没有经检察机关的批准不得立案。

越南检察机关对侦查活动进行全方位监督。检察机关对侦查活动中采取的强制措施和强制性侦查行为都有所控制,侦查机关在决定进行现场勘验、尸体检验时,都必须事先报告同级检察院;侦查机关要采取临时强制措施和强制性侦查行为时,必须经过检察院的批准;侦查机关决定中止侦查或终止侦查的,要报告检察机关,由检察机关作出最后决定。检察机关可随时检察侦查机关遵守法律的情况,发现问题及时处理,保证侦查活动按法律规定进行。越南检察机关对刑事审判的监督,主要是针对判决结果进行,如果认为判决结果可能有错,有权提出抗诉。检察机关对已经生效的判决或裁定,发现在处理案件的过程中,有违反法律的情况可提出抗诉,要求法院按审判监督程序重新审理。判决或裁定的执行决定必须送达执行地的同级检察院,以便监督执行。检察机关对执行过程是否符合法律规定实行监督。

对刑罚执行的监督,主要是通过行使建议权或提出意见的方式来进行,如根据检察机关的建议和请求,法院可决定对属于非危险分子的罪犯暂停执行刑罚。法院在讨论对罪犯的减刑、免刑或撤销判决的过程中,需把案件材料移交给检察机关,由检察机关提出书面意见,法院作出最后决定。

此外,越南的《民事诉讼法》《行政诉讼法》也分别明确规定了检察机关有权对民事诉讼、行政诉讼审理过程中遵守法律的情况进行监督。越南检察机关对民事诉讼、行政诉讼的监督,法律规定得比较全面,而且注重保护未成年人、身心有缺陷的人的合法权益。当未成年或身心有缺陷的人的合法权益遭受侵害,没有人提起诉讼时,检察机关可以代为提起民事诉讼或行政诉讼。如果民事判决、行政判决的结果出现错误,检察机关有权提出抗诉。对其他案件,检察机关认为有必要时,有权在任何阶段参加诉讼。检察机关对一审判决、裁定，有权提出抗诉。对已生效的判决或裁定，如果认为有严重违反诉讼程序的情况或判决、裁定中的结论与案件的客观事实不符，或适用法律有严重错误，检察机关有权提起审判监督程序，要求法院重新审理。如果发现在审理时当事人有无法知道的重要情节，或者有事实证明鉴定结论与事实不符、翻译有错误、证据有假以及审判员、陪审员、检察员故意篡改案件材料，检察机关有权提起再审程序，要求法院撤销原判决，重新审理。

抗议、建议权。该项职权最初明确规定于越南 1992 年制定的《人民检察院组织法》中。该法第 4 条规定："人民检察院在履行自己的职能时，有权抗议、建议和提出要求并对自己所作出的决定负法律责任，当所作出的上述决定违反法律时，对作出违法决定的人将其性质和错误情节分别给予纪律处分，直至追究刑事责任。对人民检察院所作出的抗诉、建议和要求，各有关机关、组织、单位和个人必须依法严格执行。"第 10 条规定："当检察结论认定有违法事实存在时，人民检察院有权对该国家机关、经济组织、社会团体、同级或下级武装部队和驻扎在地方的所属基层部队提出抗议，并要求其停止施行违法行为，修改或废止违反法律的文件，排除引起违反法律行为发生的原因，并要求违反法律者给予纪律处分或行政处罚，如构成犯罪时，人民检察院将进行刑事起诉，也可依法进行刑事附带民事诉讼，并依法采取措施以保障收回因犯罪行为造成的财产损失。"检察机关在检察遵守法律情况时，可向有关机关、组织和单位建议，采取各种措施防止违法行为的发生。后因《宪法》修改，检察机关虽不再具备一般监督职能，但检察机关建议权的行使得到保留。如，检察机关在对侦查机关的侦查活动等实施监督时，如发现产生某些犯罪行为的原因是由于一些管理制度上的缺陷，则其有权建议相关机关和组织采取措施完善相关管理制度，以预防犯罪发生。由此可见，检察机关建议权的行使仍围绕着其法律监督职能的履行来实施。

（原载于 2015 年 10 月 27 日《检察日报》）

新加坡有一套完善的肃贪机制

樊崇义 * 刘文化 **

新加坡是世界上著名的清廉国家。截至 2014 年,新加坡连续 20 年进入国际透明组织(Transparency International)的廉洁排行榜前 10 位。2010 年透明国际发布的世界清廉指数(CPI)排名中,新加坡、丹麦和新西兰三国并列第一,2014 年 CPI 排名中新加坡名列第七。

新加坡能获得如此杰出的廉政,主要是因为新加坡拥有完善的肃贪机制。肃贪机制包括反贪腐法律体系和专门的肃贪机构——贪污调查局。《预防腐败法》和《没收腐败、贩运毒品和其他严重犯罪所得法》这两部法律是新加坡惩治腐败的重要法律,也在一定程度上影响和决定了新加坡近几十年来以及未来的反贪格局。

一、实行特殊的推定制度和证据制度

为更好地打击腐败犯罪,降低腐败犯罪中控诉方的证明难度,新加坡对腐败犯罪实行特殊的推定制度。《预防腐败法》第 8 条规定,受法院指控的公职人员有义务向法院解释自己接受的财物不是以腐败的手段获得, 如果不能向法院作出令人满意的解释,法律就推定其腐败地接受了金钱。第 9 条规定,接受贿赂的人即使要达到的目的未能实现也构成犯罪。该法第 24 条规定,在法庭调查或审理有关腐败犯罪的过程中,被告人对于其所有的与其已知收入来源不成比例的金钱或者财产不能作出令人满意的说明, 或者对其被指控犯罪前后时间内金钱或者财产的增加不能作出令人满意的说明的,法庭可以将上述情况作为证明被告人构成腐败犯罪的证据。《没收腐败、贩运毒品和其他严重犯罪所得法》第 5 条规定,犯罪人拥有的或者曾在任何一

* 中国政法大学诉讼法学研究院名誉院长、教授。
** 中国政法大学博士研究生。

段时间内拥有的财产或者利益(包括来自于该财产或者利益的增加部分)与其已知来源收入不成比例,该人不能向法院作出令人满意的说明的,该人应当被推定已经获取了犯罪所得。

为了鼓励共犯作证,《预防腐败法》规定了"污点证人赦免制度"。该法第35条规定:被要求提供证据的任何人,如果法庭认为该人就其依法被审查的情况作了真实而全面的陈述,根据案件具体情况,有权利得到一份由治安法官或者地区法院签发的证明,证明其已就被审查的事实作了真实而全面的陈述,并不得再就这些问题对该人提起任何诉讼。污点证人制度的确立有利于更好地贯彻宽严相济的刑事政策,提高打击犯罪的效率和准确性。

根据《没收腐败、贩运毒品和其他严重犯罪所得法》第27条的规定,证明犯罪嫌疑人"潜逃"的证据只需要达到"优势证据"的证明标准即可;对于潜逃犯罪嫌疑人有罪的证明标准只需"充足"标准,而非"排除合理怀疑"。

《预防腐败法》第36条规定了对检举人的保护制度。第36条第1项规定:"证人无义务也不被允许披露检举人的姓名或者地址,或者陈述任何可能导致检举人被发现的情况。"第2项规定,如果任何民事诉讼或者刑事诉讼中的证据中或者受到检查的书籍、文件或者报纸中包含有检举人姓名、个人情况或者可能导致检举人被发现的内容,法庭应当在诉讼之前隐藏或者删除所有的这些内容。第3项规定,在一定条件下,如果法院认为检举人的陈述是虚假的,法庭认为若不披露检举人就不能在当事人双方之间完全实现公正,法庭可以允许对检举人的情况进行调查并全面披露。

二、没收贪腐所得适用特别程序

在新加坡,没收腐败犯罪所得的特别程序法主要是《没收腐败、贩运毒品和其他严重犯罪所得法》。根据该法第8条至第12条的规定,在没收贪腐犯罪所得程序前,需要做好以下准备工作:一是法院对腐败犯罪所得进行评估。犯罪人的犯罪所得应当是在任何时间段内其拥有的任何财产或者利益(包括该财产或者利益的孳息部分)。二是被告人和检察官可以对法院的评估决定进行答辩，旨在对法院确定可以变现的财产数额提出个人异议。三是法院最终确定没收令中应当追缴的可变现财产数额。为了防止在评估犯罪所得价值时侵害第三人合法权利，该法第 13 条特别规定了"第三方权利的保护"条款，对与财产有利害关系的，在没收令签发前，第三人可以向法院提出申请，要求法院明确拟没收财产中的利益性质、范围和价值。

为了保证没收令得到有效执行，《没收腐败、贩运毒品和其他严重犯罪所得法》第 15 条至第 17 条规定了财产保全程序。根据这些规定，法院可以采用签发限制令和担保责任令的方式，以保证有关人员向政府缴纳腐败犯罪所得。限制令旨在禁止任何人处置可变现的财产。限制令可以依检察官申请而签发，可以被撤销或者变更，当案件审结时，应当撤销。担保责任令针对有关人员的可变现财产而签发，这些财产包括不动产或者各种形式证券和信托管理的财产（包括这些财产可以支付的利息或红利）。担保责任令也可以依检察官申请而签发。

三、《预防腐败法》具有域外管辖权

《预防腐败法》基于属人管辖的原则使得该法具有域外的管辖效力。根据《预防腐败法》第 37 条的规定，当新加坡公民在新加坡境外实施本法规定之罪的，将受到如同在新加坡境内实施犯罪一样的处理。同时，该法重申了一事不再理原则，即对于发生在新加坡境内的腐败犯罪，不得对该人的同一犯罪再次提起诉讼，而且根据现行有关引渡的成文法的规定，不得对该人在新加坡境外实施的同样的犯罪再次提起诉讼。

四、贪污调查局主要享有四项职权

根据《预防腐败法》的规定，贪污调查局（Corruption Practices investigation Bureau, CPIB）享有的职权主要有：

逮捕权。根据《预防腐败法》第 32 条和第 15 条的规定，凡是腐败犯罪均是可逮捕罪。而可逮捕罪，就是通常意义上说的"无证逮捕"，是指无需法院签发逮捕证就可以对涉罪人进行逮捕。该法第 15 条规定，逮捕的对象和理

由包括了三种情况:一是那些涉嫌违反本法之罪的人,二是受到合理指控的人,三是有可靠线索证明或者有合理理由怀疑与该指控有关的人。在对这些人进行逮捕的同时,还可以进行搜查,如果有合理理由相信该人的物品是犯罪所得或者可以作为证据使用,则可以扣留该物品。为了保证贪污调查局官员能有效地行使上述权力,不受外界的强力干扰,《预防腐败法》还特别规定,应当向每一位贪污调查局的有关官员提供警棍、武器、弹药和其他装备,以作为有效执行任务的必要条件。

搜查和扣押权。根据《预防腐败法》第22条的规定,如果治安法官或局长根据信息,或经过其认为必要的询问之后,确信某地方藏有罪证(包含任何含有证据意义的文件、物品或财产),地方法官或局长可授权特别调查员或级别不低于督察的警官在必要的时候强行进入该地,并进行搜查、查封、扣押这些文件、物品或财产。

调查权。根据《预防腐败法》第17条的规定,贪污调查局局长或者特别调查员可以不经检察官命令而行使《刑事诉讼法》规定的与警察调查犯罪有关的全部或者部分权力。贪污调查局还享有特别调查权,根据《预防腐败法》第18条的规定,如果检察官确信有合理理由怀疑有人实施了本法规定的犯罪,可以通过命令,授权局长或者助理警司及其以上级别的警官或者特别调查员,依据命令中规定的方式或方法,对案件进行调查。该命令可以授权调查任何银行账户、股票账户、购货账目、支付账目或其他账目,或者调查银行保险箱,并可以要求任何人披露或出示被授权官员所需的全部或部分信息、账目、文件或物品;任何人不向被授权的人员披露上述信息或者出示上述账目、文件或者物品的,构成犯罪,将被处以2000新元以下的罚金,或者被处以1年以下的监禁,或者二者并处。

要求他人提供信息权。根据《预防腐败法》第27条和第28条的规定,贪污调查局局长或官员在本法规定的调查职责范围内,向任何人要求提供信息的,且该人能够提供该信息的,该人有提供信息的法定义务。如果有人提供或促使他人提供虚假信息或引人误导的信息,构成犯罪的,将被处1万新元以下的罚金或1年以下监禁,或二者并处的刑罚。

五、检察机关对贪污调查局进行监督制约

新加坡的检察机构与贪污调查局没有隶属关系。新加坡总检察署,是设在内政部下的一个行政部门,不像我国的检察机构为司法机构。根据新加坡《宪法》的规定,总检察长由总统根据总理的建议,从具有就任高等法院法官资格的人员中任命。而新加坡的贪污调查局成立于 1952 年,是从新加坡政府原警察局反贪污小组独立出来的专门反贪机构。1963 年,贪污调查局作为独立的组织,不从属于任何部门,直属于总理公署,既是行政机构,又是执法机构。局长由总理直接任命和领导,局长仅仅对总理负责,而不受其他任何人的指挥和管理。

尽管贪污调查局的权威极高,但其调查活动也要接受总检察署及其检察官的指导和监督。检察机关对贪污调查局的监督制约主要体现在以下几个方面:一是贪污调查局行使特别调查权必须经检察官授权。这一点可参见前文对《预防腐败法》第 18 条的表述。二是贪污调查局调查法律直接规定以外的罪案必经检察官授权。根据《预防腐败法》第 19 条的规定,对成文法规定的任何犯罪案件,检察官有权以命令的方式,授权贪污调查局局长或一名特别调查员行使《刑事诉讼法》规定的有关警察调查权的全部或部分权力。三是检察官对贪污调查局调查的案件行使审查起诉和提起公诉权。在新加坡,贪污贿赂案件的起诉全部由检察官负责,贪污调查局调查终结后必须将案件移送总检察署,由主控官审查决定是否起诉。对于决定起诉的案件,由主控官出庭公诉,贪污调查局的调查员只能以控方证人的身份出庭作证。四是检察官对贪污调查局的调查工作拥有一定的指导取证权。新加坡的刑事调查工作根据分工的不同,分别由刑事调查局、中央肃毒局、贪污调查局、移民局、关税局等执法机关负责,检察官不从事任何调查工作,只负责案件的审查起诉和出庭公诉。如果主控官审查后认为证据不充足,可指示调查机关终止调查或补充调查。对于主控官的指示,包括贪污调查局在内的相关调查机关必须执行。由此可见,贪污调查局的调查职权及其调查活动在很大程度上受到总检察署的监督和制约。不仅如此,总统

和总理任免贪污调查局的局长、副局长、局长助理和特别调查员,公共服务委员会对贪污调查局公务员的聘用、晋升、奖惩,法院对贪污调查局调查的案件的判决,贪污调查局对总理负责的领导体制等,在一定程度上也制约着贪污调查局的调查活动。

(原载于 2015 年 6 月 30 日《检察日报》)

广泛与独立：
新加坡检察制度的公权特色

樊崇义 *　刘文化 **

新加坡的检察机关为新加坡总检察署（简称 AGC），新加坡总检察署只是设在内政部下的一个行政部门，不像我国的检察机关为司法机关。新加坡总检察署实行总检察长负责制，因而检察机关享有广泛的职责和权力。同时，新加坡总检察署又严格奉行检察权独立原则，通过特殊的检察官委任和遴选制度、特殊的薪酬和评价考核机制，使得新加坡检察机关的独立性得到了充分的保障。

域外检察

一、新加坡总检察署的组织结构

总检察署除了履行对犯罪行为提起公诉的职能以外，它的主要任务还有：为新加坡各政府部门提供法律咨询和履行法律事务，为各政府部门解释和分析法律，以确保各政府部门正确地依法行事，依法治国。此外，也负责起草法律。

总检察署是新加坡司法体系中的重要组成部分。总检察署实行总检察长负责制，总检察长同时也是新加坡政府的首席法律顾问。根据新加坡《宪法》第 35 条（7）的规定，总检察长的职责是："在遇到某法律时向政府提出意见，并履行法律性质的其他职责，由于总统或内阁可能会不定期的指派，所以要履行宪法或任何书面法律所赋予职责。"总检察长与最高法院大法官一样，独立于政府之外行使职权。总检察署还是支持政府依法治国的基石。当行政部门在执法中对某些法律有疑问时，便会向总检察署请求解释，各政府部门接受总检察署所提供的法律释义，必须根据提供的意见处理行政

---

* 中国政法大学诉讼法学研究院名誉院长、教授。
** 中国政法大学博士研究生。

事务。总检察长是所有政府部门的法律代表。这与中国的检察机关是国家的法律监督机关的性质有质的区别。

总检察署由正副总检察长、检察官和其他附属人员组成。自 2015 年 7 月 1 日起,总检察署的核心架构主要由总检察长、副总检察长、副检察长和第二副检察长组成。副总检察长可在总检察长的指示下,代表政府出庭举证。副总检察长的职权在总检察长之下,副检察长和第二副检察长之上。总检察署下辖 11 个部门,包括民事部、刑事司法部、金融和科技罪案组、国际事务司、立法部、公司服务部、计算机信息处、法律职业秘书处、知识管理局、总署学术会和战略规划办公厅。

与中国设置四级司法机关实行二审终审制不同,新加坡只设一个检察机关,对应三级法院(初级法庭、高级法院和最高法院)的三审制,三审开庭均由他们出庭应诉,指控犯罪。新加坡的检察机关只承担公诉职能,没有职务犯罪侦查、监督监所管理等职能;它只接受侦查机关(包括刑事调查局、中央肃毒局、贪污调查局、移民局、关税局、商业事务局等)移送过来的提请起诉的案件。职务犯罪侦查单独设立贪污调查局,直接归总理公署领导;其他犯罪行为分别由警察局、移民局、关税局等办案机构查办,检察机关对他们办案不承担监督责任,对普通案件各个办案机构还可以直诉法庭,只有重大犯罪案件才会报到检察机关决定"诉与不诉"。各个办案机构和检察机关对犯罪嫌疑人决定逮捕后,只有 48 小时的暂时羁押审查期,要么将其起诉到法院进行审判,要么放人,但可以向法院申请延长羁押期。

二、检察机关的职权广泛

新加坡检察机关拥有广泛的职权,包括以下几项:

刑事检察权。新加坡刑事诉讼可分为公诉和自诉两种,对于轻微犯罪行为可由被害人向初级法院推事庭提起诉讼即自诉,而其他犯罪行为由总检察署主控官或总检察长指定的警官向法庭提起诉讼即公诉。在刑事公诉案件中,新加坡检察官的权力主要有:

一是指挥侦查权。新加坡的刑事侦查工作根据分工的不同,分别由刑事调查局、中央肃毒局、贪污调查局、移民局、关税局、商业事务局等执法机关负责，检察官不从事任何调查工作。有关侦查机关侦查完毕后将证据材料移送总检察署审阅，审阅后检察官如认为证据不充足，可指示侦查机关终止调查，也可指示侦查机关从不同角度作进一步调查。侦查机关再次移送审查时，检察官仍可根据情况作出终止调查或继续调查的指示。检察官的指示，侦查机关必须照办。

二是批准检查权。对于贪污罪行，总检察长认为必要时，可以发布命令，授权贪污调查局局长或特别调查官检查任何银行户口、股份账目、费用账目以及银行保险箱等。

三是决定公诉权。对于侦查机关移送审查的证据充足的案件，检察官具有决定起诉与否的裁量权，可对初犯、家庭环境好的学生给予警告，对身患重病的犯罪嫌疑人决定不起诉，对精神失常的犯罪嫌疑人从轻发落。对于行贿与受贿犯罪，提控行贿人还是受贿人，检察官有权根据指控犯罪的需要作出决定。对犯罪嫌疑人向哪一级法院起诉，由检察官根据《刑事诉讼法》的规定决定，一般刑事案件向初等法庭提控，而谋杀、贩毒、强奸、绑架等严重刑事犯罪案件向高等法院提控。

四是撤销、减轻、修改控状权。当犯罪嫌疑人被警方或检察官提起公诉后，其代理律师会为其当事人向总检察长建议撤销控状或减轻控状，总检察署属下的检察官有权力根据法律和案情行使自由裁量权，拒绝申请、撤销控状或减轻控状。当犯罪嫌疑人被提控后，总检察长或其属下有权中止程序的进行，令法庭无罪释放被告人，而不需向法庭说明理由。在刑事诉讼进行的过程中，检察官有权修改控状，如检察官在确定被告人向总检察长请求撤销控状或减轻控状时提供虚假供证可加控被告人提供假证罪。

五是出庭公诉权。新加坡检控案件由一名检察官办理，后提出处理意见交资深检察官审核。决定公诉的案件由承办检察官拟定控状向法庭指控，并出庭支持公诉。

六是提出上诉权。新加坡被控上法庭的案件实行二审终审制，对于一审案件，控辩双方有一方不服一审判决的，均可提出上诉。一审或二审判决被告人无罪,不会对检察官带来任何不利的后果。

民事检察权。具体包括:一是处理所有涉及政府的民事诉讼。在公民对政府提起民事诉讼时,总检察长要代表政府应诉;政府对侵害国家或公共利益的公民提起诉讼时,总检察长要代表政府起诉;对涉及政府的不当民事判决,总检察长要提起上诉。总检察长也可以指派民事司的官员出席法庭,履行应诉、起诉或上诉的职责。二是处理涉及政府的民事非诉讼事宜。包括代表政府参与有关的调解、仲裁、纪律处分,为政府取回欠债等。三是为政府提供民事法律咨询和服务。包括为政府部门的所有民事事项提供意见、草拟法律文件等。政府的经济和行政管理部门遇到法律问题时也可以要求总检察署提供法律帮助,民事司有责任出具法律意见、审查法律文件或直接参与解决难题。四是代表政府行使有关管理等其他方面的职能。包括审查为取得律师资格的申请,担任慈善机构的保护者,在领养事项方面担任诉讼监护人等。

法律草拟与审查权。在总检察长的领导与指导下,所有的法案及规章均由总检察署的立法部负责草拟与审查。"草拟简明和精炼的法规以实现国会的意向"是立法部的工作宗旨和主要职责。因此,立法部的官员要经常列席国会召开的会议,对国会议员和政府内阁成员提出的有关法律问题进行解答。此外,立法部还负责为法令的法定诠释等法律事务提供意见,为国会、政府部门及法定机构提供关于政策的法规建议,协助修正法律与更新法规,建立和维护法规资料库和新加坡法规网站等。

国际事务参与权与参谋权。新加坡总检察署具有广泛的国际事务参与权,总检察长代表新加坡在国际舞台和国际争端中保护和扩展国家利益,该权力具体由国际事务司负责行使。国际事务司的工作宗旨是"通过有效的实行与应用国际法来保护与促进新加坡的国际利益"。其具体职责包括:向政府部门与法定机构提供关于国际贸易、航空和海事等国际事务领域的法律意见,代表新加坡参加有关国际会议、国际谈判和国际争端调解程序并草拟和洽商协定,审查条约并提供有关意见,为实现新加坡的国际责任方面提供协助和意见等。

三、特殊的检察官委任和遴选制度

新加坡奉行检察权独立的原则。新加坡总检察长是由总统根据《宪法》在总理推荐后,从具有任高等法院法官资格的人中任命,是全国最高的执法官。总检察长的地位高于最高法院法官,仅次于首席大法官,其权力和地位受《新加坡宪法》的保障,唯有新加坡总统可以开除新加坡总检察长,而且总统开除总检察长必须以新加坡总理的提议为依据,只有在总检察长失责、行为不当和在特别法庭裁定开除的情况下,新加坡总理才可向总统提议开除其总检察长职务。总检察长实行任期制,其任期由总统酌情决定,可以连任。总检察长获任命后独立行使司法权,不需向国会报告工作,也不受总统、总理和各部的行政干预和约束。

总检察署其他检察官由新加坡法律服务委员会委任,因此具有独立性。法律服务委员会由最高法院大法官即全国首席法官、总检察长、一名最高法院法官及不超过两名公共服务委员会的成员组成,法律服务委员会的负责人是最高法院的大法官而不是总检察长。可见,新加坡检察官的人事关系不受总检察长、副总检察长管理,检察机关内部无需为了晋升而送礼买官,更不会为了逢迎领导放弃办案原则。法律服务委员会的主要职责是委任、调遣新加坡法律服务界的法律官员,如初级法院的法官、总检察署其他检察官,以及对他们实行监督、考核和采取纪律警戒或开除的行为。另外,只有大学法律系毕业且通过法律服务委员会笔试和面试者才有资格被择优聘任为检察官,这一选任机制也有效地保证了检察官的专业素质。

四、特殊的薪酬和评价考核机制

检察官和行政人员实行分类管理,所有检察官均由法律服务委员会管理,而行政人员的管理则直接由公共服务委员会负责。在薪金的发放标准上,检察官与行政人员有较大区别。法律服务委员会旗帜鲜明地主张,检察官和律师作为同一法律职业共同体的成员,如果收入不平衡,必然导致检察官辞职或者不廉洁行为滋生。检察官的薪金由法律服务委员会根据私人律师的收入状况决定,大体与私人律师的年均收入相当或略低。新加坡信奉并实行高薪养廉,公务员的薪金收入普遍较高,但检察官、法官的薪金收入更高一些。行政人员的薪金标准则由公共服务委员会决定,与一般公务员相同,普遍较检察官低。在新加坡,检察官不仅拥有较大的自由裁量权,而且还享有司法豁免权。新加坡不实行错案责任追究制度,法官和检察官不会因办错案件受到责任追究,也不得因相关司法行为被民事起诉。检察官的业绩考核、职务晋升和年终福利不实行民主评议和投票打分,而是由行政首长直接决定。首长的决定既具有公正性,也具有权威性。

(原载于 2015 年 7 月 28 日《检察日报》)

第三编

美洲和大洋洲国家检察制度

美国检察机关承担公诉和自侦职能

*何家弘 ***

美国的检察体制具有"三级双轨、相互独立"的
特点。所谓"三级",是指美国的检察机关建立在联
邦、州和市这三个政府"级别"上。所谓"双轨",是指
美国的检察职能分别由联邦检察系统和地方检察系
统行使,二者平行,互不干扰。而且,美国的检察机关

何家弘

无论"级别"高低和规模大小,都是相互独立的。换言之,在联邦、州和市检
察机关之间没有隶属关系,甚至也没有监督和指导的关系。

一、联邦检察和地方检察

美国的检察系统分为联邦检察系统和地方检察系统。

联邦检察系统由联邦司法部和联邦地区检察署组成,其职能主要是调
查、起诉违反联邦法律的行为,并在联邦作为当事人的民事案件中代表联
邦政府参与诉讼。联邦检察系统的首脑是联邦检察长,即司法部长。虽然他
是联邦政府的首席检察官,但他只在极少数案件中代表联邦政府参与诉
讼,而且仅限于联邦最高法院和联邦上诉法院审理的案件。美国共有 94 个
联邦司法区,每区设一个联邦检察署,由一名联邦检察官和若干名助理检
察官组成。在一般案件中,他们自行决定侦查和起诉,但要遵守联邦检察长
制定的方针政策。在某些特别案件中,如涉及国家安全的案件和重大的政
府官员腐败案件,他们往往会寻求司法部领导以及刑事处的支持和帮助。
司法部刑事处的处长由一名助理检察长兼任,下设 5 个科,即团伙犯罪与
敲诈勒索调查科、诈骗犯罪调查科、国际犯罪调查科、麻醉品与危险药品调

* 中国人民大学教授,法学院证据学研究所所长、法律语言研究所所长。1993 年在美国
西北大学获法学博士学位。2002 年至 2003 年在香港城市大学任客座教授。

查科、计算机及知识产权犯罪调查科。这 5 个科的检察人员分别在其管辖的案件范围内协调、指导和协助各联邦检察署的侦查和起诉工作。

美国的地方检察系统以州检察机关为主，一般由州检察长办公室和州检察署组成。州检察长名义上是一州的首席检察官，但他们一般都不承担诉讼职能，也很少干涉各地检察署的具体工作。州检察署的司法管辖区一般以县为单位，但是在人口稀少的地区，辖区也可能由几个县组成。州检察官是其辖区内刑事案件的首席公诉人，通常也被视为所在县区的执法首长，当然，具体工作一般都由其手下的助理检察官负责。由于美国各地的司法传统不同，所以各州检察官的称谓也不统一，包括州检察官、地区检察官、县检察官、公诉律师、县公诉人、法务官、地区检察长等。

市检察机关是独立于州检察系统的地方检察机关，但并非所有城市都有自己的检察机关。在没有检察机关的城市，全部检察工作都属于州检察官的职权。在有检察机关的城市，市检察官也无权追诉违反州法律的行为，只能追诉违反城市法令的行为。这些违法行为一般被称为"微罪"，多与赌博、酗酒、交通、公共卫生等有关。不过，城市法令中有关"微罪"的规定与州法律中有关"轻罪"的规定相重复的情况并非罕见。城市检察官的称谓一般为城市律师或法律顾问，其职责范围较广，违法行为的调查和起诉仅是其中的一小部分。

二、行使侦查职能有三种方式

美国检察机关的主要职能是代表政府或人民对犯罪提起公诉，但是也承担一定的侦查职能。检察机关行使侦查职能的方式主要有三种。

第一种方式是检察官领导或指导警察进行犯罪侦查。如上所述，美国地方的检察官一般被视为当地的执法首长，而且往往是经选举产生的政治官员，所以警察机关在刑事案件的侦查中都会接受检察官的领导。另外，由于侦查是服务于起诉的，所以警察在调查取证的问题上一般也乐于接受检察官的指导。在有些地区，检察官为了集中打击某类犯罪，还会抽调当地警察组成专项行动队，在其直接指挥下开展侦查工作。

第二种方式是负责公诉的检察官自行侦查，这往往是那些涉及政府官员或公司高管的职务犯罪案件。例如，20世纪80年代轰动一时的美国股票市场"内幕交易"第一案和美国麦道飞机制造公司行贿巴基斯坦政府高级官员案都是由负责起诉的联邦检察官自行侦查的。起诉检察官自己行使侦查职能时有两大"法宝"：其一是大陪审团的强制传讯权，其二是检察官的豁免权。虽然大陪审团并非附属于检察机关，但是对任何一名检察人员来说，让那些组成大陪审团的普通公民相信传讯某证人的必要性确实是一件易如反掌的事情。另外，检察官有权向那些有罪的证人签发豁免书，保证他们不会因为作证所涉及的问题而被起诉——伪证罪和妨碍审判罪的起诉除外。对于那些有罪的知情人来说，这种豁免书很有诱惑力，因为他们只要与检察官合作就可以免除自己的某些罪过。当然，他们必须如实陈述。对检察官来说，这都是获取重要证据的有效路径。

第三种方式是检察系统内部的侦查机关进行侦查，其代表就是美国的联邦调查局。如前所述，美国的联邦检察长是司法部的首长，不仅领导联邦的刑事起诉机关，即联邦地区检察署，而且领导联邦的主要犯罪侦查机关，如联邦调查局。虽然美国法律没有就职务犯罪侦查职能作出明确规定，但是在实践中，联邦调查局是公务人员受贿和警察侵犯民权等职务犯罪案件的主要侦查力量。当然，联邦调查局还负责杀人、爆炸、抢劫、诈骗、贩毒等违反联邦法律的刑事案件的侦查。

三、侦查集中而公诉分散

联邦调查局虽然隶属于联邦检察长即司法部长，但是其执行职务时享有"半自主权"。一般来说，联邦调查局的特工人员在一个案件的侦查工作基本结束并需要起诉时才找当地的联邦检察署协商，但是在需要采取有争议的侦查措施时，他们往往会事先征求检察官的意见，譬如使用"侦查陷阱"或"侦查诱饵"。胡佛在担任联邦调查局局长时坚决反对采用上述秘密侦查手段。他担心其特工人员会在这种化装侦查活动中染上黑社会的恶习或者受到金钱与毒品的诱惑，从而腐化堕落并失去公众的信任与支持。然而，在胡佛"执政"后期,联邦调查局的一些特工人员便不再严格遵守上述规定。胡佛于 1972 年去世后,联邦调查局的秘密侦查活动日益增多。为了对这类可能"不太合法"的侦查活动加以控制,时任司法部长的史密斯要求联邦调查局的特工人员在决定采用秘密侦查措施之前应先征得当地联邦检察官的同意。

此外,在重大犯罪案件的侦查中,联邦调查局的特工人员还会和联邦地区检察署的检察官联合行动。例如,20 世纪 80 年代,随着电子计算机技术的高速发展,美国加州硅谷地区窃取商业秘密活动也日益猖獗。联邦调查局在加州的特工人员为了打击此类犯罪,与当地的联邦检察官联合设计了"打入灰色电子市场"的秘密行动,通过开设一家高科技中介公司来诱捕外国的工业间谍。该计划几经周折才获得司法部的批准。该行动的设计目标本来是苏联人,但是在实施一年后上钩的却是日本日立公司的雇员。该案也成为轰动一时的商业丑闻。

在此,特别值得我们关注的是联邦调查局的体制。联邦调查局总部设在首都华盛顿,下设三个直属科和三个职能处。三个直属科是国会与公共事务科、法律顾问科、计划与督察科。三个职能处是行政处、调查处和执法服务处。其中,调查处是该局的主要犯罪侦查部门,下设情报科和犯罪调查科。情报科负责收集有关国际恐怖活动和外国间谍活动的情报并对有关案件进行调查。犯罪调查科负责侦破各种依法律规定应由联邦调查局管辖的刑事案件,包括联邦官员受贿案等。联邦调查局在美国各地还建有 59 个地区分部和 426 个驻区站。地区分部一般为每州一个,但也有一州两个和两州一个的情况。例如,加利福尼亚州就有两个联邦调查局的地区分部,洛杉矶为第 29 分部,旧金山为第 53 分部;而爱达荷州和蒙大拿州则共属第 10 分部。驻区站多设在主要城市,规模很小,一般为 2 至 15 人。此外,联邦调查局在香港、东京、堪培拉、温太华、墨西哥城、巴拿马城、波哥大、蒙得维的亚、伦敦、巴黎、波恩、罗马和伯尔尼建有 13 个外国联络站,以便协调与外国执法机关的合作。一言以蔽之,联邦调查局属于高度集中型犯罪侦查体制。

于是,我们就在美国联邦检察系统的机构设置上看到了一种"不对称"

的现象:负责起诉的联邦地区检察署采用分散型组织模式,而负责侦查的联邦调查局则采用集中型组织模式。也许,把联邦调查局化整为零,分别设置于联邦地区检察署之中,更符合"对称"的审美习惯,但是美国人没有采取这种做法,因为犯罪侦查机构与刑事起诉机构的"不对称"设置可能更符合各自的规律和要求。犯罪侦查工作注重团队合作,其指挥带有行政色彩,因此适宜采用集中型模式;刑事起诉工作强调检察官独立与个人负责,属于司法活动,因此适宜采用分散型模式。换言之,"侦查集中而公诉分散"模式符合综合性检察职能的运行规律,可以为其他国家的检察体制改革提供借鉴。

(原载于 2014 年 11 月 25 日《检察日报》)

美国检察制度面临的挑战与应对

张鸿巍 *

当下,美国检察制度在延续既往高效防治犯罪的同时,亦于运作理念、机构设置及体系程序等方面面临着一系列的问题与挑战。对这些问题与挑战的应对与处理,深刻考验着美国检察制度的固有价值及与时俱进的灵活性。

张
鸿
巍

一、检察裁量权迎风而涨

挟持犯罪防治的声势,检察裁量权在过去数十年间突飞猛进,在自由裁量权中的权属及地位迎风而涨。1979 年《布莱克法律词典》(第五版)释义"自由裁量权"时,将"司法裁量权"与"法律裁量权"合称"司法及法律裁量权",并仅认可法官或法院之自由裁量权,未触及检察层面。然而时隔 30 年,2009 年《布莱克法律词典》(第九版)明确将"自由裁量权"细分为行政 / 法律裁量权、司法裁量权及检察裁量权。显而易见这一版本的《布莱克法律词典》将"司法裁量权"及"检察裁量权"排他性地分别赋予法院 / 法官和检察院 / 检察官。词典字里行间透露出的语义变迁及扩容,凸现检察裁量权地位的攀升,有着极为深刻的社会历史背景。实际上,美国检察自由裁量权自检察制度创设以来几乎一直呈扩张趋势,在整个 20 世纪表现尤为突出。究其原因,主要是辩诉交易以及量刑建议的大幅适用等使然。依《布莱克法律词典》(第九版)解释,检察裁量权系指检察官办理刑事案件过程中之可择权,包括提出指控权、起诉权、不起诉权、辩诉交易权及量刑建议权。正是如此,美国检察机关被视为刑事司法体系中居于"枢纽"或核心地位,其检察权亦多被视

* 暨南大学少年及家事法研究中心教授、人文学院副院长,珠海特聘学者,美国 Sam Houston State University 刑事司法学博士,中国致公党中央法制委员会委员。

为带有较强司法权属性的特殊行政权。

然而,检察裁量权范围的持续扩张与实践中的鲜受制约,使得检察裁量权近年来面临滥用的质疑。美国刑法学家斯蒂文·瑞斯总结了六种检察自由裁量权滥用情形,包括选择性起诉、恶意报复性指控、检察权滥用及大陪审团误用、检察官向辩方提供开脱罪责的证据、检察官选择陪审员时滥用"无因回避"与首次审理因检察官失误导致再审而产生的"双重危境"。针对目前美国检察制度存在的问题,美国检察学家安吉拉·戴维斯认为未来检察职能改革应至少完成两项目标:一是消除检察自由裁量权之恣意妄为;二是创设增进现有之检察问责制。

二、检察诉讼关照义务水涨船高

尽管检察裁量权在不断扩张,但检察义务特别是诉讼关照义务亦相应水涨船高。作为检察机关在刑事诉讼过程中协助犯罪嫌疑人、被告人充分行使其诉讼权利的义务,诉讼关照义务通常包括证据开示、诉讼后果提示、权利告知等一系列义务,当然相互间可能有所交叉及渗透。

在诸多诉讼关照义务中,证据开示的压力并不局限于检察官实际掌握的证据资料,更推广至整个控诉团队所掌握的证据资料,包括侦查和其他政府机关的证据资料。针对证据开示的检察义务,2009 年新修订的《全美检察准则》(第三版)第 4B9.1 条建议,"检察官应始终以'诚信善意'及在促进减少突然袭击、提供有效交叉询问机会、加速庭审及满足正当程序要求等证据开示目的意义上履行证据开示义务。为达到此目标,检察官应极力获取证据开示的重要信息,并全面快速应允辩护律师证据开示之合法请求。"以广为适用的辩诉交易为例,从提审直至案件审结宣判之前,控辩双方在任何阶段或任何时间都可进行谈判,但新的行业规范更加强调了检察官于此中的诉讼关照业务。如《全美检察准则》(第三版)第 2B7.4 条规定,"若检察官与无辩护律师的被告人达成辩诉交易协议,检察官应确保被告人知悉其权利、义务及协议之责任。如果可能的话,协议应缩写成书面形式,并提交被告人副本。"该条同时告诫,"检察官不应向无辩护律师之被告人提供法律建议,除非建议其获得律师帮助。"

三、辩诉交易仍存争议

作为美国刑事诉讼最具特色的制度之一,辩诉交易自其产生以来,其合理性一直备受争议。辩诉交易又称控辩交易、诉辩交易、认罪协商,指被告人同意就某项罪名放弃庭审并作有罪答辩,以换取检察官较低指控、较低刑罚或者其他有利于被告人的承诺。作为辩诉交易的坚定反对者,美国刑事诉讼法学家艾伯特·W·艾斯库勒认为辩诉交易本质上属于"自证其罪",与抗辩诉讼理念格格不入。早在 1973 年,美国"刑事司法标准与目标全国顾问委员会"便曾主张完全废弃辩诉交易。辩诉交易存在的问题主要集中在,诱惑被告人做有罪答辩之允诺的法律效力、辩诉交易过程中被告人获得律师帮助的可得性与实效性、辩诉交易中检察官需要开示证据的范围与多寡、非自愿有罪答辩的认定等等。此外,辩诉交易在很大程度上忽视以致漠视被害人的权利及其感受。被害人无权直接参与辩诉交易甚至也没有被谘商的权利,仅有个别司法区确定了被害人于辩诉交易中的特定角色。

然而不可忽视的,辩诉交易在美国盛行至今,在检察官办理刑事案件中仍占有极其重要的地位。全美平均超过九成的刑事案件并没有经过繁杂的庭审程序, 而一些都市法院通常受理的案件常常不到所在司法区案件量的 5%甚至更少。

四、对被害人及证人的权利保障有所扩展

多年来,美国检察机关在控制犯罪、增进社区防卫与确保被害人获得司法公义等方面成果斐然。近年来,美国联邦检察机关、州检察机关及各级地方检察机关不约而同扩展了对刑事被害人及证人的权利保障。以落实被害人知情权为例,《全美检察准则》(第三版)第 2B9.1 条建议,"对于暴力犯罪、严重重罪及因其他不法行为造成肢体或其他形式报复的被害人, 检察官应尽可能应其要求或法律规定,向其通报刑事司法程序之所有重要阶段进展,告知至少下述事项:检察机关对案件之立案与否、大陪审团起诉之退回及刑

事检控之提出;对被告人予以审前释放之决定;任何审前安置方式;庭审之日期及结果;量刑之日期及结果;任何检察官获悉被告人已经或可能导致其不再处于羁押状态之信息,如被告人上诉之改判、假释、释放或越狱,除非法律另有规定;任何检察官知悉可能会置被害人于危境或难堪之事项。"

在机构建设方面,联邦总检察院专设犯罪被害人司,并于刑事司设有海外恐怖主义被害人处。各州及地方检察院亦纷纷内设专门的被害人及证人机构或专人专司相关事务,以加强对相关被害人及证人的保护力度。一些行业性规范亦与时俱进,进一步扩大了检察机关对被害人及证人的保护。如为切实有效保护证人,《全美检察准则》(第三版)第2B10.7条要求,"检察官应注意证人因与执法部门合作而受到羞辱及伤害的可能性; 检察官应知晓所在司法区内的证人保护项目, 并在适当时应就项目参与作出转介及推荐"。该准则第2B10.9条还特别要求,"检察官应将涉嫌任何形式之证人或其亲朋好友羞辱、骚扰、威胁或报复之不法行为列入优先调查及起诉之列"。

这一点也突出表现在对未成年犯罪人的保护不能以放弃社区防卫和被害人保护为代价。在"国家亲权"理念与"儿童最佳利益"原则影响下,美国未成年人检察制度在未成年人权益保障及未成年人犯罪与偏差预防、呈请与起诉方面作用日渐明显。随着少年法院证据标准的提高及正当程序的引入,美国未成年人检察在理念上常常面临维护社区安宁秩序与儿童福利冲突的两难境地。《全美检察准则》(第三版)专章确定了未成年人检察准则,该准则第4B11.1条特别强调,"确保社区及被害人之安全及福利为检察官主要关注点, 检察官在不与前者过度妥协前提下亦应尽可能考虑儿童之特殊利益及需要。"

五、社区检察渐成气候

除了社区警务与社区矫正外,社区检察在美国也渐成气候。从上个世纪80年代特别是90年代起,"生活质量犯罪"概念逐步进入公众视野,并被刑事司法界广泛使用。"生活质量犯罪"有时又称"居住性犯罪"或"滋扰性犯罪",通常包括街头卖淫、无证摆摊、随地小便、随意涂画、损毁财物、教唆吸毒及强行乞讨等相对轻微、非暴力但威胁到社区居民幸福感与安全感的不法行为。

受此影响,社区检察应运而生,主张以"积极主动的问题解决方式"应对各种生活质量犯罪,强调维系邻里周边安全乃系地方检察机关职责所在。社区检察旨在推动检察院、执法部门、社区及公私立机构间犯罪防治、提升公共安全及提升社区成员生活质量。与此同时,大量草根组织的兴起又为社区检察的发展与壮大提供了坚实的土壤。据美国检察官研究所 2000 年的一项调查表明,全美近半数地区检察院采用形式不同的社区检察。而据联邦司法统计局 2001 年的数据显示,近七成地区检察院采用不同于传统刑事检察的方法来应对社区问题。全美地区检察官协会还设立了"社区检察全国中心",力推社区检察的培训、技术支持、研究及相互间的协作。

(原载于 2014 年 12 月 2 日《检察日报》)

美国检察官拥有较大量刑建议权

张鸿巍 *

量刑建议制度产生于近代西方。在英美法系中,英国的检察官没有量刑建议权,与之不同的是,美国的量刑建议制度比较有特色,一般既可由缓刑官在专门的量刑程序中提出量刑建议,也可由检察官在辩诉交易程序中提出量刑建议。

一、检察官拥有量刑建议权

提到量刑建议权,首先要说一下量刑。所谓量刑,依《布莱克法律词典》解释,系指对某项犯罪处罚的司法认定。在刑事司法程序中,量刑一直都被认为是最艰难的决定。从技术角度看,量刑是司法过程的有机组成部分。

量刑幅度由美国联邦与州法律设定,而具体则多由联邦及州量刑指南明确之。在联邦及大部分州,总是由法官来宣布量刑决定。在亚利桑那州、印第安纳州、肯塔基州及西弗吉尼亚州,则是由陪审团建议、法官确认量刑。而在阿肯色州、密苏里州、奥克拉荷马州、得克萨斯州及弗吉尼亚州,由陪审团确定量刑。一般来说,陪审团特别关注死刑案件量刑。

量刑建议又称求刑建议,量刑通常被视为联合决策过程,尽管仅法官有权作出量刑判决,但缓刑官、检察官及辩护律师都能对量刑施加一定影响。检察官量刑建议权,通常系指检察官依法向法院提出的综合被告人罪行及其个人背景情况而向法官提出量刑建议的权利。一旦陪审团作出被告人有罪裁决后,法官会根据案情轻重缓急确定适当量刑。法官的量刑决定会受到刑前调查官报告及检察官与辩护律师的影响。在全美地区检察官协会看来,参与量刑过程可为检察官提供延续对公平正义的追求,检察官亦可从中确

* 暨南大学少年及家事法研究中心教授、人文学院副院长,珠海特聘学者,美国 Sam Houston State University 刑事司法学博士,中国致公党中央法制委员会委员。

保犯罪被害人能够表达其对量刑之所思所感,还可确保刑前报告真实可靠。

就检察官在法庭量刑阶段的职责而言,在肯定联邦犯罪量刑为法官主要职能及责任所在的同时,《合众国检察官手册》告诫检察官对个案的责任并非因有罪判决或服法认罪而偃旗息鼓;恰恰相反,检察官仍须肩负协助法庭接下来确认量刑的持续性义务。该手册要求联邦检察官必须对指导方针及适用于个案的具体指导规则耳熟能详。《美国律师协会刑事司法准则》之《检察职能》第 3-6.2 条建议检察官应当协助法庭置其判决立足于完整、准确的刑前报告之上。检察官应当就刑期向法院公开其掌握之任何信息。若检察官注意到刑前报告有所疏漏或不尽准确,其应采取措施来向法庭及辩护律师呈现完整且正确之资料。《全美检察准则》第三版第 7-2.1 条建议,检察官在撰写及提交刑前报告过程中应发挥积极作用,具体包括:在撰写刑前报告时,检察院应将被告人背景资料作为缓刑部门之信息来源;检察院应在刑前报告提交法庭之前审查该报告;在注意到刑前报告有关内容与检察官知悉内容有冲突之处时,检察官有责任就该内容告知有关方面。此外,在诉讼判决之时或之前,检察官应当向辩护律师及法庭公开其所有已知的无特权减轻量刑信息,除非法庭保护令明确检察官无需这样做。

二、量刑建议可抑制法官量刑差异

美国所有的司法区都要求对成人的量刑必须公开,而在一定条件下对未成年人量刑可以秘密进行。对于轻罪案件,量刑通常于定罪后即可作出。而对于重罪特别是可能要判处较重刑罚时,量刑通常会被推迟,以便法院进行刑前调查。在联邦及许多州,当被告人是首犯或低于特定年龄时,法院可要求获得刑前报告以参酌。

《合众国检察官手册》第 9-27.730 条要求,在联邦刑事案件量刑阶段,检察官应当协助法庭确保向法庭提交的相关事实完整而真实,并对有关案件提出量刑建议。不过,检察官并不能随心所欲提出量刑建议,而受限于具体案情和法院接受方式的意向与形式。具体到辩诉交易,检察官须在达成协议之时即告知法院其在量刑上的立场。除此之外的场合下,检察官的量刑立场可在"刑前侦查"通过缓刑官口头或书面传达;或者在量刑听审前以"量刑备忘录"形式向法院提交;或在听审时向法院口头陈述。

一般来说,量刑报告对罪行性质、犯罪人特征、犯罪历史、被害人损失及量刑建议逐一描述。随着对被害人保护力度的加大,在联邦及一些州,明确要求刑前报告还要涵盖"被害人影响陈述"。一旦刑前报告拟成,便可进行量刑听审。在这一阶段,法院会考量庭审阶段出示的证据、刑前报告、辩诉双方所提交的任何加重或减轻量刑的证据以及被告人陈述。此外,大多数司法区还要求法官听取任何量刑替代措施的争议。

通过辩诉交易所达成的协议,检察官限制了法官可能判处的最大刑罚。而在量刑听审阶段,检察官可向法官提出量刑建议及理由。他们可以提请法庭注意若干事项,以期影响量刑轻重缓急:如当被害人特别脆弱或者被告人导致被害人严重伤害时,检察官可建议判处较重刑罚;而当被告人与警方积极合作时,检察官又可以建议判处较轻刑罚。

《合众国检察官手册》第9-27.730条约定,联邦检察官应在两种情形下提出量刑建议:一是辩诉交易条款有明文规定时;二是公众利益要求政府(检察官)就适当刑期表述意见时。这里所涉及的"量刑建议"有明示量刑建议和默示量刑建议两种,前者包括具体刑种、缓刑适用条件、罚金额度、刑期以及合并刑罚等;后者则指心照不宣的建议,如同意或不反对被告人的请求等。《美国律师协会刑事司法准则》之《检察职能》第3-6.1条就检察官在量刑阶段的职权指出:检察官不应以量刑轻重彰显其工作效率,一旦其参与量刑应努力确保公正判决并避免量刑差异过大;若判决并无陪审团参与其中,检察官应获得机会向法庭阐述其观点并作出相应量刑建议;若判决由陪审团决定,检察官应向其展示有关证据资料,但应避免出示可能会引起陪审团判断有罪与否偏见的证据资料。

检察官还可以提出具体量刑建议。一旦辩诉双方达成了量刑交易,检察官会表明合意后的量刑,而法官通常会采纳检察官对该案的量刑建议,而这对于抑制不同法官间的量刑差异具有积极作用。据美国刑事司法学家芭芭拉·贝罗特及克雷格·何蒙斯的观察,在定罪之前,被告人拥有完整的宪法性权利以保障其无罪推定。

理论上来说,检察官量刑建议对法庭或陪审团并无约束力。法官可通过"圣多贝罗诉纽约州"等个案所确立的法律理念对其施加影响力。在"圣多贝罗诉纽约州"一案中,当事人圣多贝罗在与检察官协商后,将原先无罪答辩更正为两项重罪答辩,并请求取其中较轻项定罪,检察官予以认可并同意对量刑建议闭口不谈。在几个月后进行的量刑听审中,接手该案的检察官建议法官对圣多贝罗判处最高刑期,法官如其所愿。圣多贝罗对此不服,辗转上诉至联邦最高法院。首席大法官伯格亲自撰写法院判决,主张检察官对司法的认知与适当态度与其在辩诉交易所作出的承诺密切相关,判决案件发回州法院重审,并要求考虑辩诉交易的具体条款内容。

在有些视量刑为法官排他性司法责任的州里,检察官则被要求不得提出量刑建议。

三、量刑建议面临挑战

上个世纪 70 年代之前,美国检察官、法官甚至假释委员会在量刑上都拥有一定职权,并无法律明文规制,这不免造成一定的权力滥用。立法机关对此有所察觉,先后出台若干诉讼规则,假释委员会则率先出局。受限于联邦诉讼规则,特别是《联邦量刑指南》条条框框限定严格,联邦各级法官在量刑上回旋的余地愈见缩小。相比之下,检察官并不受这些规则限制。

在过去 25 年间,美国量刑法变化剧烈,新的法律层出不穷。对被告人的量刑更加复杂,而被告人在量刑阶段的权利也不断得到扩展。尽管如此,被告人的宪法性权利在其作出认罪答辩或被定罪后明显大不如前。从 1980 年代开始,美国刑事司法界掀起所谓"精确量刑"的运动,旨在缩小法院量刑时间与被告人实际服刑时间的差距。在制定精确量刑法之前,每位服刑人实际服刑时间往往不到法院量刑时间的一半。《1984 年联邦量刑改革法》通过废止假释、终结善行折减制及禁止法官缓期处刑,极大提高了联邦量刑幅度。1994 年,联邦政府向那些改变量刑法的州提供资金。截至 2001 年,超过三分之二的州接受了精确量刑法。

2003 年 4 月 10 日,美国国会通过《为终结今日儿童剥削之检察救济及其他工具法》。根据该法,创设了全美儿童拐骗通告系统及"琥珀警报"。在这部法案通过之前,众议院先期通过了《菲尼修正案》。尽管缺乏量刑委员会的参与, 该项修正案仍是国会就修订联邦量刑指南所作出的前所未有的大手笔。虽然《菲尼修正案》对象仅限于儿童色情文学与儿童不当性行为,但其从本质上开始改变着联邦量刑指南, 其后六个月内量刑委员会在此基础上作出更多修改。其结果却愈加偏离量刑指南本身,并且进一步削弱了法官的自由裁量权,与此同时,检察官在量刑上的控制权有所加强。在这场刑事司法体系各方博弈中, 被告人与法官无疑丧失了原有阵地, 而检察官则阔步前行。

美国刑法学家罗纳德·F·莱特指出,量刑准则适用上的责任落在法官而非检察官肩上,长此以往,量刑法的作用逐步显露出来:检察官在量刑相关权力此消彼长中占得先机,其职权较法官大。在他看来,这无异于赋予检察官超乎寻常的权力。也就是说,当法官面对与日俱增的量刑压力时,检察官获得越来越大的量刑建议权且并没有成文法对此有所规制。针对这一问题,美国检察学家安吉拉·戴维斯认为,有必要加强检察问责制。

(原载于 2015 年 2 月 10 日《检察日报》)

美国社区检察主动适应社区所需

张鸿巍 *

近些年来,社区司法于欧美蔚然成风。在其理念下,犯罪不只被视为需刑事追诉的不法行为,还被视为影响生活品质的社区问题。以犯罪事前预防为导向,社区司法已逐步发展为涵盖社区法院、社区检察、社区警务、社区缓刑、邻里守望相助等在内的一揽子犯罪预防体系。本文介绍一下美国的社区检察制度。

一、社区检察的概念与作用

美国检察学者伊莱恩·M·努金特认为检察官大体上扮演案件处理官、制裁二传手、问题解决者、机构建设者及战略投资者等五种角色。案件处理官角色侧重于以"个别化司法"实现最便捷的案件处理,制裁二传手角色则注重通过惩戒来实现威吓、报复和更生重建等惩罚目的,而问题解决者角色意在使用各种手段从根源上解决犯罪问题, 机构建设者角色致力于扶持那些因犯罪给社区带来不稳定影响的社会机构, 战略投资者角色则旨在弥补因增加或使用新刑罚而产生的问题。上述角色各有利弊,而社区检察作为美国检察角色之最新进展,意在引导检察官更积极、主动适应社区所需。

美国检察系统并非在真空中运作,其一举一动牵扯着社会各个层面,在打击犯罪、起诉案件等方面均须获得所在社区的广泛支持。在施行选举制的司法区,检察长还面临着再次竞选的压力。妥善处理与社会公众及社区的关系无论对于充分发挥检察职能, 还是对检察官个人的政治生涯都有举足轻

* 暨南大学少年及家事法研究中心教授、人文学院副院长,珠海特聘学者,美国 Sam Houston State University 刑事司法学博士,中国致公党中央法制委员会委员。

重的意义。

社区检察又称"社区导向检察",系指检察院通过加强与所在社区的联络,整合刑事司法及社会各方面力量来推动预防违法犯罪。美国刑法学家安东尼·V·艾法利认为,社区检察通过提供"公民与政府合作"和鼓励草根司法来推动公民社会发展;提升被害人、加害人与社区尊严。社区检察调配检察官及法律辅助人员于社区之中,评判社区居民公共安全关注点,通过与社区居民的合作,共同解决危及社区安全最急迫的隐患。

二、社区检察的溯源及发展

美国检察官研究所认为,近年来美国检察已发生一系列显著变化,改变了检察官的传统角色。其中,一项重要变革便是社区检察的兴起。社区检察起源现难以确切考证,但通常认为源于俄勒冈州波特兰市的"街坊地区检察官工作组"。1990 年,为应对该地区"生活品质犯罪"之频发可能危及经济发展和社会稳定,该州蒙诺玛郡地区检察院创设这一工作组。次年,纽约州金郡地区检察院及马里兰州蒙哥马利郡地区检察院亦予以仿效。社区检察出现于这一时期并不是偶然的,而是有着深刻的历史背景。彼时美国犯罪率正居高不下,客观上迫切需要应对犯罪的策略更具有灵活性,治标更治本。从某种意义上来说,社区检察乃社区警务的延伸,共同肩负着维护社区安宁秩序的重任。

尽管如此,美国社区检察的发展并不是一蹴而就的,而是渐进的过程:从最初的一两位检察官与社区互动到更积极主动参与社区活动,再到以社区检察理念统领检察院。据联邦司法统计局 2001 年的数据,近七成的地区检察院采用不同于传统刑事检察的社区检察方法来应对社区问题。2001 年起,美国检察官研究所与联邦司法部下属的司法援助局合作成立"社区检察全国中心"。该中心自成立伊始便担负起推广与促进社区检察的重任。社区检察的异军突起,无疑为美国检察改革和创新注入了一针强心剂。目前,越来越多的联邦派出检察院及地方检察院积极引入社区检察以促动社区司法联动和犯罪预防。

三、社区检察与传统检察的差异点

因其在犯罪预防的显见作用,社区检察被追捧者盛赞为"刑事司法的范式转换"及"打击犯罪的一场革命"。社区检察根生于对社区民众迫在眉睫的被害恐惧感的关切,而这些恐惧感不过是对轻微犯罪的恐慌罢了,但与社区生活紧密相关,因而更牵扯社区居民的神经。与追求定罪量刑的传统检察不同,社区检察与案件本身保持一定距离:通过从清理及维护公园到适用民事制裁打击扰民犯罪等途径来预防和减少犯罪。

一般来说,社区检察所针对的多为毒品犯罪、帮派暴力、未成年人违法犯罪、逃学、卖淫、住房及环境、房东与租户争执等"生活品质犯罪"。为实现社区的长治久安,社区检察官通过滋扰消减、无毒品与娼妓区、恢复性司法、社区法院、枪支减少计划、逃学消减及涂鸦清除等多种手段和形式施加影响,以改善周边安全。因而努金特等人认为,社区检察与传统检察最大差异在于前者将侧重点置于滋生犯罪的社会、环境或其他社区状况的调控上。

为尽力预防及发现犯罪,《全美检察准则》(第三版)提醒,"因检察官之工作与社区内的犯罪密不可分,检察官可通过人力扶持及支持既存之社区预防犯罪计划,这样可极大促进犯罪预防。不但如此,检察官还可向犯罪学家、城市规划人员及其他人员提供专业意见,以便后者在制定社区成长及发展计划中考量何种方式对吓阻犯罪最为有效。"准则第 2B1.4 条特别规定了社区检察,"检察长应注意学校官员、社区青年组织、社会服务部门、守望相助团队及其他类似组织与执法部门及检察院的合作"。该准则第 2B11.1 条规定,"检察官应对所有犯罪人可能被判处、作为缓刑条件转介或分流安置转介而来的社区项目了如指掌。"而第 2B11.2 条继而规定,"对所在社区需要但尚未提供诸如就业、教育、家庭谘商及毒品滥用谘商等服务的社区机构,检察长应鼓励这些机构提供类似服务。检察院应作为这类社区机构的公共信息来源。"该准则同时告诫,"如就业、成人教育、家庭谘商及毒品滥用谘商等基本社区服务并未提供或提供不足,检察官应考量进行相应投入使其得到发展或升级。作为当地首席执法官员,检察官参与此类计划和顾问委员会是很重要的。"

四、社区检察的要素

社区检察源于社区司法,而后者通常包括社区、问题解决、权力和责任下放、社区生活品质及公民参与等五项核心要素。显然,社区检察的要素亦受制于社区司法要素。

不过,对社区检察的具体构成要素,不同学者及机构从不同角度出发给予了略有差异的解读。如努金特等认为社区检察包含三个核心要素:积极参与社区内问题界定与解决方案的确定;检察官主导下的问题解决方式;着眼于非传统执法以及与警方、学校、企事业单位建立合作伙伴关系。全美地区检察官协会设立的社区检察全国中心主张,社区检察应当涵盖四个基本要素:确认社区于公共安全中的角色、致力于问题解决、建立并维系伙伴关系、评估活动成果。

正是对社区安全的不懈追求,美国检察机关在应对包括未成年人在内的犯罪嫌疑人和被告人时均严阵以待,力求客观公正。如在应对未成年人犯罪上,全美地方检察官协会特别告诫,"检察官身负追求正义之责,正如在成人检控中发挥的作用一样"。但与此同时,该协会亦提醒,对未成年人利益及需求的进一步特殊关注,需要"通过对未成年人的劝诫、赔偿或更广泛的改造努力和制裁阻止其进一步实施犯罪活动,从而提高社区安全和福祉"。这警示社区检察在维系特定群体特殊利益的同时,亦须客观上全面考虑来自被害人与社区对打击和预防犯罪以及防卫社会之需,不宜偏颇。

无论怎样确认社区检察要素外延,检察院与所在社区联系的加强是重中之重,各地检察院因地制宜,纷纷研拟和践行社区检察。一些地方检察院在没收财产后,会将全部或一部分作为社区服务基金或用于公益事业;亦有地方检察院则直接将其作为检察院日常开支。前者如马萨诸塞州萨福克郡地区检察院专设"没收财产再投资计划",该计划自1992年起向该郡青少年团体提供资助,使其远离毒品。马萨诸塞州法律允许,在地区检察院司法辖区内,最多可将在毒品犯罪侦查期间每年没收款物的一成用于社区非营利团体。

(原载于 2015 年 3 月 10 日《检察日报》)

犯罪防控与儿童福利：
美国未成年人检察新进展

张鸿巍 *

在美国，受"国家亲权"理念与"儿童最佳利益"原则影响，未成年人检察在犯罪防控与儿童福利等领域的作用日益突出。

到二十世纪六七十年代，联邦最高法院通过肯特诉合众国、戈尔特案及温士普案等系列判例，陆续确认了未成年被告人有律师辩护权等重要诉讼权利，由此确定了美国检察官在少年司法中的地位与作用。通过检察官与律师在法庭上的抗辩诉讼，未成年被告人的相关宪法性诉讼权利才得以伸张和实现，这亦被视为美国少年司法刑事化或成人化之始。这些案件背后，美国检察官在少年司法中的身影随处可见，且出现的频率愈来愈高。

上个世纪八十年代中期至九十年代中期，美国犯罪率扶摇直上，其中，未成年人参与的严重刑事案件也是层出不穷。受此影响，美国未成年人检察在理念上常常面临着在犯罪防控与儿童福利冲突之间进退维谷的两难境地，尽管很多时候两者并非水火不容。鉴于检察官身负代表国家检控犯罪及防卫社会的主要职责，美国未成年人检察愈加重视确保社区及被害人的安全及福利。

联邦司法部（联邦检察总署）不能直接对州总检察院指手画脚，事实上前者对后者也没有任何实质上的领导权。不过，联邦司法部仍可通过其少年司法与未成年人犯罪预防署向州及地方提供资金，鼓励其探寻实现公正司法之途径及方式。基于手头现有资金之窘困，加之打击犯罪之迫切，州总检察院往往对此类形式的赠款持坦然接受的态度。以得克萨斯州总检察院为例，该院刑事侦查局网络犯罪处从联邦司法部少年司法与未成年人犯罪预

* 暨南大学少年及家事法研究中心教授、人文学院副院长，珠海特聘学者，美国 Sam Houston State University 刑事司法学博士，中国致公党中央法制委员会委员。

防署获得赠款,以应对该州未成年人网络犯罪。通过这种形式,联邦司法部变相实现了对州总检察院的间接影响。

不同于将案件随诉讼进程传递给不同检察官的传统流水作业型检察,垂直检察异军突起,要求办案检察官或团队根据案件性质从接案到量刑自始至终独立办理。以华盛顿州西雅图市处理未成年人案件之"西雅图检控持枪未成年人有效策略"为例,在垂直检察体制下,该地检察官通常需对所有的刑事程序亲力亲为,包括从警方首次侦查、建档立案、提审拘留、审前听证、有罪答辩、裁判听审到安置听审等阶段。

因案件积压、诉讼期限、人员素质等现实压力,辩诉交易亦不断为美国少年司法所援用。与成年涉案人相仿,涉案少年亦可通过承认检察官呈请状中的指控,来换取较之其后正式听审败诉为轻的处分。这是辩诉交易在少年司法领域中的具体运用,在许多司法区被认为具有可有效减少少年法院案件积压的作用。尽管法院会确认涉案少年知悉其有权要求裁判听审、认罪出于自愿并且理解辩诉交易的内容及后果,但在追求案件速战速决的前提下,"国家亲权"理念有时会在未成年人辩诉交易中被有意无意地忽视了。

随着未成年人心理、生理成熟年龄的提前,未成年人犯罪数量居高不下且类型错综复杂,这同样给处理未成年人案件的检察官在分流问题上提出了新的挑战。因具体计划实施重点及阶段差异,检察官在未成年人分流问题上所起的作用不尽相同,但毋庸置疑都发挥着重要作用。一些郡级地区检察院或市级检察院与同一司法区内的法院、警察局、缓刑局及学校合作,共同组建形式多样的未成年人分流计划。在这些计划中,地区检察院会委派专人负责与当地相关部门进行商洽,通力合作,共同面对并解决辖区内未成年人违法及轻微犯罪问题。但亦有为数不少的地区检察院依法单设有未成年人分流计划,并依其检察职能作出相应的分流裁量。如《明尼苏达法令》明确要求,"每位郡检察长都应为犯罪人建立一个审前分流计划"。该条进一步要求这些计划在设计及运作中必须满足下列目标:向适格犯罪人提供裁判听审的替代措施,强调恢复性司法;减少少年法院及少年司法的成本及案件压力;减少被分流少年的累犯率;推动被害人获得赔偿;为少年司法体系向适格犯罪人开发可靠的替代选项。

针对未成年犯罪人的生理及心理特质，州总检察院及经济发达或人口众多的郡市级检察院大都设有未成年人刑事调查机构。以得克萨斯州总检察院为例，该院专设有刑事侦查局，由具有"治安官"任职资格的侦查员与犯罪分析师组成，进行广泛的犯罪侦查活动，以支持调查、拘留与起诉工作。

未成年人检察与青春成长有关，当臆想中的无儿童被害社区渐行渐远，美国未成年人检察挟裹着儿童福利成为了现实，自然加强了对未成年人特别是缺乏亲情关爱之儿童的同情和怜爱。如作为该州的官方儿童抚养执行机构，得克萨斯州总检察院设有儿童抚养处，提供寻找缺席父母、确立亲子关系、确立并强制子女抚养令、确立并强制医疗支持令、审查与调整子女抚养费及收集并分发子女抚养费等服务。而《得克萨斯州刑事诉讼法典》亦规定，若地区检察官或县检察官从被法院判决需支付子女抚养费的人处收到现金，其应将这笔钱汇至有关机构。

透过隐约模糊的时光窥探，美国未成年人检察并非一路高歌猛进，亦是时常跌跌撞撞。瞬时醒悟，原来美国未成年人检察的客观与真实便是峰回路转和与时俱进，于点点滴滴之间流淌对未成年人细腻的关爱，也流淌着社会防卫浓重的呵护。

（原载于 2016 年 5 月 10 日《检察日报》）

美国检察官是辩诉交易的主导者

卞建林 *　谢 澍 **

"辩诉交易",指处于控告方的检察官与处于被告方的辩护律师进行会商和谈判,以撤销指控、降格控诉或要求法官从轻判处刑罚等为条件,换取被告人作"认罪"答辩或满足控诉方其他要求。如果交易成功,达成协议,经法官审查被告人系出于自愿,协议内容合法,便加以采纳,直接对被告人定罪判刑,不再进行开庭审理。辩诉交易在美国的兴起,最早可追溯至 19 世纪,但直到 1970 年的"布拉迪诉美国"案,这一制度才由美国最高法院以判例的形式正式确立,遂在美国刑事司法中得到广泛采用。时至今日,在美国联邦及各州的犯罪案件中,均有超过 90% 以上的案件通过辩诉交易解决,使辩诉交易成为美国对刑事案件进行"审判前解决"的重要内容。其中,检察官所扮演的角色举足轻重,是辩诉交易程序推进的主导者。

一、检察官主导辩诉交易的制度基础

美国实行典型的当事人主义诉讼制度,检察官作为政府或社会公益的代表追诉犯罪,在诉讼中的地位是处于控诉方的当事人。检察官所作出的起诉、不起诉决定尽管具有终结诉讼的效力,但其性质不是作为司法机关对案件实体问题作出的司法性裁判,而只是一种当事人的处分。

与大陆法系实行职权主义诉讼模式的国家相比,美国在追诉犯罪的问题上一贯不实行严格的起诉法定主义,甚至谈不上是"以起诉法定主义为主、兼采起诉便宜主义"。在美国,检察官在决定是否对被告人提起刑事指控时,享有相当程度的自由裁量权。检察机关可以根据一定时期内刑事政策的

* 中国政法大学诉讼法学研究院院长、教授,中国刑事诉讼法学研究会会长。
** 中国政法大学刑事司法学院研究生,曾在《环球法律评论》《法令月刊》(台湾)等期刊发表论文十余篇。

要求或者与犯罪作斗争的实际需要,决定对犯罪人不予起诉或降格起诉。其他实行起诉便宜主义的国家大都以微罪不处分为限度, 而美国的检察机关在行使自由裁量权时,却可以不受这种条框的限制,从而反映出美国关于追诉犯罪的刑事政策中所具有的现实主义和功利主义的色彩。易言之,辩诉交易在美国赖以生存的基础在于:其一,只要被告人本人认罪服法,法官就可以不经审理而径行判决。这在其他强调对被告人定罪量刑必须经过法庭调查事实、核实证据的国家中是难以实现的;其二,检察机关在决定是否对罪犯提出控诉上享有很大的自主权。倘若检察官不具有撤销控诉或降格控诉的权力,符合起诉条件的就必须起诉并且要将诉讼进行到底的话,检察官就没有条件去和被告人作"交易",也没有筹码去换取被告人心甘情愿地作"有罪答辩"。

检察官在美国刑事司法体系中的独特地位, 决定了美国检察官拥有自由裁量权,即所谓"在可能采取或不采取行动的过程中作出选择"的自由。用美国学者雅各比的话来说,这是"过去三百五十年来形成美国司法制度的那些法律上、社会上和政治上发展的、自然的和逻辑的结果"。

与其他国家的检察官不同,美国的检察官实际上是法国的公诉人、荷兰的司法行政官、英国的检察长等各种职位的混合物,是美国历史发展中众多因素和影响的综合反映。有学者曾指出,现代美国检察官与欧洲类似制度之间有三个重大区别:第一,法国的公诉人、英国的检察长和荷兰的司法行政官都参与刑事追诉, 但都不像美国的检察官那样是特定的司法管辖区中真正的、主要的执法官员;第二,上述这三种官员基本上都是全国性的中央政府工作人员,其权力是由其他官员授予的,而美国的检察官则是地方政府官员,很少或者没有来自其他各级政府的监督;第三,上述这三种官员都是被任命的,要根据任命者的意志行事,而美国的检察官通常是选举产生的,对自己的选民负责。概括地说,美国检察官的权力来自两个基本要素:第一,作为地方官员可以自由地把法律适用于所在辖区。第二, 作为选举产生的官员,宪法或州的法令赋予他广泛的自由裁量权,只要他认为能最好地为他的选民服务,他的决定实际上就是不能被推翻的。这样,美国检察官可以像法国的公诉人一样，选择提起他认为有必要的公诉；可以像英国的检察长一样，决定终止诉讼，通知法院国家不愿继续诉讼。

美国检察官的自由裁量权也在司法实践中得到承认和加强。自 1883 年"人民诉瓦巴什、圣路易和太平洋铁路"案以来，一系列著名判例几乎一致肯定检察官在刑事司法方面所享有的这种独占的和不受监督的权力，并进一步扩大到以下几方面：检察官有权决定他将调查哪些罪行和在什么情况下进行调查；检察官有权对被告人提出一项比证据所能证明的罪行更轻的指控。当然，在可能影响检察官指控和辩诉交易裁量权的因素方面，美国各司法区之间不尽相同。尤其是联邦检察官与州检察官相比，尽管存在共同的特征，但在其自由裁量权的行使与限制上有着鲜明差异。

二、检察官进行辩诉交易的行为动机

在美国，辩诉交易兴起的原因和检察官热衷进行辩诉交易的动机是人们关切的话题。美国学者费希尔指出，辩诉交易之所以"取胜"，很大程度上是因为这一制度符合当权者的利益，"辩诉交易与司法或社会系统完美契合，部分原因在于它符合正式立法所设定的目标：它增加了检察官的定罪率，减少了被撤销的法官裁判，同时也省去了仔细检查'陪审团合意室的黑箱'之程序"。作为辩诉交易的主导者，检察官的利益自然是这一制度兴起的重要因素之一。费希尔在其著述中，以 19 世纪的马萨诸塞州米德尔赛克斯郡为样本，分析了检察官在辩诉交易兴起之初，推进这一制度的三大行为动机。

其一，案件数量上升带来压力。伴随着人口增长而带来的犯罪数量陡增，导致案件数量大爆炸。而当时的马萨诸塞州检察官，与大多数 19 世纪美国的联邦检察官一样，是兼职的，同时从事着多份工作。许多地区检察官为了继续从事赚钱的工作，而选择仓促完成刑事案件，毕竟迅速办理案件意味着可以腾出更多时间获取额外收入。尽管有学者质疑案件数量上升带来的压力并未直接促使检察官进行辩诉交易，但至少这是变现出来的助推因素之一，在很长一段时间内被辩诉交易的功能分析者所推崇。

其二，降低胜诉难度，提高有罪裁决率。每位检察官都渴望自己显得与其

他同行一样成功,尤其是当地区检察官变为由选举产生之后,这一愿望变得更加强烈。而检察官向立法机关提交的年度报告中,很少区分经审判取得的胜诉与通过辩诉交易获得的定罪。亦即,任何形式的有罪答辩都会被计为有罪裁决,当检察官在选举者面前接受连任选举时,其工作成效就取决于有罪裁决与无罪释放的比例,即使这些"有罪裁决"实际上来自各种形式的妥协。

其三,制约法官量刑裁量权的权力。上述两种动机,并不能解释为何辩诉交易最早在禁酒案件与谋杀案件中出现,并共同占据了 19 世纪前三分之二时间中马萨诸塞州法院所发生的绝大部分明示辩诉交易。事实上,在每一种犯罪中,立法机关规定的法定最低刑赋予检察官进行指控交易的权力。检察官可以行使在禁酒案件中减少指控数量(节省被告人金钱)或在谋杀案件中降低指控严重程度(保住被告人性命)的权力,从而作为向被告人承诺让步的筹码,以换取有罪答辩。因此,只有当刑罚制度允许检察官以操纵指控的方式影响量刑时,检察官才有足够的让步空间产生辩诉交易。

三、检察官的有罪答辩诱导及其限度

辩诉交易的常见形式,是控方以减少指控、降格指控或减刑建议等作为条件换取被告人作有罪答辩。一旦被告人对指控答辩有罪,便意味着放弃了反对自我归罪的权利,放弃了由陪审团进行审判并与控方质证等关于公正审判的宪法性保障,从而可以省略正式的法庭审理,可以由法官迳行定罪科刑。因此,辩诉交易的核心是被告人认罪。被告人认罪既是控辩双方谈判、协议的目标和结果,也是审判程序简化的前提和基础。从表面上看,被告人因与控诉方进行交易作出有罪答辩,从而丧失了《宪法》所提供的一系列权利保障,在宣扬正当法律程序的美国,这引起了人们对被告人权益保障不力的普遍担心。美国联邦最高法院因应这种情绪,通过一系列判例逐步确立了关于辩诉交易对被告人有罪答辩进行审查判断的缜密机制,即通过对答辩自愿性的审查、对答辩能力的判断、对是否理解指控的判断、对被告人是否理解有罪答辩可能产生后果的判断、对被告人是否理解自己放弃之权利的判断、对答辩之事实性基础的判断,来保障被告人有罪答辩的自愿性(voluntary)、明智性(intelligent)和明知性(knowingly)。

　　为了换取被告人认罪,检察官在辩诉交易中往往采用一些技巧或进行一些诱导。但并非所有形式的有罪答辩诱导都是被允许的。在"布拉迪诉美国"案中,联邦最高法院也只是认同检察官允诺被告人如就指控的罪名中的一个较轻罪名进行有罪答辩、可放弃其他指控的做法。但同时指出,如果被告人的有罪答辩是检察官通过威胁、误导或本质上与检察官职业无正当关系的承诺等方式诱导而作出的话,该有罪答辩就不能成立。

　　此外,作为一项宪法性事项或至少作为一项政策性事项,检察官在辩诉交易中是否负有证据开示义务? 一项有效的有罪答辩必须是在被告人了解"任何义务所具有的真实价值"之情况下作出的,因此检察官在辩诉交易中应当进行有关证据的展示,以使有罪答辩的作出具有"明智性"。对被告人来说,对庭审所可能产生的结果进行有效预测,需要建立在有罪答辩前的信息展示之上,就此而言,检察官不应将隐藏或掩饰信息作为交易技巧。检察官应当允许被告人在交易中扮演一个更具主体性的角色,实现受迫和误解最小化,推动辩诉交易的公开化,从而提升辩诉交易的公正性。

　　　　　　　　　　　　(原载于 2016 年 5 月 24 日《检察日报》第三版)

"双头"领导体制下的
加拿大联邦检察院

杨先德*

加拿大是联邦制、议会制民主国家,在法律体系上属于英美法系,其检察制度在 2006 年前后经历了一场比较大的变革。本文主要介绍这次改革之后的加拿大联邦检察制度。

一、"双头"领导的联邦检察院的建立

在 2006 年 12 月之前,加拿大联邦检察职能由隶属于司法部的联邦检察处行使,该处向司法部长(兼总检察长)负责。司法部长是内阁成员,受总理领导,向议会负责。英美法系中的"检察(公诉)独立"原则是在这种议会内阁制体系下运作的,但在这种体系下存在着检察权受行政或政党干预的可能性。2006 年保守党组阁,时任新总理哈珀致力于政府改革,推动颁布《联邦问责法》,其中检察改革是改革计划的重要内容。按照改革计划,一个独立行使职权、免受不正当干预的检察机关对于构建透明、廉洁的政府至关重要。加拿大在充分借鉴英国、澳大利亚、新西兰和魁北克等加拿大自治省的经验基础上,颁布了《检察长法》,建立了独立于司法部的联邦检察院。联邦检察院由检察长领导。但是联邦检察院与司法部、总检察长仍然保持一定程度的联系。主要表现在三个方面:

一是联邦检察院检察长在总检察长授权下行使权力,向总检察长负责。总检察长仍然是宪法意义上的政府首席法律官,享有检察权,只不过通过《检察长法》把权力授权给了检察长,检察长在授权范围内代表总检察长行权,检察长被视为联邦副总检察长。总检察长就检察长的履职情况向议会负责。

二是检察长经总检察长推荐,由加拿大总督任命。检察长推荐人选的产

* 北京市人民检察院干部,中国政法大学法学硕士、德国汉堡大学法学硕士,译著《跨国视角下的检察官》。

生要经过比较复杂的程序。按照《检察长法》,总检察长要建立一个检察长选拔委员会,该委员会由 5 名成员组成,包括加拿大法律学会联合会、下议院、总检察长各自指定的一名成员以及一名司法部副部长和一名公共安全部副部长。总检察长向选拔委员会提供一个不少于 10 人的候选人名单,每个候选人必须具备 10 年以上法律资格。选拔委员会通过评估,向总检察长提出 3 名候选人名单。总检察长从 3 名候选人中挑选出一名他认为最适合担任检察长的人选,提交给议会成立的专门委员会,由这个议会专门委员会决定是否批准该人选。如果专门委员会批准了总检察长的人选,则由总检察长将人选提交给加拿大总督进行正式任命,如果专门委员会未批准该人选,则总检察长提名新人选。检察长可以由加拿大总督根据下议院的决议进行免职。从任免程序看,法律在总检察长对检察长的影响力和检察长的独立性之间做了平衡,总检察长有提名推荐权,但是在程序上进行了较大的限制,尤其是提名和免职都需要议会的批准。

三是联邦检察院与司法部保持工作上的密切合作关系。检察机关不再是司法部的内设机构,两者不再存在领导和被领导的关系,姑且不说总检察长兼任司法部长,两者其实仍然保持重要的合作关系。联邦检察院就人权法、宪法、土著法等领域的问题向司法部寻求咨询。检察机关依靠司法部解决一些内部行政管理问题,例如工资待遇、图书馆、公务接待等问题。双方在这些方面签订了合作备忘录。

从上述情况看,加拿大联邦检察机关事实上是一种"双头"领导体制。刑事司法体制改革试图强化检察机关的独立性,但是传统的宪政权力结构并没有完全打破,只不过通过立法,尤其是独立机构的设立和授权原则,强化了独立行使检察权的基本原则。

二、联邦检察院运行概况

就职能而言,联邦检察院是一个比较纯粹的公诉机关,主要承担公诉职能。联邦检察院对侦查机关没有领导权和指挥权,只能应要求向侦查机关提供建议和咨询。检察官对侦查的提前介入主要是为了确保侦查机关的侦查活动和证据收集符合相关法律和证据要求。

就刑事犯罪的管辖权而言,在联邦体制下,联邦检察院主要办理联邦犯罪案件,即联邦法律(包括普通法和制定法)规定的犯罪案件。按照加拿大《宪法》,联邦议会对刑事司法具有广泛管辖权,联邦检察机关管辖的案件也十分广泛,处理的主要案件类型包括毒品、国家安全、恐怖主义、经济、金融、食品、卫生、税务、环境、腐败、选举等领域的各种犯罪。在形式上,检察长在处理这些案件时是代表总检察长行使职权的。但是按照加拿大法律规定,联邦检察院对《加拿大选举法》规定的犯罪享有管辖权,而且在选举类刑事案件中,检察长并不对总检察长负责,后者也没有对前者的指令权。因此,从这一点说,联邦检察院又是一个相当独立的机构,承担着特殊的权力平衡职能。

就组织结构而言,加拿大联邦检察院维持着多层级一体化的组织结构,分为中央检察机关、11 个区域检察机关和 7 个地区检察机关,地区检察机关隶属于区域检察机关,每个区域检察机关由首席联邦检察官领导。与很多国家的检察机关一样,在内设机构上,加拿大检察机关在检察业务办理、行政管理、内部监督审计上进行了职能区分和机构分设。

目前,加拿大联邦检察机关有全职职员约 900 名,其中有 500 名检察官,此外联邦检察机关还维持着一个 810 人的私人律师队伍,这些私人律师可以受检察机关委托代理公诉业务。根据联邦检察院 2014 年至 2015 年度工作报告显示,近 4 年来,加拿大联邦检察机关年均新收案件量近 5 万件,再加上 3 万左右的旧案,年均办案量在 8 万件左右,其中 5 万件左右都是简单案件,剩下 3 万件左右为中等或高复杂程度的案件。对于中等以上复杂程度的案件,大约有超过 60%的案件以有罪答辩的形式结案。

三、检察长的告知义务和报告义务

一般情况下,总检察长不干预检察机关日常事务,但因为总检察长要就检察机关履职情况向议会负责,他对检察机关履职有知情权、监督权和一定程度的干预权。监督权和干预权行使都是建立在检察机关向总检察长通报执法信息之上的,因此按照法律规定,检察长就履职情况对总检察长负有告知义务,但并不是任何履职信息都需要告知总检察长。按照《检察长法》第13条规定,在检察长准备实施的追诉或干预活动(对自治省检察事务的干预)中,如果涉及重要的一般利益问题,检察长必须及时将相关情况告知总检察长。《加拿大检察机关手册》对"重要的一般利益问题"进行了界定,主要包括引发公众对司法的信心的担忧的案件、国家安全犯罪、战争罪、反人类罪、种族灭绝罪、涉及加拿大土著权益、影响全国的环境、金融诈骗案件、涉及宪法争议的案件以及涉及国际因素的案件等。可见,检察长的告知义务还是相当宽泛的。但是告知义务不适用于联邦检察院依据《引渡法》《刑事司法互助法》和加拿大《选举法》实施的诉讼活动。也就是说,检察长对这几类案件的处理并不需要告知总检察长。就告知时间而言,《检察长法》要求检察长负有"及时"告知义务,所谓"及时"就是要给总检察长足够的时间和机会就相关问题作出回应。告知可以在提起公诉前、中止公诉中、作出上诉或干预决定前等任何阶段进行。就告知形式而言,一般情况下由区域检察机关的检察官起草一个备忘录,区域检察机关的首席联邦检察官批准,联邦检察院检察长签发,然后由联邦检察院的"部长和外部关系部门"送达总检察长办公室。

根据《检察长法》第16条规定,检察长每年要向总检察长提交上一年度工作报告,报告主要内容是检察机关上一年度的履职情况,但不包括联邦检察院依据《加拿大选举法》的履职情况。总检察长在收到联邦检察院的年度报告后将报告提交给议会。

四、总检察长的指令权、案件介入权和案件接管权

总检察长在检察长告知的信息基础上,享有对检察长的指令权和特殊案件的介入权和接管权。根据《检察长法》第10条规定,总检察长对检察长行使检察权享有指令权。指令主要分为两种,一般性指令和个案指令。一般性指令是指总检察长就检察权的行使发布一般性的指导性政策。一般性指令必须以书面形式作出,并在《加拿大公报》上发布。例如,2015 年 6 月,总

检察长就恐怖主义犯罪的追诉工作向检察长发出了包含四项内容的一般性指令。个案指令是指总检察长就具体个案的追诉活动向检察长发布个别指令。总检察长行使个案指令权必须先咨询检察长，指令也应该以书面形式作出，并在《加拿大公报》上发布。但是如果总检察长或检察长认为个案指令的公布不利于维护司法利益，可以在追诉活动结束后再正式公布指令。

总检察长的指令权，尤其是个案指令权的行使必须十分慎重，过度介入将会违反检察权独立行使原则，检察长对个案的干预必须限定在一定范围内，这往往发生在总检察长和检察长在重要的个案处理上存在争议时。按照《检察长法》第 14 条规定，如果总检察长认为正在进行的诉讼涉及公共利益问题，总检察长在通知检察长后，可以介入一审或上诉活动。总检察长依据这一条介入个案，往往以个案指令的形式介入。介入个案要遵循书面、公开原则，这旨在避免总检察长过度干预检察长和检察官办案。

依据《检察长法》第 15 条规定，总检察长也可以在咨询检察长后，直接接管检察长正在实施的诉讼活动。总检察长决定接管案件后，必须告知检察长并毫不迟延地将接管的情况在《加拿大公报》上发布，但总检察长认为为了维护司法利益，也可以推迟发布接管信息。检察长必须按照总检察长的要求移交案卷并提供总检察长需要的任何信息。加拿大《检察长法》第 15 条表明，总检察长仍然保留着对刑事追诉活动的管辖权，保留最后的干预权，以确保检察决定符合公共利益。

五、"双头"领导体制下的检察官

加拿大检察权运行是一个通过层层授权形成的科层制体制。总检察长授权联邦检察院检察长行使职权，检察长授权副检察长和检察官行使职权，最终对检察官而言，他是代表检察长履行职权。检察官不是法官，法官的唯一上级是法律。以一个区域检察机关的检察官为例，他至少有区域首席联邦检察官、联邦检察院副检察长、检察长、总检察长等多重上级。这种带有明显科层制特征的检察权领导体系是否与检察权独立行使原则相冲突？检察权独立是否意味着检察官独立？

　　依据加拿大检察理论,检察官是作为检察长的代理人行使检察权的,行使的是检察长授予的职权。因此,检察官在日常决策中的独立性主要体现的是一种"授权独立"。检察官行使职权的独立性体现的是一种制度性或者说机构性的独立,不是检察官个人独立,最终的目标是为了维护整个检察机关的独立。因此,对于一个地区检察官来说,他有义务按照总检察长或检察长签发的指引指令来履职,同时又受地区首席检察官的领导,而地区首席联邦检察官是向检察长、总检察长负责的。在授权制度下,检察官对案件的处理是享有一定的自由裁量权的,因此检察官也必须对其在自由裁量权范围内作出的决定负责。检察官在行使职权时除了要遵循法律、上级抽象性的规范指引和个案指令外,在日常决策中还需要咨询同事、上级甚至获得上级的批准,因为他个人只是整个检察权责任链条上的一环。

　　加拿大新的联邦检察体制是一个比较特殊的体制,可以看出,它是政治考量、法治原则和传统力量平衡的结果,这种平衡是为了强化检察独立,维护政治稳定和法制统一。

(原载于 2016 年 6 月 14 日《检察日报》)

巴西赋予检察机关提起公益诉讼职能

肖建华 *

在世界各国的民事检察监督制度中,巴西的检察监督制度独树一帜。对于巴西检察机关在公益诉讼制度中发挥的作用,在两大法系学者中都有广泛的讨论。同属大陆法系又都处于发展中国家的巴西,其检察机关在公益诉讼中的经验对我们有一定的借鉴意义。

一、巴西公益诉讼的系列立法

在法律传统上,巴西法律多继受了葡萄牙统治时期的法律体系。巴西检察机关职能的转变是伴随着一系列公益诉讼法律的出台而逐步建立和完善的。这些法律包括程序法、实体法以及宪法等。

巴西学者对于巴西公益诉讼制度的建立影响很大。学者们于上世纪 70 年代末首先倡导制定一部程序法, 并用司法方式解决涉及分散性权益和集体性权益的纠纷。1985 年巴西通过了重要的《公共民事诉讼法》,该法授权检察机关、其他政府机构和社会团体在公共利益遭受侵害时可以提起公共民事诉讼。《公共民事诉讼法》借鉴了美国的集团诉讼制度,是巴西民事诉讼法领域的重要突破,也是巴西公益诉讼最主要的程序法。1988 年通过的《巴西联邦宪法》又进一步加强了检察机关作为社会利益维护者的新角色。《巴西联邦宪法》第 127 条对检察机关的规定很有特色,它规定检察机关是"永久性机构,在维护法律秩序、民主体制以及社会和个人不可或缺利益的国家司法功能中起核心作用"。宪法的规定使检察机关实质上独立于传统上国家权力的三个分支,并且将检察机关保护公共利益的职权提到了宪法的层面,主要职权包括"保护公共和社会遗产、环境和其他分散性和集体性权益,展开民事调查和提起公共民事诉讼"。

---

* 中国政法大学诉讼法学研究院教授。

公益诉讼制度在 1990 年《消费者保护法典》得到了进一步完善。该法对《公共民事诉讼法》进行了重要补充,将所有分散性权益、集体性权益和分享性个体权益全部都纳入司法手段保护之下。分散性权益是指那些由不确定或无法确定的人群所享有的权益,如对城市中的空气质量所享有的权益。集体性权益是指由特定群体、类别或集团的成员所享有的权益,如对特定少数种族部落土地的保护。分享性个体权益是指由可区分的群体享有,并且可以向受侵害者个体进行补偿救济的权益, 如质量有瑕疵的汽车购买人所享有的赔偿权利。另外,巴西 1989 年出台的关于证券市场上对投资者损害赔偿责任的法律、1990 年出台的《保护青少年儿童法》,2000 年出台的《反垄断法》以及 2003 年出台的《老年人法》,都规定了如何通过公共民事诉讼来保护这些领域内的社会利益, 而检察机关均有资格以当事人地位提起上述公益诉讼。

上述法律构成了巴西独特的公益诉讼法律体系。巴西因此成为大陆法系国家中唯一引入美国式集团诉讼制度的国家,并且成功地进行了本土化改造,设计并发展出了独具特色、十分完善的公益诉讼制度。

二、检察机关在公益诉讼中的监督方式

从历史上看,巴西检察机关的职能与传统上大陆法系国家检察机关的职能并无太大的不同,主要是刑事公诉职能,其在民事诉讼中的参与范围较窄,一般只局限于几类当事人无能力保护自己权益的案件和少数涉及国家利益的案件,如未成年人以及无民事行为能力人案件等。只是到上世纪 80 年代开始的法律改革,才改变了检察机关在民事诉讼中的职能,赋予检察机关提起公共民事诉讼的权力,使检察机关成为公共利益和社会利益的守护者。

巴西检察机关根据其维护公共利益的宪法地位, 对于涉及公共利益的案件赋予检察机关监督权。检察机关不仅通过其司法起诉职能,而且在更多的情况下主要是以法庭以外的机制,譬如民事调查、行为整改承诺等方式维护公共利益。这些方式互相衔接又互相配合,为检察机关提供了比较完整的监督措施。

（一）民事调查

1988 年《巴西联邦宪法》第 129 条第 3 款规定了检察机关民事调查权。民事调查的目的主要是确定侵犯公共权益的事实，认定损害的范围和严重程度，明确应当承担责任的主体，重点在于收集可能提起公共民事诉讼所必需的证据材料，但启动民事调查程序并非提起公共民事诉讼的必经程序。民事调查可分为两类，一类是正式的民事调查，另一类是预备性调查，后者的目的是为了确定是否需要展开正式的民事调查。检察机关在调查时，有权要求有关私人或公共机构提供相关信息资料和文件，被调查的个人和机构不得拒绝。如果被调查对象拒绝提供相关资料或不配合检察机关的调查，情节严重时会面临刑事制裁。

检察官在收到民众的投诉或其他政府部门的报告时，可以展开民事调查。因为每个区域都驻有检察官办公室，因此公民的投诉很方便，检察官也能够对投诉作出较快的反应，尤其是在中小乡镇。检察官也可以根据自行收集到的信息展开调查。一项调查立案后，检察官要会见投诉人、可能的被告人以及其他利害关系人或知情人并收集证据。民事调查通常有三种处理结果：一是因缺少损害的证据而结束调查；二是依据收集的证据提起公共民事诉讼；三是调查过程中达成和解，并签署正式的和解协议。需要指出的是，如果民事调查后得出的结论是被指控的侵害行为不具备提起公共民事诉讼的条件，只有检察机关的成员才能提出结束调查的建议，该建议应当上报至检察机关更高一级的管理委员会即公共起诉部门高级委员会，并由该委员会批准该建议。如果高级委员会没有批准，调查材料将被退回到公共起诉部门并由新的检察官继续调查直至作出新的处理意见。

（二）行为整改承诺

在调查过程中，经常会涉及到检察机关和被调查人的谈判和解，双方达成的正式协议称为"行为整改承诺"。行为整改承诺也可以在公共民事诉讼进行的过程中达成，无论原告方是检察机关还是其他公益团体均可。行为整改承诺一般要解决侵害一方需要采取的补救措施，以及合适的金钱赔偿方案等。行为整改承诺是实践中解决公益侵权案件非常经济有效的手段，但对于其效力问题则有争论。很显然，行为整改承诺并不意味着允许检察机关可以放弃诉权，因为这些权利属于整个社会所有。当然行为整改承诺并非完全没有法律效力，否则该机制就完全失效了。

概而言之，该承诺有以下四个方面的效力：确定了承诺方履行整改行为的义务；形成了法庭外的执行依据；中止行政处理程序；承诺的整改行为履行完毕后结束调查程序。行为整改承诺是高效有力的工具，可以避免冗长的和不必要的法庭诉讼，因此被检察机关广泛使用，尤其是当检察机关的民事调查已经显示出提起公共民事诉讼的合理性时。

如果承诺方不履行协议，检察机关可以申请法院强制执行。强制执行的案件几乎都会得到法院的支持，因为行为整改承诺表明被申请执行人承认造成了损害并且接受了协议的条款。检察机关以行为整改承诺结案的案件要超过通过诉讼解决的案件。例如，在消费者权益保护领域，估计90%至95%的案件是通过行为整改承诺解决的，真正通过诉讼解决的只占5%至8%左右。

（三）提起诉讼

巴西检察机关在提起公共民事诉讼时首先必须确定所指控损害的类别以及应当负责的当事人。检察官在起诉中可以针对已经造成的损害，也可以针对潜在的损害。如果损害已经发生，法院可以命令侵害人赔偿，赔偿款交给国家设立的相关基金，或者命令侵害人采取一定的补救措施或发出禁令禁止做出某种行为。如果被告的行为有造成侵害的危险并且情况紧急，检察官可以在法院作出最终判决前请求法院采取保全措施，命令被告采取或者不得继续某种行为。检察官申请保全措施必须证明案件有充足的法律依据，并且证明所要保护的公共利益将受到不可弥补的损害，如果不采取保全措施则提起该公共民事诉讼的目的可能落空。

尽管其他政府部门和社会组织依据有关立法也有资格提起公共民事诉讼，但检察机关提起的公共民事诉讼占到90%以上。公民个人和公益组织也有权提起公共民事诉讼，但他们更多的是选择向检察机关提供信息或者投诉。以环境公益诉讼为例，行政机关和民间环保组织按照法律的规定都有提起环境公益诉讼的资格,检察机关也可以刑事起诉环境犯罪,但实践中检察机关提起的民事环境公益诉讼起着最为主要的作用。

（四）参与诉讼

检察机关提起的公益诉讼案件占大多数,由公益团体或者公民个人提起的案件占少数。在这些案件中,检察机关仍然起着重要的作用,主要体现在登记备案制度和检察机关的参与诉讼制度。前者是指其他团体提起公益诉讼时原告应当向检察机关备案,后者是指检察机关作为法律监督者介入他人已经提起的公益诉讼中。

根据巴西《公共民事诉讼法》第 82 条,检察机关在民事诉讼中的首要职责就是法律监督,在检察机关作为当事人起诉的案件中,检察机关其实也同时具有法律监督者的身份。检察机关参加诉讼本身就与法律监督职能连在一起。

三、检察机关在公益诉讼中成功的主要因素

在过去 30 多年的公益诉讼实践中,巴西检察机关取得了极大的成功,归功于《巴西联邦宪法》和其他法律对其法律地位的重新界定,使其成为立法、司法和行政权之外的"第四权";同时,也得益于巴西检察机关本身的建设。

（一）独立的法律地位

《巴西联邦宪法》明确规定了检察机关是社会利益的维护者,并赋予其较高的独立性,规定了检察机关在职权、行政以及财政方面均独立于国家政权结构中传统的三个分支。每个检察官都有权选择如何展开民事调查和采取何种司法措施。为了保障检察官的独立性,该法还规定其职业的终身性,并在降级、调任和降薪方面给予特殊保护。检察机关在财政和行政上也很独立,它有权独立设置新职位,编写自己的预算以及决定自己的薪资水平。虽然检察长由州长任命,但州长只能从其他检察官推荐的三名检察官名单中选择。

检察机关在其新角色中的成功表现反过来又进一步扩大了其权力范围。检察机关在保护公共权益中的积极参与对于巴西公益诉讼制度每个方

面的发展都起着重要作用,尤其是在相关法律的起草、推动、先例的发展以及学理解释等方面。事实上,巴西检察机关的人员在一系列公益诉讼法律的起草过程中一直扮演着非常活跃的角色。因此,检察官是公益诉讼最为积极的实践者,同时还是公益诉讼法律解释中最为权威的学者。在与政府的关系中,巴西检察官也表现出很大的独立性。巴西检察机关将自己视为社会利益的代表,而不是政府利益的代表,因为政府利益有些时候和社会利益并不一致,事实上巴西检察机关在过去的几年中经常将政府列为被告。

(二)高素质的检察官队伍

自 1988 年《巴西联邦宪法》修正以来,为了适应公共民事诉讼的新职能,检察机关也经历了重新调整和改革。新的检察机关在规模和专业性方面都有明显的增强,检察机关对新招聘人员的要求越来越高,检察机关职位的竞争也日趋激烈。检察机关已经成为一个在保护公共利益方面人员配备素质很高、人员薪酬丰厚又充满朝气的法律监督机关。

成为检察官必须通过竞争激烈的公务员考试,录取比例在 1%到 3%左右。被录用后的前两年是实习期,在基层检察机关跟随检察官学习。两年实习期满,就可以获得职位有保障的正式检察官资格,然后被分派至人口较为稀少的地区,一般是去农村地区作为该地区唯一的检察官。因为是唯一的检察官,因此要负责该地区包括刑事起诉以及保护公共利益在内的所有检察职责。之后,如果职位得到升迁,就会被调到人口更多、检察官也更多的地区,从而有机会使自己的工作更加专业化,譬如专注于环境保护领域。最后,经过多年的职业生涯,检察官或能升任至"上诉法院检察官",仅负责处理到上诉法院的案件,但案件涉及的法律领域更广。

检察官的收入在公务员中是很高的。经过两年实习期的检察官,工资是刚进入政府工作公务员工资的 4 倍,是当地最低工资标准的 35 倍。而且随着工作年限的增加和职位的提升,工资水平的增长更快。这在一定程度上说明检察官职业在巴西的社会地位很高,而且随着检察官门槛的提高,检察官的社会地位进一步提高。

(原载于 2015 年 4 月 21 日《检察日报》)

澳大利亚检察系统专设证人服务部门

陈卫东 *

澳大利亚系英美法系,属于联邦制国家。自 20 世纪 80 年代以来,该国不断推行检察系统司法改革,注重检察机构和检察官独立化,注重对被害人权利的保护,由此产生了保障被害人权益、支持被害人参与到诉讼中来的特色机构即证人服务部门(theWitnessAs-

sistanceService,简称"WAS",又被译作"证人协助办公室",在英美法系被害人通常是以证人身份作证),该机构集中体现了澳大利亚在刑事诉讼活动中加强对被害人权利保护的司法理念。

一、背景因素

澳大利亚在检察系统专门设置一个部门处理与被害人相关的事宜,为被害人提供法律专业帮助,有其特殊司法理念和特定司法改革推动因素的影响。

针对刑事案件,各国普遍实行国家追诉主义的检察模式,20 世纪后半叶以来,保障被追诉人尤其是被告人基本诉讼权利的呼声不断高涨,典型代表即美国"正当诉讼程序"革命及规则的出现。但是,刑事被害人的权益一直难以得到国家公权力的保护,随着刑事被害人权利运动蓬勃开展,很多国家开始对被害人在诉讼中的地位及其权利保障进行反思,重新制定符合被害人作为刑事诉讼主体地位的刑事政策,由此,强调被害人权益与被告人权益的协调保护。在此背景下,澳大利亚检察系统改革也在探索对被害人权利保护的新路径。

---

* 中国人民大学法学院教授,中国人民大学诉讼制度及司法改革研究中心主任。

与此同时,同其他英美法系国家一样,澳大利亚也在进行检察系统职能的独立化、规范化改革,通过选任各州检察长、检察官,并设置专门的联邦检察总署,在奠定现代化检察组织体系的前提下,不断追求检察机构的精细化、专业化。在前述保障被害人权益这一司法理念的影响下,借鉴美国"被害人影响陈述"制度,设置证人服务部门,成为当时改革的一大亮点。特别是1996年新南威尔士州颁布"被害人权利法案",为该州设置这一部门提供了立法支撑。随后,这一制度获得澳大利亚各州的支持,各州设立相同机构或与之相关部门加强协作。

二、机构配置与人员组成

由于各州立法与机构设置存在差异,下面以制度较为健全的新南威尔士州检察署的证人服务部门为例,来看看其证人服务部门的配置情况。

在新南威尔士州检察署系统,其下属办公室设有证人服务部门,以便为公诉案件中涉及的被害人和证人提供与诉讼有关的信息、支持和帮助。概括来说,其主要目的有:减少被害人由于参与刑事司法程序可能导致的"再伤害";保障被害人尽可能地在法庭上提供证言。

就机构配置而言,证人服务部门依附于当地检察系统,属于检察系统内部专设部门,其工作人员与办理案件的检察官共同的合作。同时,也注重与其他组织、团体,如被害人援助组织、律师协会等团体的合作。因此,证人服务部门在该州每个地区检察系统都有设置,有独立的人员、办公场所。同时,考虑到国内土著居民的切身利益,该部门有专门人员为这些群体提供服务。当地土著居民可以联系本检察署来确定哪一位工作人员负责其所在区域的事务,从而保证不同群体的民众都可以平等地获得该部门提供的帮助。

就人员组成而言,尽管该部门属于检察系统的一个组成部分,但工作人员却不是检察官,也不是律师,多由具有社会学、心理学等知识的人组成。除了应当具备一定水平的法律知识,他们还要有良好的沟通能力和丰富的社会经验,尤其是要具备相关专业资格并接受专门训练,以适应这一特殊部门的工作需要。

三、服务对象与工作内容

证人服务部门的一项重要工作是保障刑事案件被害人的合法权益,因此,其重点工作群体主要是死亡被害人家属、暴力犯罪被害人(如受到严重伤害案件被害人、性侵案件被害人)等等,此外,也包括处于弱势地位的被害人、证人等。由于其服务对象有特殊性,该部门针对不同服务对象提供不同的服务内容,其工作是朝着精细化、体系化方向发展。

按照工作流程,如果检察官处理的案件中有符合证人服务部门应当提供服务的对象时,工作人员会积极主动联系被害人、证人,向其介绍本部门工作职能及可能为其提供的法律帮助。在此需注意,法律专门规定证人服务部门在针对服务对象开展法律帮助时,应优先帮助特定群体,包括被害人死亡的家庭成员、性侵案件和家庭暴力案件的被害人、未满18周岁的群体、残疾人等。尤其是针对特定类型的案件,如性侵案件的被害人、未成年被害人,该部门将阐释并积极申请推行有关特殊安排,如设置屏风隔开被害人与被告人、请求法院发出"不得刊登命令"、利用闭路电视作证、协助申请被害人的亲人与被害人一同出庭,等等。

概括而言,证人服务部门主要通过以下途径为被害人和证人提供帮助:提供关于法律程序的信息;与律师沟通,有必要时,组织并参加与律师之间的会议;提供有关被害人权利和与被害人提供证言相关的特殊条款的信息;公诉案件中,全程支持被害人和证人参与诉讼活动。特别针对证人作证情形,该部门强调开展以下工作:联系包括儿童在内的证人以便在法庭上提供证言;安排证人参观法庭或者其他场所以使其熟悉整个审判环境;寻找如何确保证人到庭、如何保证证人有效作证的方法;使其与检察官保持联系。

在此过程中,须说明两点:其一,该部门工作人员联系需要提供证言的被害人或者证人时,须为其介绍应当注意的各类细节事项。其二,如果工作人员认为相关事项已经超出其工作能力范畴的,可以向被害人或者证人推荐能够更为专业地提供有关服务的组织或者团体,以便持续地为其出席法庭提供准备支持。

四、定罪量刑阶段的特殊参与

除了为被害人、证人提供庭审前阶段的法律咨询和程序介绍外,证人服务部门还可以参与到针对被告人的定罪量刑阶段,尤其是量刑阶段的"被害人影响陈述"文件的制作。在审判或者聆讯阶段之后,该部门参与方式的特殊性主要体现在以下三方面:

第一,根据新南威尔士州检察署官网介绍,如果被告人被认定有罪,证人服务部门可以协助被害人提供有关被害人"影响陈述"。该部门坚持这一理念:被害人或者他们的直系亲属对犯罪带来的压力和创伤有不同的反应,让他们与该部门和辅导员联系可能有助于克服不良影响。在被害人提供"影响陈述"文件材料时,该部门一方面为其提供咨询,另一方面也可以为其联系本案检察官,以便被害人能够顺畅表达陈述。

第二,为被害人提供帮助,仅仅是整个被害人保护体系的一环。判决宣告后,该部门可以为被害人提供有关被害人登记处注册的相关信息,并为其注册提供帮助。通过引导被害人登记,可以使被害人接受来自社会层面的帮助。

第三,审判结束后,证人服务部门可以与被害人见面交流沟通。比如,与其交流关于法庭审理过程的经历,告知其包括定罪和量刑在内的最终结果,尤其对于无罪判决的结果,尽可能通过沟通方式来确保被害人接受裁判结果。

五、实践效果

较之于美国注重被害人"影响陈述"制度,澳大利亚在检察系统设置证人服务部门,由代表国家追诉的检察机关牵头处理更具操作性。同时,由于证人服务部门注意与被害人协会、律师协会等组织合作而使得参与主体更具广泛性。这实际上反映了该国刑事追诉理念发生的变化,注重从广泛意义层面来保障诉讼参与主体的人权,通过缓和国家公权力的"强制性"色彩,经由特定渠道介入到被害人、证人等特殊主体参与的诉讼程序中来,并适时、适当地给予关注和引导,使得被害人、证人的相关诉求和意愿能够被了解,从而更好地协调办案检察官、办案律师与被害人、证人等主体之间的合作,既避免了办案检察官、办案律师在处理这些问题上分散不必要的注意力,也使得案件审理能够顺畅进行,充分保障了被害人以及有关证人的合法权益。

(原载于 2014 年 11 月 11 日《检察日报》)

第四编　专题研究

域外司法经费：管理相似保障充足

陈永生 *

实现司法公正是人类的共同追求。合理的司法经费管理制度是保障实现司法公正的前提和基础。当今世界许多国家虽然在结构形式、经济发展程度、财政体制、诉讼模式等方面千差万别，但在司法经费管理方面却呈现出惊人的相似之处。

陈永生

一、保障司法经费独立，防止其他国家机关通过控制司法经费来影响司法机关公正办案

司法的功能在于对利益尖锐对立的双方的争议进行裁决，尤其是在刑事诉讼中，检察院、法院处理的是代表国家利益的控诉方与普通公民之间的争议，因而保障司法独立，特别是司法相对于行政机关的独立性对于保障司法公正的实现极为重要。而要保障司法独立，首先必须保障法院、检察院经费独立，因为"就人类天性之一般情况而言，对某人的生活有控制权，等于对其意志有控制权。"因此，西方国家特别强调保障法院经费独立。日本《裁判所法》第 83 条明确规定："裁判所的经费是独立的，应计入国家预算内。"有些国家甚至在《宪法》中对司法经费独立作出明确规定，如乌克兰《宪法》第 130 条规定："为使法院发挥职能，国家保证拨款和各种良好条件。在乌克兰国家预算中，单独规定供养法院的支出。为解决法院内部活动问题，实行法院自治。"

鉴于司法经费独立对保障司法公正的极端重要性，许多国际性法律文件也对此作出了规定。国际法曹协会于 1982 年通过的《司法独立最低标

---

* 北京大学法学院教授。

准》第 8 条规定:"司法事务专属司法机关之责任,包括中央层次之司法行政及法院层次之司法行政。"1983 年通过的《司法独立世界宣言》第二之四十条也规定:"法院行政之主要责任,应授予司法机关。"总体来看,主要有两大特点:

一是司法经费独立于行政机关。从司法经费的管理模式来看,当今世界大致有两种模式:第一种模式是法院、检察院自行掌管司法经费,第二种模式是由司法行政机关,如司法部、法务部等掌管法院、检察院的司法经费。在第一种模式下,司法经费完全独立于行政机关。在第二种模式下,各国也采取种种手段,防止行政机关通过控制司法经费影响法院、检察院依法独立办案,如实现司法经费的法治化,对司法经费的总额及各项司法经费的拨付规定明确的标准;实现司法经费管理的民主化,要求司法行政机关在编制法院、检察院经费时必须与法院、检察院进行充分磋商,等等。有的国家甚至规定,检察院、法院制作司法经费预算报告交司法行政机关后,司法行政机关应直接呈交,或通过财政部门呈交国会(议会)审议,不得减少。如萨尔瓦多《宪法》第 182 条规定,最高法院"就司法行政支出和薪俸作出预算"后,政府行政部门应"不加改动地纳入总预算"。

由于第一种模式更有利于保障司法经费独立,因而从世界范围来看,越来越多的国家采用第一种模式。如在 1938 年以前,美国联邦法院系统的司法行政由司法部领导。为保障司法独立,美国于 1939 年建立了由联邦最高法院领导的联邦法院司法行政管理局,掌管联邦法院的司法行政,包括司法经费。有些国家甚至将"司法经费必须由法院掌管"规定在《宪法》中,如玻利维亚《宪法》第 119 条规定:"司法权力机构享有经济自主权。国家预算给司法机构拨出全年的足够的固定款项,这笔款项连同为该部门的服务所设立的专门年金由最高法院下属的司法系统财政局集中掌握。"

二是司法经费相对于立法机关也享有一定的独立性。在现代民主国家,国家预算必须接受立法机关审查,司法经费作为国家预算的组成部分,当然也应接受立法机关审查。为防止立法部门通过控制司法经费对司法施加不当影响,许多国家对立法机关审查司法经费设立了一定的规则。如菲律宾

《宪法》第 8 章第 3 条不仅规定"各级法院享有财政自主权",而且规定"不得以立法程序减少对各级法院的拨款,使之低于上一年度的款额,此项拨款经批准后应自动、定期拨付"。萨尔瓦多《宪法》第 182 条规定:"国会认为所提预算有修改之必要时,应与最高法院协商。"

二、司法经费都由中央(联邦)或州政府负责,不采用"分级负责"制

根据"财权与事权相统一"的财政原则,行政机关经费通常由地方财政负责,而司法机关以国家法律为依据进行裁判,目的在于通过解决纠纷以维护国家法制统一, 行使的是国家事权,并且如果法院检察院经费由地方控制,那么司法将很难摆脱地方干预,因此多数国家都规定,司法经费由中央(联邦)或州政府负责,不受地方控制。通常情况下,单一制国家司法经费都由中央政府负责,联邦制国家联邦司法经费由中央政府负责,州司法经费由州政府负责。

英国系单一制国家,其行政管理体制分中央、郡、区(镇)三级,(刑事)法院大致分四级(治安法院、刑事法院、高等法院、上诉法院),但全国法院经费均由中央政府负责。

美国系联邦制国家,联邦有联邦法院系统,各州有各州法院系统。就联邦而言,尽管其法院设置分三级(联邦地区法院、联邦上诉法院、联邦最高法院),但三级法院经费均由联邦政府负责。就各州而言,尽管其行政管理体制通常分三级(州、县或市、乡或镇),法院设置分三级(州基层法院、州上诉法院、州最高法院)或两级(州基层法院、州最高法院),但州各级法院的经费都由州政府负责,不受县(市)、乡(镇)政府控制。

德国也是联邦制国家,其联邦法院经费由联邦政府负责,各州尽管行政管理体制分两级、三级或四级(州、专区、市或县、乡或镇),法院分两级(州地方法院、州法院),但州法院经费全部由州政府负责,不受州以下地方政府控制。

巴西与美国一样,也是联邦制国家,联邦有联邦法院系统,各州有各州法院系统。巴西联邦法院分三级(联邦地区法院、联邦高级法院、联邦最高法院),但三级法院经费都由联邦中央政府负责。巴西各州尽管行政管理体制

分两级(州、市或镇),法院设置也分两级(初审法院、州级法院),但州各级法院经费都由州政府负责,不受市(镇)政府控制。

鉴于司法经费由中央(联邦)或州政府负责对保障司法免受地方干预极为重要,许多国家立法都对此作出了明确规定,有些国家甚至将其确立为一项宪法原则。如俄罗斯《宪法》第 124 条规定:"法院的经费只能来自联邦预算,应能保障按照联邦法律充分而独立地进行审判。"印度《宪法》第 112 条第 3 款规定,最高法院、联邦高等法院法官的薪俸、津贴、年金以及各级法院进行审判和裁决的费用不仅要由中央财政统一保障,而且要像总统、议长、副议长的薪俸、津贴一样,纳入独立于一般财政预算的统一基金。秘鲁《宪法》第 238 条规定:"司法权力机构的预算草案由最高法院提出,并提交行政权力机构由其列入公共部门总预算的草案。"哈萨克斯坦《宪法》第 80 条规定:"法院的财政拨款和法官的住房保障,由共和国的预算经费解决,并应保障法官能够完全和独立地行使审判职能。"巴拿马《宪法》第 209 条规定:"最高法院和国家总检察长应提出各自的司法机构总预算和检察机构预算并及时提交执行机构以便列入公共部门总预算草案。"

三、司法经费在财政支出中占较高比例,有些国家甚至在《宪法》中对此作出明确规定

法院、检察院办理案件必须以一定的物质装备作基础,缺乏一定的物质装备作支撑,审判工作、检察工作将很难进行;并且如果法院、检察院经费不足,那么即使《宪法》、法律规定立法、行政等机关不得干预司法,法院、检察院为维持运转,也会主动求助于立法、行政等机关,以致不得不屈从于后者的意志。因此,为了保证司法的独立、公正,很多国家都给予法院、检察院以充分的经费保障。在国家财政支出中,司法经费都占据较高比例。如在英国,2004 年,法院、检察院、警察机关、监狱经费占中央政府全部支出的 8.3%,相对于 2003 年增长了 6%。在德国,各州法院经费平均占州全部预算的 3.5%。巴西法院经费更高,法院预算占全国预算总额的 3.7%。

为确保对法院、检察院的经费保障不因政局以及政治领导人的更替而被削减,有些国家还将法院、检察院经费必须占财政收入(支出或预算)的比例在宪法中作出明确规定。如秘鲁《宪法》第 238 条规定:"司法权力机构的预算不少于中央政府日常开支预算的百分之二。"危地马拉《宪法》(第 213 条)、巴拿马《宪法》(第 208 条)也规定司法机构的预算不得低于国家全部预算的 2%。有些国家司法经费占财政收入的比例更高,如哥斯达黎加《宪法》(第 177 条)规定:"司法机构的预算额不得少于经济年度日常收入预算的百分之六。"

鉴于充足的司法经费对保障司法公正的极端重要性,有些国际法律文件也对司法经费保障作出了规定。如联合国 1985 年通过的《关于司法机关独立的基本原则》第 7 条明确规定:"向司法机关提供充足的资源,以使之得以适当地履行其职责,是每一会员国的义务。"1983 年通过的《司法独立世界宣言》第二之四一条规定得更具体:"国家应以最高的优先提供允许适当司法行政之适当资源,包括适当的硬件设备,以维护司法独立、尊严、效率、法官及司法行政之人事及执行预算。"《司法独立最低标准》第 10 条规定:"国家有义务提供足够之财政资源,以实现适当的司法行政。"

四、对司法人员的经济保障非常充分,法官、检察官的薪俸、津贴等高于行政公务员

法官、检察官是司法职能的最终承担者,因而要保证司法的独立、公正,除必须给予法院、检察院以充分的经费保障,还必须给予法官、检察官以充分的经济保障。不仅如此,由于法官、检察官的任职条件通常高于行政公务员,并且法官、检察官不得兼职,无法通过其他途径获得经济收入,因而在西方,法官、检察官的薪俸、津贴等通常高于行政公务员。

在英国,大法官的年薪高于首相,高级法官(上议院常设上诉议员、上诉法院院长和法官、高等法院王座庭庭长等)的年薪高于内阁大臣。1983 年,英国大法官的年薪为 59300 英镑,首相的年薪为 49000 英镑,大法官高出首相 10300 英镑。2002 年,英国大法官(德里·欧文)的年薪为 180045 英镑,而英国首相(布莱尔)的年薪为 171554 英镑,大法官高出首相 8491 英镑。

在美国,联邦最高法院首席大法官的年薪与副总统相同,其他大法官的年薪高于内阁部长。如 2006 年,美国副总统的年薪为 21.57 万美元,最高法院大法官年薪为 21.21 万美元,两者仅差 3600 美元。

在法国,法官、检察官待遇比照文官,但相对于文官,法官、检察官除基本工资外,还享受文官没有的司法补助费,因而法官、检察官的薪金高于同级文官。

在德国,法官、检察官的工资分为十级,最高级别法官、检察官的工资相当于特级公务员最高两个级别的平均数,初级法院和地区法院法官、检察官的工资为一二级,相当于高级公务员工资的最高额。

在日本,不仅《宪法》对法官的经济保障作出了规定,国会还制定了专门的《法官工资法》,以保障法官获得充分的经济保障。日本法官(包括助理法官)工资与中央政府行政官员相当,不仅高于地方公务员,而且高于中央政府一般公务员。具体而言,日本最高裁判所所长的工资与首相(内阁总理大臣)、国会两院议长相当,最高裁判所一般法官的工资与内阁部长相当,东京高等裁判所所长的工资与内阁法制局局长的工资相当,其他高等裁判所所长的工资与各部常务副部长、国会议员的工资相当。下级裁判所法官分十七级,一级法官(最高级)工资与各部行政副部长工资相当,三级法官的工资与重要局的局长相当,六级法官工资与副局长相当,八级法官的工资低于副局长,但高于各部处长,十级法官工资与各部处长相当,十四级法官工资与各部副处长相当,十七级法官工资与各部科长相当。

不仅发达国家对法官、检察官经济保障非常充分,许多发展中国家也是如此。如在泰国,法官工资也与各级政府部门首长相当,高于一般公务员。具体而言,大理院(最高审判机关)院长的工资与总理以及上议院议长相当,大理院副院长的工资与副总理、下议院议长相当,大理院一般法官的工资与中央各部部长相当,即使是最基层的府法院法官,其工资也与县长相当。

值得注意的是,鉴于法官、检察官的经济保障对维护司法的公正、独立极为重要,有些国家还在《宪法》中对法官、检察官的薪酬作出规定。如巴拿马《宪法》第 208 条规定:"最高法院法官的薪金和津贴不得低于国务部长。"

(原载于 2015 年 3 月 3 日《检察日报》)

惩戒与保障:域外检察官
办案责任的双面镜像

樊崇义 *　刘文化 **

检察官的惩戒是指有关机关依照法定条件和程序,对于检察官在检察活动中违反职业道德和纪律的行为加以惩罚和警戒的制度。检察官的惩戒制度是确保检察官办案责任得以落实的重要措施,对于加强检察人员的责任意识,减少和防止检察官违法乱纪行为,确保检察行为的公正性与廉洁性具有重要意义。在对检察人员违反职业道德和纪律的行为予以惩戒的同时,各国也强化对检察人员的各类保障措施,避免因强调惩戒而对检察人员造成过重的心理压力和思想负担,在一定程度上体现了刚柔并济的特点。

一、检察一体化的制度设计

检察一体化是许多国家检察制度的基本特点,但是,在这种一体化的检察体制之下,检察官也具有自身办案的独立性。比如在法国,检察官的职能履行具有等级性、独立性和一体性的特征。等级性,即检察机关组织在级别上有层级隶属和服从的关系,检察院的检察官要服从上级的指令,接受上级的领导与监督。独立性,即检察机关的外部独立体现在其对于法院和被害人的关系上。在遵守层级服从原则的检察系统内部,尽管检察官行使职权时不享有与法官同样的完全独立性,但他绝非对上级指令唯命是从,在办理具体个案时也具有相对独立性。一体性,是指根据检察一体的组织原则,各级检察机关构成一个统一的整体。在上命下从的检察系统内部,所有检察官在法律上都视为一体。每一位检察官在诉讼过程中,并不是以其本人的名义,而是代表整个检察院在进行诉讼活动。

---

* 中国政法大学诉讼法学研究院名誉院长、教授。
** 中国政法大学博士研究生。

与法国一样,德国检察制度也是实行检察一体化原则。德国检察院也是附设在法院系统中,按照法院的等级相对应地进行设置,检察院与法院之间不存在隶属关系,检察院由司法部主管。但是,德国是联邦制国家,德国检察机关分为联邦检察机关和州检察机关,又根据联邦分权原则,联邦检察机关和州检察机关之间不是领导与被领导关系,只是协调关系。

日本检察官的管理主要是通过一体化管理辅以法务大臣的指挥监督实现的。所谓检察官的一体化管理,是指在同一长官指挥监督之下,下属检察官所执行的事务在法律上被视为与该长官亲自执行的事务相同一。比如,一个地方检察厅检察官所作出的起诉,被视为与检事正(即地方检察厅厅长)作出的起诉相同一。在检察官一体原则之下,尽管各个检察官仍然是独立官厅,但是检察官在整体上成为一个不可分割的一体,处于"金字塔"形的上命下从的指挥关系之中。从组织层面来看,检察厅就成为一个以检事总长(即总检察长)为顶点、全国统一的中央集权化的"金字塔"形官僚组织。根据日本《检察厅法》第 7 条至第 13 条的规定,检察官的一体化管理具体表现为上级对下级的指挥和监督、上级对检察事务的调取和转移、下级对上级的职务代理等。但是,日本检察官也还具备独立性的特点,为防止检察权行使中的错误,使其正确反映国家意志,并且从整体上更为有效地发挥检察功能,检察官的管理既要保持检察官的独立性,又要具备对检察官的适当监督,实现其有效运作,并且兼顾检察工作中的分工与协作。

二、检察官的惩戒制度

在法国,对违纪检察官的惩处原则上适用所有对违纪法官的纪律处罚,但程序有所不同。对违纪法官、检察官的惩处可由司法部长提起或上诉法院院长和总检察长在权限范围内提起。对法官违纪的惩处决定由国家最高司法委员会作出,对检察官违纪的惩处决定由司法部长根据最高司法委员会的意见作出。依据 1958 年 12 月 22 日条例的规定,对检察官违纪惩处的方式主要有:警告、记录在档、调离、降低工资级别、降低职务等级、解除职务、强迫退休、降低退休金甚至剥夺退休金等。除了上述纪律责任外,检察官如有违背职责、义务、职业道德的行为,还将可能被追究刑事责任、民事责任。关于刑事责任,日本《刑法典》第 434-9 条规定的司法官的受贿罪、第 432-1 条规定的滥用公共职权阻碍法律执行罪可以适用于检察官;关于民事责任,根据 1958 年 12 月 22 日法令的规定,检察官只对自己的个人过错负责。检察官的个人过错与履行司法公务有关的,只能通过国家诉讼形式追究其责任。该诉讼在最高法院的民事庭进行。检察官不服违纪惩戒可向行政法院提起行政诉讼。检察官犯罪按一般刑事诉讼程序追究其法律责任,只是审判主体不是法院而是国家最高司法委员会,由最高法院总检察官任命的最高司法委员会委员担任主席。

德国检察机构内部设有纪律委员会,通过专门的纪律诉讼程序,对公务员的执法行为进行监督,对违规行为进行处罚。处罚的类型大致有写检查、罚款、减工资、调低岗位级别、调离现有岗位等。当然,各州的规定并不完全相同。作出处罚后,应当告知人事部门,并报司法部确认批准,记录归档。如果被处罚的人有异议,可以向法院起诉,由司法部任命一个法官进行独立调查,经过行政法庭下设的纪律法庭审理作出最终判决。对于严重的违纪行为,必要时还可以召开有司法议员、检察机构和法院的代表参加的表决会罢免检察官。

在英国,检察官的权力来自于《1985 年犯罪起诉法》第 1 条之规定,"每个检察官对自己所分到的职责都不能有任何偏见,在机构和程序上都享有检察长的所有权力,但是要在检察长的指挥之下工作。"检察官是政府雇用的公务员,他们也受本机构执业规范的约束,如果他们违反了这些规范,可以对他们提起训诫程序,就像对待从事法律职业的其他人一样。检察官不能免予刑事责任或民事责任。此外,检察官对错误的监禁要承担民事责任。错误监禁,是指使不应被监禁的人处于被监禁之中。所有的检察官都要对其构成犯罪的行为承担刑事责任。如"妨害司法"即可视为这种行为。例如,故意隐瞒证据,而该证据很可能使被告人得以开脱罪责,洗清罪名。

鉴于美国检察官的独立性,检察官办公室的工作一般不受州政府的监督。州检察长也无法控制地区检察官。只有当地选民才有权对地区检察官的表现进行评估，并通过投票方式罢免地区检察官。因此，美国检察官任职期间如有下列情形之一，可免职："不胜任工作，经常喝醉酒，严重道德败坏和渎职行为。关于渎职行为是指检察官的下述行为：不着手、不进行或者拒绝着手或进行刑事侦查或控告；不向县行政官员提出法律上的建议；在刑事控诉中对被告人提供业务上的帮助；不服从法院命令；利用职务进行勒索；收受未经许可的酬金。"

韩国专门制定有《检事惩戒法》，其目的在于规定检事惩戒的有关事项。按照该法的规定，法务部内设检事惩戒委员会。委员会由委员长 1 人、委员 6 人组成。委员长由法务部长官担任，任期为三年。此外，还设有干事、书记。"法务部长官通过检察厅从宏观上对检察机关的活动作出指示，监督检察活动。"该法第 2 条规定的惩罚事由包括：(1)违反《检察厅法》第 43 条规定，即检事在任职期间，不得成为国会或地方议会的议员；不得从事与政治活动有关的活动；不得从事以谋取金钱为目的的活动；未经法务部长许可，不得担任有报酬的兼职。(2)违反职务上的义务或怠慢这种义务。(3)无论是否属于权限范围，有损害检事的体面和威信的行为。其惩戒种类分为重惩戒和轻惩戒两类。重惩戒用于违法情节严重和曾受过两次以上轻惩罚而无悔改表现者。重惩戒包括免职、停职和降薪。停职的期限为 1 个月以上 6 个月以下。在此期间要停止执行职务，也不支付报酬。降薪的期限为 1 个月以上 1 年以下，降薪的数额为报酬的 1/3 以下。轻惩戒是对违规行为较轻者的处分。轻处分分为重谨慎、轻谨慎和谴责。重谨慎的期间是 1 个月以上 2 个月以下。轻谨慎的期间为不满 1 个月。这三者都是在让违法者继续从事工作的同时，勒令其改正所犯过失。

在日本，检察厅是国家行政组织的一部分，因此法律给予了一定的身份保障制度。根据《检察厅法》第 25 条规定，检察官除了退休、因法律程序被免职、成为闲职人员以及受到行政处分外，不得违反其意愿而被降低薪俸、停止职务或罢免官职。对检察官的惩处适用《国家公务员法》，由人事院对违法乱纪的检察官进行惩处。惩罚检察官的情形有三种：一是违反了《国家公务员法》或依该法所发布的命令；二是违反了职务上的义务或者渎职、消极怠工等;三是违法乱纪或实施了其他有损于服务全体国民的不正当行为。惩处方式分为免职、停止执行职务、降薪和警告等四种。受停止执行职务处分的,处分的期限为 1 日以上 1 年以内,在此期间不能给其发工资。属于应受刑事处罚情形的,即使对该事件已作出惩处决定,也不妨碍因此受到刑事追诉。受处分的检察官不服人事院惩处的,在法定期限内可以请求重新审查。

葡萄牙的纪律处分由《检察署组织法》进行了专章规定。检察署检察官违反职业义务,在公共生活中有不当行为或失职,或在公共生活中有与其履行职务所必需的礼节和尊严不相符合的行为, 即使是轻微的错误都属于破坏纪律行为。检察官有破坏纪律行为者,必须接受纪律处分,且这种处分不受免职或职务变动的影响。检察官如果被免职,检察官在恢复其职务时接受处分。处分的等级分为:警告、罚款、调动、中止职务;停职察看;强迫退休;撤职。其中,警告处分是对不规矩的行为提醒注意或批评,以防止检察官的行为或失职给行使职权造成混乱。罚款处分以日计算,从检察官工资中扣除按照处分日数计算的数额,至少 5 日,最多 30 日。罚款处分适用于玩忽职守的情况。调动处分是将检察官派往非原履行职务的地区。调动处分减少任职时间 60 日。中止职务和停职察看处分是在处分期间完全停止工作。中止职务的处分可以执行 20 日至 240 日。停职察看处分为 1 年以上 2 年以下。受到中止职务处分者,在受处分期间应失去计算工资、工龄、退休而起作用的连续时间。这两种处分适用于对履行本职务严重玩忽职守和被判处刑罚的情况。每次处分应予登记。处分的尺度是根据错误的严重程度,检察官的职责大小及其为人和对其有利或不利的客观情况决定。

三、检察官的职业保障

各国的检察制度虽然规定了严格的责任处分制度, 但是也规定了完整和严密的职业保障制度,使检察官能更加全身心地投入检察工作,免除他们的后顾之忧。比如,德国检察官的社会地位较高,对法律专业毕业生有很大的吸引力。未经法定程序,检察官的身份和职位不得剥夺。获得检察官资格后从事检察官工作至少 3 年的,可有资格被任命为终身检察官。检察官一直工作到 65 岁退休,退休后依然享受优厚的待遇。美国非常重视对检察官的激励。司法部设有特别表彰委员会,决定向每年度由各部门首长推荐有卓越贡献的检察官颁发司法部的最高荣誉奖之一的"特别奖",特别奖包括特别奖章和奖金。日本《检察厅法》规定了检察官的身份保障制度。根据《检察厅法》第 25 条规定,检事总长、次长检事和检事长的免职,必须经过检察官资格审查会的决议和法务大臣的劝告。对于检事及副检事免职,必须通过资格审查会的决议。检事长、检事及副检事由于检察厅的废除等原因成为剩余人员时,法务大臣可以向该检事长、检事及副检事支付半数薪俸,并让其等待空缺位置。《俄罗斯联邦检察机关法》第 45 条规定了检察长和侦查员的法律保护机构与措施,具体包括人身安全保护机构,人身和财产的保护措施,工资待遇保障、住宅待遇保障、医疗保障、运输工具保障、人身保险等社会保障,学习教育保障等。

(原载于 2016 年 5 月 17 日《检察日报》)

国(境)外检察官遴选制度可资借鉴

王守安*　　陈文兴**

司法作为人类文明发展到一定阶段的产物,作为一种解决纠纷的机制,是国家实现社会公平、正义的制度安排。一种制度安排除了要关注客观方面的要

王守安

陈文兴

素,还要注重主体———人的要素。作为社会正义的保障机制,司法制度更是如此。我们建设法治国家、遵从法治文明发展的客观规律,其中很重要的一点,就是建立一个科学、合理的司法官培养、选任体制,选拔具有较高道德操守的优秀法律人才从事司法工作,成为社会正义的守护人。通过这些心存公正、知行合一的司法官的秉公司法,使法律得到正确实施,使法律成为社会道德的有力保障,使法律实现法治精神的价值要求。为了将最具专业适应能力者选任为检察官,保证检察官具有一定的理论水平和丰富的实践经验,在职业保障和尊荣被充分照顾的前提下,国(境)外很多国家和地区都建立了完善的检察官遴选制度,规定了较为严格的任职条件、遴选途径、产生方式等。

一、检察官的任职条件

由于各国的历史传统、意识形态、文化、地理、地域之差异,检察官选任的途径、方式及其运作亦不完全相同。但是,在检察官的任职条件上,却有着相同的标准:

* 最高人民检察院检察理论研究所所长。

*最高人民检察院检察理论研究所研究员, 北京大学法学博士, 南开大学经济学博士。

一是具有较高的法律专业知识水平。由于现代社会关系复杂化,调整社会关系的法律已成为一门庞杂的技术性规则。因此,各国均要求初任检察官必须具有丰富的专业知识,这是保证检察官准确公正司法的前提和基础。

二是具有丰富的司法经验。对初任检察官实践经验的要求是大多数国家和地区普遍重视的。法律规范是抽象的、稳定的,而社会生活是复杂的、多变的,特别是在社会变得越来越复杂,法律规范也变得越来越具有抽象性和普遍性的情况下,解决纠纷或对其可能的解决方案提出建议的工作变得越来越困难,没有长期的实践磨砺,很难作出正确的判断,把握公正的尺度。正如美国大法官霍姆斯所言:"法律的生命始终不是逻辑,而是经验。"

三是具有良好的品德操守。各国对初任检察官均要求具有高尚的品格,正如日本学者大木雅夫所说:"……对他们的资质不仅要求具有法律知识,而且特别应有广博的教养和廉洁的品质。"检察官没有内在的优秀品质,即使最完善的制度也产生不出公正的司法。

总之,各国在遴选检察官时,不仅注意候选人的专业知识和水平,而且也重视其司法经验、品德操守等综合素质。在英美法系国家,这一素质是通过其长期的律师执业自行完成,并通过一系列公开复杂的程序审核的。在大陆法系国家,这一素质是通过严格的考试和培训制度来保证的。

二、遴选检察官的途径

检察官的遴选途径主要有三种:

一是从律师中选任检察官。从律师中选任检察官的主要是英美法系国家。英美法系国家检察官的选任可以说是一种精英制,注重检察官的经验,即只在执业成功的律师中选任检察官。如美国各州普遍要求检察官必须具备法学学位和丰富的司法实践经验,并且是一名律师或精通法律的人。实际上,某个人只有在所在州取得了执行律师业务的执照并且参加了任何一个州的律师协会,才被认为具备了担任检察官的条件。某些州还规定担任检察官必须具备数年的法律实践经验。在英国,也实行"优秀的律师任检察官制度",检察官是从一定任职年限的大律师中选任的。从已有多年法律工作经验的优秀律师这个有限范围中选拔检察官,至少可以确保那些非常有能力、又富有实践经验的人员在检察机关任职,从而使检察官能够赢得整个法律界的敬重。

二是从通过国家司法考试并参加职业培训者中选任检察官。这种选任模式以大陆法系国家为代表。法学院毕业生通过司法考试后,再经过一定期限的培训学习和司法实习,才有可能被任命为检察官。法国检察官主要从法律院校毕业的大学生中选拔。法国高等学校法学院学生要想成为法官、检察官,毕业时必须参加国家司法考试,通过考试后在国家司法学院学习培训。在法国,检察官的培训分为四个阶段。第一阶段为非专业实习,时间为 2 个半月。其主要地点在国家行政机关或私人企业,甚至其他国家进行。主要目的是使初任司法官了解社会,积累工作经验。第二阶段为专业学习,时间为 8 个月。学习所有与司法官工作相关的知识技能以及职业操守。第三阶段为司法实践,时间为 14 个月。初任司法官将被指派到不同的初审法院或检察院,亲身体验并参与司法工作。完成司法实践的初任司法官将再次参加考试,国家在综合考虑学员的成绩、实习评分等多方面因素后,最终决定初任司法官的工作岗位。第四阶段为职业培训。工作岗位明确之后,初任司法官需再回到司法官学校接受为期 6 个月的岗前培训。培训结束时,评议委员会必须对司法学员是否适合履行司法职能进行评议,并根据每一个学员的能力提出任职建议或保留意见。

在德国,一个求职者要想取得检察官的任命,一般要经过十年以上的时间,其间必须通过两次国家考试和一次全面的综合评价考核。第一次考试的内容侧重于理论知识,主要是大学的重点学习领域和国家规定的必修专业课;第二次考试要求考生在法院、检察院、律师事务所或政府部门至少实践两年,是对整个法律知识的检验。第二次考试与第一次考试相比,关于诉讼法方面的内容考得更加深入,通常不是抽象的理论题,而是针对具体案件,司法实务性强。考试内容除了法律外,还包括哲学、历史和其他社会科学的核心内容。考试形式包括笔试和面试。在德国,第一次国家司法考试的通过率为 46% 至 75%,第二次国家司法考试的通过率为 70% 至 90%。但担任检察官并不取决于仅通过两次国家司法考试,而是取决于两次考试的成绩,只有中等水平以上(大约 15%)的优秀考生才有希望成为检察官和法官。同时,候任者还要经过多部门、多环节、长时间的实习培训经历,具备相应的处理实际问题的能力。在此阶段,考生必须分别在民事法院等义务性机构,以及能保障适当培训的选择性机构进行见习。其中在每个义务性机构培训至少 3 个月,在律师事务所培训应为 9 个月,并参加 3 个月的培训课程,目的是帮助考生熟悉法庭案件以及发现案件相关问题的方法。在考核方面,则要经过司法部、法院、检察院的三方代表考核,经过层层筛选考察,共同决定是否录用。正是这样严格的准入门槛,才得以培养检察官独立工作的能力,增强其判断能力和社会责任意识。

在日本,检察官选任以国家司法考试为主,日本国家司法考试分两次进行。第一次考试在资格上没有严格的限制,任何人均可申请参加。在政令规定的大学毕业并取得学士学位者可免于参加第一次考试。第二次考试分为笔试和口试,笔试合格才能进入口试。日本第二次司法考试中的口试主要考察的是应试者对法律原理和争议问题的理解以及应变能力,进而判断应试者是否具备能言善辩这一司法官基本的职业素质,并对其形象气质进行检视。在日本,司法考试由司法考试管理委员会组织。司法考试是日本各种考试中最难的一种,其通过率极低。严格控制通过率的司法考试,竞争将会比较激烈,最终筛选出的人才无论是专业素质还是个人操守都是比较高的。"日本在现代法制的草创阶段,重视提高法官和检察官的素质,着手之处正是资格考试。"在日本,司法考试合格者被录取为司法研修生,进入设在东京的司法研修所进行一年半的司法实务研修。司法研修的内容包括法院、检察厅和律师业务。教官由具有丰富经验的法官、检察官和律师担任。司法研修生最后还必须参加严格的结业考试。考试合格者,获得二级检事任命资格。我国台湾地区检察官选拔的主要途径是司法考试,只有通过司法考试的人才有资格进入司法官训练所学习,学习期为两年。培训毕业后,根据成绩和检察官的缺额,可被授予地方检察署候补检察官的资格。

三是通过其他途径选任检察官。除上述两种选任检察官的途径外,一些国家和地区还规定了通过其他途径选拔检察官的规则。根据法国法律,除通过司法考试选任检察官外,在一定期间内行使行政、司法或大学教育职能的特定人员,可以通过直接选拔的方式进入司法官队伍。但这种方式,选拔程序、适用条件十分严格,只有法律明文规定的几类人才有资格,如律师、诉讼代理人、书记官、法学教授等。这些候选人经选拔委员会筛选后,还必须参加国家司法官学院组织的培训,并在法院实习。培训结束后,必须经司法学员评级委员会面试,合格的才被录取。在法国,这种辅助性的选拔方式,近年来呈扩大的趋势。在日本,除了经过司法考试选任检察官外,还有其他两种不同的途径选拔检察人员。其一是从其他法律工作者,包括从事法学教育的人中选任;其二是从具备法定条件的检察事务官和其他国家行政官员中选任。这种选任无需经过司法考试,而是由法务省下属的、由法务大臣任命的委员组成的副检事选考审查会负责。根据日本有关法律的规定,被遴选的检察官与通过司法考试合格的检察官在晋升和任职方面有所区别。

由上观之,英美法系的多数国家均实行从优秀的律师中严格遴选检察官的制度。在大陆法系的大多数国家,尽管没有检察官必须从律师中遴选的制度,但它们通过规定严格的考试和培训制度来保证检察官具备极高素质。同时,一些国家和地区规定了通过其他途径选拔检察官的规则,这一补充选拔制度既有利于吸收社会上有司法经验的人进入检察官队伍,使那些有志于从事检察工作的人通过勤奋好学、奋发进取来实现自己的夙愿,又能保持检察官队伍素质的优化和结构的合理化。但是这一制度也存在一些弊端,如所选的检察官可能良莠不齐等。故而,通过其他途径补充遴选检察官应当谨慎、严格、规范。

三、检察官的产生方式与任命主体

从大多数国家的具体实践来看,检察官的产生方式基本上分为两种:第一,任命式;第二,选举式。其中,大多数国家采用任命方式,少数国家采取选举方式,也有的国家两种方式同时兼用。日本检察官的产生方式属于第一种,即不论检察官的级别,一律采用任命式。日本《检察厅法》规定,检事总长、次长检事、检事长由内阁任命,并需由天皇认证。检事长、检事和副检事的职务可由法务大臣委派。德国的联邦检察官均是由总统任命的。法国的检察官一律经司法部长推荐,由总统任命。美国联邦检察官(包括联邦检察总长)由总统任命产生。地方检察官(包括州检察长)一般由本州公民直接选举产生。无论是选举方式,还是任命方式,检察官的产生在实际运作中都要经过一套较为复杂、严格,有时是近乎苛刻的程序,都力求候选人业务娴熟、能力堪用,品德操守无可指摘,否则,或者选民不会赞成,或者提名人不愿提名,或者批准者不能认可。

为了防止地方势力通过对检察官的任命而干涉检察官所办理的案件,也为了防止检察官出于对任命者的感恩或恐惧而不得不屈服于这种干涉,采用任命方式的国家几乎毫无例外地把检察官的任命权集中由中央统一行使。多数国家由国家元首(总统、国王等)任命,有的国家由政府首脑或者政府机构任命,有的国家由司法委员会任命,还有的国家由议会任命。如美国的联邦检察官都是经参议院同意,由总统任命的;德国的联邦检察官以及法国的全部检察官均是由总统任命的;荷兰的检察官由司法大臣提名,报女王任命;奥地利检察官由司法部长任命,总统签署。任命检察官的主体层次高的优点是显而易见的。首先,任命本身就是一种国家荣誉,这有利于强化检察官对职业的神圣感和使命感,从而严格依法行事。其次,由于任命检察官的主体地位相对较高,有利于防止地方势力的干扰,从而保证检察官独立行使检察权。再次,有助于掌握统一的选任标准,同时彰显国家对检察官选任的重视,以提高司法在全社会的公信力。

四、遴选机构和程序

选任机构的分散容易导致各级司法机关的检察官成为地方权力机构的附庸,难以克服司法地方化的弊病。在许多欧洲国家,都有被称为"司法委员会"的专门机构用统一而具体的标准遴选检察官。例如,法国最高司法委员会依据《宪法》遴选检察官;德国司法部设置有专门的考试考核机构遴选检察官;意大利最高司法理事会依据《宪法》选任检察官。

　　无论是英美法系还是大陆法系国家的检察官都经过严格的考核遴选程序,优胜者才能拥有检察官职位。这样,从法学院学生到律师或司法实习生再到检察官,是一个漫长而充满考验的过程。这一过程自身的漫长、艰辛和严格,使得有关国家和地区的检察官具有优良的法律专业素质。

　　在德国,在成为一名正式检察官之前,获得职位者通常被任命为见习检察官,至少从事三年的见习工作,经面试和考核后,才能担任检察官。另外,无论检察官职位高低,由于采用申请报名方式,横向间异地任命的情况较少。德国联邦检察官的任命须经过四道程序:经联邦司法部长提名,并向联邦总理建议,总理同意后提交参议院讨论通过,最后由联邦总统批准。州检察官的任命则是州检察长提名后由州司法部长任命。法国最高法院总检察官和上诉法院总检察长,由司法部长提名,征求国家最高司法委员会意见后,由总统在内阁会议上通过政令任命;其他检察官,司法部长提名征求国家最高司法委员会意见后由总统直接任命。

　　检察官遴选制度是人类文明发展的共同成果。研究国(境)外检察官选任的规定,借鉴其中某些有益的经验和做法,对于完善我国检察官遴选制度具有一定的意义。但任何制度都有其孕育的土壤,检察官遴选制度当然也不例外。国(境)外的经验固然可以借鉴,但找到一条适合中国国情的发展道路则更为重要。中国需要根据自身的具体情况,特别是在充分考虑职业保障和尊荣的前提下,建立一套规范化、科学化、现代化的检察官遴选制度,以保证我们的遴选制度能够选到公正、博学、睿智并充满个人魅力的精英检察官。

(原载于 2015 年 11 月 17 日《检察日报》)

281

域外检察

国外行政监察专员制度比较研究

刘 卉*

行政监察专员制度发轫于瑞典，是对传统行政
监督制度的重要补充和创新。近几十年，它以其强大
的生命力，超越经济发展水平、政治法律制度以及历
史文化传统的鸿沟，在世界范围内获得广泛发展，被
誉为宪法领域最成功的进步。

刘
卉

一、行政监察专员制度起源于瑞典

1809 年，瑞典议会废除了暴君古斯塔夫四世的专制统治，通过了一部
以国王和议会分权的原则为基础的新宪法——《政府组织法》。根据该宪法
规定，由议会从"具有杰出法律才能和秉性正直的人士"中选举一名内政监
察专员，代表议会"监督法官与政府官员是否遵守法律，并按照法律的正当
程序，对其在履行职责过程中采用暴力、基于个人私利或其他原因违法或未
履行与其职务相关职责者进行追诉"。行政监察专员任期四年，可以连选连
任，只有议会才有权罢免。世界上最早的行政监察专员制度由此正式确立。

几经演变发展，现今瑞典议会行政监察专员公署由 4 名地位相同的行
政监察专员组成，其中一人为首席行政监察专员。行政监察专员任期四年，
可连任两届，地位等同于最高法院法官。行政监察专员的监督对象涵盖从中
央到地方的权力机构及其工作人员，同时还包括其他一切行使公共权力的
机关和人员。但议会议员、政府首脑、内阁部长，以及地方政府首长和司法部
长等不受行政监察专员监督。

根据《政府组织法》第十二章第 6 条第 1 款的规定，行政监察专员"负责

---

* 检察日报社理论部主任编辑，澳门大学法学院诉讼法学博士研究生，湘潭大学特约
研究员。

根据议会的指示对公务员执行法律与其他法规的情况实施监督"。具体表现在:第一,确保行政机关及其工作人员必须严格地遵守法律、法规。第二,确保公共权力机关和法院公正客观地进行活动。第三,提出建议完善法律或国家政策。行政监察专员如认为立法或国家政策有修改或补充的必要,可以将这一情况反映给国会或政府。

行政监察专员通过获得相关信息、询问有关人员、去机关进行巡视等措施对案件进行充分调查后,依案件不同情况作出不同处理,但不能推翻行政机关的决定。例如,发现某种行政行为或者某项措施错误或不当,但又没有严重到起诉的程度时,可提出批评、建议和警告;在官员疏于职责已经构成犯罪的情形下,行政监察专员可以作为特殊的检察官提起诉讼。此外,行政监察专员每年都要向瑞典议会提交一份年度工作报告,对于重大案件还要提交特别报告。这些报告经议会的常设委员会审查后向公众公开公示。行政监察专员的工作报告受到社会各界重视,经常被立法文件所引用。

二、逐渐成为一项世界性的公法制度

行政监察专员制度自瑞典创立以来,以其独立、权威、实效受到其他国家关注,逐渐成为一项世界性的公法制度。据统计,到21世纪初,全世界约有120多个国家在国家层面或省、州层面建立了行政监察专员制度,相较于上世纪80年代,这一数字增加了近5倍。欧盟、联合国等国际组织也对行政监察专员制度持认同和欢迎态度。下面选取其中比较有特色的英国和法国做些介绍。

在英国,为处理公民对"不良行政"的申诉,议会于1967年通过了《议会行政监察专员法》,设立了议会行政监察专员。行政监察专员经首相提名由国王任命,任职到65岁退休。几乎所有的中央政府行政机关都是行政监察专员的监督对象,但政府各部门之间的商业交易不在行政监察专员的监督范围之内。凡是可向行政裁判所提出控诉,或者可由法院进行司法审查的案件,行政监察专员不得调查。只有当行政裁判所或者法院所判的结果不合理时,行政监察专员才可对其进行调查。行政监察专员主要对政府机构及其

官员行政行为的合法性和合理性进行监督,防止其侵害公民的正当权益。其
工作方式主要是根据控诉人的控告进行调查,控诉人的控告需经由下议院
议员转交给行政监察专员。调查结束后,行政监察专员将调查报告提交给相
关行政部门,建议其改正"不良行政"行为并进行赔偿。如果以上方式起不到
效果,还可以通过每年向议会提交年度报告、季度报告和特别报告的方式,
由议会向有关行政部门施压,以消除"不良行政"。

在法国,为加强对政府官员的监督,缩短并拉近政府与公众的距离,议
会于 1973 年通过《行政调解专员法》,正式建立行政调解专员制度。调解专
员由部长会议通过,总统任命,任期六年,不能连任。调解专员职权广泛,从
所有的公共机关和部门到私人机构,只要是跟公务执行有关的案件,都可以
向调解专员提出申诉。对于已提起的诉讼或法院已经判决的诉讼案件,调解
专员一般无权再进行调查。调解专员的工作方式主要是根据自然人和组织
的申诉来开展的,投诉人此之前需先将投诉交给行政机关处理,在对行政机
关的处理不满意时才可向调解专员提出申诉。另外,国会议员也可以主动向
调解专员提交其职责范围内的案件。调解专员受理案件后,可向相关行政机
关提出询问。如果该行政机关承认该申诉属实,通常会与申诉人或调解专员
商议采取法律补救措施;当该行政机关否认申诉事实而调解专员不认同其
判断时,应再进行调停。如果行政机关不接受调停,调解专员将提出正式建
议。行政机关如果未在规定时间内给予答复,调解专员可以将其建议公开,
以引起舆论和媒体的注意。调解专员在特定情况下还有追诉权。调解专员需
就全年活动向总统和国会提交年度报告。

三、行政监察专员制度为何具有旺盛的生命力

行政监察专员制度为什么具有如此旺盛的生命力? 除了行政监察专员
具有权威的地位以外,还因其有以下鲜明特点。

行政监察专员具有较强的独立性。行政监察专员依法独立行使职权,不
受行政机关、司法机关、党派力量、社会组织的影响与干涉。为保障独立、公
正行使职权,行政监察专员在组织、人事和财政上具有很强的独立性。瑞典

行政监察专员归属于议会,只接受议会的指示和监督,工作只对议会负责。行政监察专员不得担任议员,不得在政界、商界兼职。行政监察专员(公署)的经费、工作人员的薪金完全由议会支付。行政监察专员可以自主地对政府机关及其官员的行为是否合法或妥当作出裁决,自主地决定调查项目或外出考察,自主地决定将监督事项向新闻界公布等。英国行政监察专员任期内享有相当于法官一样的工作独立性,并在一定条件下任命自己的工作人员。

处理案件注重"刚柔相济"原则。"刚"是指行政监察专员拥有较强的刚性调查权。行政监察专员在进行调查的时候,可以进入政府机关或者其他公共机构的办公场所,并有权要求有关部门提供任何记录与文件。"柔"是指行政监察专员对案件处理一般采用批评、建议、公开事项等柔性方式。行政监察专员没有改变行政机关决定的权力,只有在特定情况下,才能对实施重大违法行为的官员提起控诉。恰恰是这种"刚柔相济"的案件处理原则,有助于行政监察专员全面、深入地调查申诉案件,彻底查清违法或不良行政行为,同时,又能缓和行政监察专员履行监督职责的对抗性,较容易被行政机关等被监督者接受,从而促使其主动纠正错误,最终切实维护公众的合法、合理权益。

对行政监察专员进行有效的监管。为防止其滥用权力或滋生腐败,许多国家对行政监察专员及其机构都建立了有效的监管制度。瑞典、英国等国家都在议会中设立特别委员会对行政监察专员的公务行为进行监督。一旦该委员会查实行政监察专员有严重的不当行为,议会可以罢免行政监察专员。

世界各国的行政监察专员制度虽有共通之处,但基于一国国情、宪政体制、法律制度和组织结构等,在行政监察专员的任命程序、组织形态、职权行使、结案方式等方面呈现出多样性和差异性。在具体制度构建中,一些国家根据本国的国情和环境采取了相应的变通。如法国的调解专员制度就是其中的典型,法国行政机关具有傲慢、拖沓的传统,其行为即便合法,但如果难以执行,仍会受到公民的抗议。调解专员主要致力于协调公民与行政机关之间的不同意见,在他们之间寻找友好的解决途径。

四、对我国行政执法检察监督的启示

行政权易扩张膨胀,已是不争的事实。实践证明,对公民合法权益侵害最多的来自行政机关,而公民合法权益遭受行政机关侵害很大程度上与行政机关缺乏经常性、有效性的监督,违法行使权力或滥用权力有关。中国已有的监督行政的方式很多,诸如人大监督、行政监察、司法监督、审计监督等,但大部分监督方式未能迅速有效地发挥作用。在这一背景下,发挥检察机关法律监督的功能和优势,加强检察权对行政权直接监督的呼声日益高涨。

党的十八届四中全会通过的《中共中央关于全面推进依法治国若干重大问题的决定》明确要求,完善对涉及公民人身、财产权益的行政强制措施实行司法监督制度;检察机关在履行职责中发现行政机关违法行使职权或者不行使职权的行为,应该督促其纠正等。这从党的宏观政策层面确认了检察机关除了对行政诉讼有权实行法律监督外,对于一些特定的行政执法行为也可以直接进行法律监督。今后面临的问题是,如何从法律层面完善行政检察监督尤其是行政执法检察监督的具体制度设计。

行政监察专员制度与行政执法检察监督虽不相同,但两者依然具有一些相似性。两者目的都是为了监督行政权,维护人民合法利益;行政监察专员(公署)由议会产生,对议会负责,受议会监督。检察机关由人大产生,对人大负责,受人大监督。与其另起炉灶复制一套行政监察专员制度,还不如立足我国国情,充分利用检察机关是法律监督机关这一现成法治资源,寻找行政执法检察监督与行政监察专员制度的最佳契合点,创造性地推进行政执法检察监督,最终以最小的法治成本发挥最大的制度作用。

例如,行政执法检察监督可以借鉴行政监察专员制度中的"刚柔相济"的案件处理原则。习近平总书记在首都各界纪念现行《宪法》公布实施 30 周年大会上的讲话中指出:"实行决策权、执行权、监督权既有合理分工又有相互协调,保证国家机关依照法定权限和程序行使职权、履行职责,保证国家机关统一有效组织各项事业。"这蕴含着检察机关与行政机关之间既存在监督与被监督的关系,也具有工作上的相互协调关系。而"刚柔相济"的案件处

理原则既有助于保障监督顺利进行,同时又能缓和不同权力之间的冲突性。具体而言,检察机关在对行政执法行为进行监督的过程中,可以运用证据调查权、执法材料调阅权等调查措施,同时还可以通过网络平台建设,与行政机关等共享执法信息。但在监督方式上,提倡检察机关将检察建议作为行政执法检察监督的主要方式。检察机关针对行政违法行为或行政不作为,可以向有关行政机关发出纠正建议、督促提起民事诉讼建议和移送犯罪案件建议等。只有在特定情况下,检察机关可作为国家或公共利益的代表,向法院提起行政公益诉讼。此外,为加强行政执法检察监督,检察机关应积极争取各级人大及其常委会的支持,就工作情况向人民代表大会或其常委会作年度报告或者专项报告,由人民代表大会或其常委会提出审议意见后,视情况向社会公开公示。

(原载于 2015 年 3 月 24 日《检察日报》)

检察官在欧盟司法合作中
扮演重要角色

杨先德*

与一般的政府间国际组织不同，欧盟被认为是一个超国家的经济、政治共同体。随着经济加速融合和人口自由流动，加强跨国刑事司法协调与合作，共同打击跨国犯罪，成为欧盟致力于推进的一项重要工作。自 1992 年《马斯赫里赫特条约》订立以来，尤其是 2009 年《里斯本条约》订立之后，欧盟内部的刑事司法合作大大加强，在世界范围内形成了一套比较特别的跨国刑事司法合作机制。本文将从整体上介绍一下欧盟的刑事司法合作机制以及检察官在其中扮演的角色。

一、欧盟刑事司法合作的法律框架

对欧盟的刑事司法合作机制的考察离不开对其法律运作机制的理解。按照《欧洲联盟条约》和《欧洲联盟运行条约》，与欧盟在货币、关税、竞争法等领域享有的排他的规则制定权不同，刑事司法领域属于欧盟与成员国共享权力的领域。按照授权、辅助性和比例原则，在具有跨境因素的刑事司法合作领域，欧盟和成员国需要共同推动相关目标的实现。欧盟法律体系的运作大致可以划分为三个层面：具有"宪法"意义的《欧洲联盟条约》和《欧洲联盟运行条约》；欧盟法律，包括条例（regulation）、指令（directive）、决定（decision）、建议（recommendation）和意见（opinion）等；成员国国内法，主要指各成员国基于转化、吸收和融合而落实欧盟法的规范。欧盟刑事司法合作的法律框架也大致包括这三个层面。

《欧洲联盟条约》和《欧洲联盟运行条约》对刑事司法领域合作的原则、

---

* 北京市人民检察院干部，中国政法大学法学硕士、德国汉堡大学法学硕士，译著《跨国视角下的检察官》。

内容、方式、机构等作了明确规定，具体可以参见《欧洲联盟运行条约》第五部分"自由、安全与司法领域"的第四章。在欧盟法律层面，欧盟近年来在刑事司法合作领域颁布了大量法律，主要包括 2000 年的《刑事决定相互承认的措施方案》、2002 年的《欧洲统一逮捕令的框架决定》、2003 年的《冻结财产或证据命令的框架决定》、2005 年的《相互承认财产罚的框架决定》、2006年的《相互承认并执行没收命令的框架决定》、2008 年的《欧洲统一证据令框架决定》、2011 年的《欧洲保护令的指令》以及 2014 年的《欧洲刑事侦查令的指令》等。成员国国内法层面，主要转化和融合欧盟规定的法律。例如为了落实《欧洲统一逮捕令的框架决定》，英国 2003 年颁布了新的《引渡法》，德国先后通过两个《欧洲逮捕令法案》以修改原来的《德国刑事司法协助法》。

欧盟刑事司法合作的法律框架在很大程度上突破了传统的国际刑事司法合作的原则、内容和方式，是介于传统国际法和传统国内法的法律体系。下面以 2002 年的《欧洲统一逮捕令的框架决定》为例说明这一点。"欧洲统一逮捕令"是指为了实施刑事追诉或执行监禁刑或羁押令，由一个成员国签发的要求另一个成员国逮捕和移交被请求人的司法决定。首先，"欧洲统一逮捕令"是替代传统的国家间引渡机制的法律制度，旨在简化成员国之间的引渡程序，提高引渡效率。例如，在传统的引渡机制下，引渡平均花费 1 年，"欧洲统一逮捕令"实施后，对于犯罪嫌疑人或罪犯同意被移交的，平均只需要 15 天；对不同意被移交的，平均需要 50 天。其实，《欧洲统一逮捕令的框架决定》用"移交"一词代替了传统的"引渡"的表述，就表明了该制度不同于传统国际法规则。其次，"欧洲统一逮捕令"建立在相互信任和相互承认的基本原则之上。相互承认是欧盟刑事司法合作的"基石"，该原则的基本内涵是，一个成员国对另一成员国发布的"司法决定"要信任、认可和接受。最后，在很大程度上，"欧洲统一逮捕令"制度突破了传统的引渡法基本原则，包括政治犯不引渡、本国人不引渡、双重犯罪原则等。例如，《欧洲统一逮捕令的框架决定》第 2 条规定，最高刑期 3 年以上的 32 种犯罪行为不适用双重犯罪原则，其中包括诸如参加犯罪集团、恐怖主义、腐败、洗钱等犯罪行为。

二、欧盟刑事司法合作的组织框架

欧盟的刑事司法合作领域的组织框架大致可以划分为欧盟和成员国两个层面。在欧盟层面,欧盟的中央机构,包括欧洲议会、欧盟委员会、欧洲理事会、欧盟理事会和欧盟法院对成员国落实和执行欧盟条约和欧盟法律有监督职责,其中欧盟委员会(类似于欧盟的政府)和欧盟法院起到非常关键的作用。按照《欧盟运行条约》第 258 条和第 260 条的规定,欧盟委员会如果发现成员国没有遵循欧盟条约和法律, 可以在成员国提交说明后向成员国发出意见,如果成员国在指定期限内未遵循欧盟委员会的意见,欧盟委员会可以向欧盟法院提起针对成员国的诉讼。成员国如果败诉,且不执行法院判决,可能面临罚金处罚。同理,成员国之间也可以就对方未遵循欧盟条约和法律向欧盟法院提起诉讼。因此,对于刑事司法合作领域的欧盟法律,是有比较健全的执行监督机制来保障其实施的。

欧盟层面有专门的机构负责协调成员国之间的法律合作, 这些机构包括欧洲司法组织、欧洲司法网、欧洲警察办公室、欧洲反欺诈办公室(O-LAF),以及正在筹建的欧洲检察官办公室等。目前与刑事司法合作关系最为密切的是欧洲司法组织和欧洲司法网。2002 年组建的欧洲司法组织,旨在加强欧盟成员国之间以及欧盟与其他国家之间在侦查、追诉跨国严重犯罪方面的协调与合作。按照欧盟法,该组织由欧盟各成员国指派一名国家代表组成委员会,这些国家代表必须从成员国的检察官、法官和警官中挑选。目前,该委员会 27 个国家代表中,除奥地利外,其他 26 个国家任命的代表均为各国的高级别检察官或曾任高级别检察官。此外,欧洲司法组织还设有代理国家代表、国家代表助理和美国、瑞士、挪威等非欧盟成员国派驻的联络司法官,这些人员也多是各国的高级别检察官。欧洲司法网成立早于欧洲司法组织,后来被纳入欧洲司法组织,但又保持独立运行。按照欧盟法,欧洲司法网的运作大致如下:欧盟层面设有欧盟司法网办公室(目前位于欧洲司法组织内部)并由秘书长负责管理,各成员国确立自己负责的刑事司法合作中心局, 成员国设立一个或多个联系点, 成员国在本国的联系点任命联络官,成员国向欧洲司法网派驻联络官,各成员国之间可以相互派驻联络官,各联络点之间建立安全的通信系统。欧洲司法网旨在实现成员国司法机构之间的直接联系,减少司法协助的壁垒和成本。

在成员国层面,中央局或主管部门设在哪里、联络点如何设置、派驻何种联络司法官、由哪个机构执行司法合作,在很大程度上取决于本国的《宪法》法律传统、内部结构、司法职能划分等因素。欧盟成员国众多,各国差异巨大,这也使得负责跨国司法合作的国内组织和程序具有多样性,考验着欧盟层面机制的协调能力。以"欧洲统一逮捕令"为例,从欧洲司法网官方网站系统查询的情况看,各国设置的中心局或主管部门具有多样性。例如德国为州总检察长办公室,英国为国家犯罪局,法国为高等上诉法院,荷兰为检察总署,罗马尼亚、斯洛维尼亚为司法部,等等。而有的国家根据犯罪类型的不同,中央局或主管部门也有所不同,例如在瑞典,腐败犯罪的中央局为国家反腐败局,恐怖主义和国家安全犯罪的中央局则为负责国家安全的公诉办公室。此外,根据刑事司法合作内容的不同,在成员国内接收、执行、发出合作请求的机构都会有所不同。例如在荷兰,如果请求的内容是"欧洲统一逮捕令",则主管部门为检察总署,如果请求的内容是"执行罚金刑",则主管部门为中央罚金收缴局(其也受检察总署监督)。成员国不管机构如何设置和分工,都要遵循合宪、合法、对等和便于提高司法合作效率的原则。

三、欧盟刑事司法合作中的检察官

有效的司法合作依赖于不同机构和人员之间的通力合作,检察官在其中发挥着重要作用。

一方面,在欧盟法律中,检察官被认为是一种司法官,对控制司法合作机制的有效运作十分重要。不管是侦查措施、强制措施,还是执行令或判决,都可能被笼统地归入司法合作的范畴,而谁有权作出"司法决定"非常关键。例如,欧盟条约和早期的欧盟法律(如 2002 年的《欧洲统一逮捕令的框架决定》)对司法决定的"签发主体"并没有明确界定,这就导致对司法合作可能缺乏有效的司法控制,从而出现滥用现象。例如,"欧洲统一逮捕令"制度实施后，从 2005 年至 2009 年，各成员国共签发 54689 个"欧洲统一逮捕令"，但最终执行的只有 11630 个，执行率只有 21%左右。依据欧洲议会和其他研究机构的报告，导致执行率低的原因是多方面的，其中一项重要原因是部分成员国滥用"欧洲统一逮捕令"，例如在案件侦查中过早地使用"欧洲统一逮捕令"或在轻微案件中也使用"欧洲统一逮捕令"等。基于此，欧盟议会在 2014 年就"欧洲统一逮捕令"制度改革作出的一项决议中，建议欧盟委员会在未来提交的修法议案中，明确界定签发"欧洲统一逮捕令"的主体。将主体限制在"法官、法院、侦查法官或检察官"范围内，如果依据成员国法律其他主体有权签发逮捕令，其决定也必须经法官、法院、侦查法官或检察官审查、确认后才能向其他成员国发出。这种加强司法官对司法请求决定的审查可能已经成为一种趋势。例如在 2008 年的《欧洲统一证据令框架决定》中，将"统一证据令"的签发主体限定于"法官、法院、侦查法官或检察官"，以及"其他在刑事程序中承担侦查职能的司法机构"，而欧盟在 2014 年制定的旨在取代"统一证据令"制度的《欧洲刑事侦查令的指令》中规定，对于其他依据成员国法律有权在刑事侦查程序中签发相关命令的机构，其决定必须经过"法官、法院、侦查法官或检察官"的审查和确认。从这些规定看，检察官都被认为是有权签发与司法合作相关的司法决定的主体。

另一方面，检察官在欧盟司法合作的具体操作层面也扮演着非常重要的角色，这很大程度上与检察官在欧盟各国刑事司法体系中的地位和作用有关。在欧洲司法组织的国家代表中，绝大部分成员国指派的代表是经验丰富的高级别检察官，由于检察官在刑事司法程序中处于中间地位，尤其是在欧盟成员国的法律中，检察官对侦查活动有较大影响力（如德国、法国、荷兰、保加利亚等国的检察官可以直接领导和指挥侦查），且检察官自身的素质较高，其在国际刑事司法合作中可以有效扮演"积极中介"的角色。而在成员国内接受、执行或发出司法合作请求方面，检察官如何发挥作用仍然取决于合作事项在国内法中是否属于检察机关处理。例如在英国，皇家检察署有执行没收违法所得的权力，因此这方面的司法合作则由皇家检察署执行。而向外发出"欧洲统一逮捕令"，则需要检察官决定后提交法院审查批准后向外发出。再比如,在德国,按照相关法律,向外发出"欧洲统一逮捕令",由检察官提出,法官批准。对于执行其他国家的"欧洲统一逮捕令",由检察机关执行并作出是否"移交"的决定,但该决定必须提交高等法院审查。也就是说,欧盟刑事司法合作虽然已经废除了政治机构的批准权或决定权,基本实现了去政治化,由司法机关起主导作用,实现了司法机关的直接联系,但是司法合作仍需要遵循比较严格的司法审查程序,以确保严格控制司法合作工具的使用,维护本国的司法主权和公民人权。

(原载于 2016 年 3 月 22 日《检察日报》)

反腐是欧盟成员国
司法合作的重要领域

杨先德* 杨国栋**

随着经济全球化和地区经济一体化，腐败犯罪呈现越来越多的跨国因素，给各国反腐败带来严峻的挑战。如何应对，成为国际司法合作的一项重要议题。本文

 杨先德

 杨国栋

将重点考察欧盟成员国在反腐败领域的司法合作，尤其是最新发展情况。

一、欧盟国家的反腐合作受多重国际条约规制

与很多领域的国际合作一样，在机会主义驱使下，反腐合作面临各种博弈论困境，即一个国家可能不会按照最有利于整体利益的规则办事，而采取有利于自己眼前利益的行动。为避免这一问题，确保反腐国际合作取得预期效果，一方面需要合作方各国对反腐有强烈的政治意愿和坚决的政治意志，另一方面需要完善的、有约束力的国际规则和机制去落实这种政治意愿和政治意志。腐败是一种社会公害，这已经是欧盟各国的共识。目前，欧盟成员国的反腐合作主要在以下几个国际法律框架下进行：经济合作与发展组织 1997 年制定的《在国际商业交易中打击贿赂外国官员公约》、欧洲委员会 1999 年制定的《反腐败刑法公约》、联合国 2003 年制定的《联合国反腐败公约》、欧盟 2003 年制定的《私营领域反腐框架决定》以及一系列欧盟刑事司法合作框架决定(腐败犯罪是这些决定中被明确列明的合作领域)等。在制定这些国际公约的过程中，各国展现了比较明确的反腐

* 北京市人民检察院干部，中国政法大学法学硕士、德国汉堡大学法学硕士，译著《跨国视角下的检察官》。
** 现就读于德国汉堡大学法学院，欧盟法博士候选人。

政治意志,例如,欧洲委员会《反腐败刑法公约》的前言中强调,"腐败威胁法治、民主和人权,损害良治、公平和社会公正,扭曲竞争,阻碍经济发展,威胁民主制度的稳定和社会的道德基础"。2010 年欧洲理事会发布"斯德哥尔摩计划",欧盟各国领导人表示欧盟成员国将继续加强反腐合作,并明确了合作的领域和具体计划,欧盟各成员国也高度重视反腐工作,比如英国政府于 2014 年制定了详细的反腐计划。

二、反腐败国际法律的作用主要表现在两个方面

一是促进各国实体法律规则统一。这些法律对行贿、受贿、向外国官员行贿、洗钱、会计犯罪、利用影响力受贿、私人领域腐败、公司责任、反腐专门机构等法律术语和概念进行了界定,并要求各国将其吸收为国内法,为国家间合作奠定了实体法基础。而且值得一提的是,经济合作与发展组织《在国际商业交易中打击贿赂外国官员公约》和欧洲委员会《反腐败刑法公约》比《联合国反腐败公约》对欧盟国家的约束力更强,后者很多条款是非强制性的,具有选择性,而且涉及国家众多,也面临执行困难,因而地区性反腐公约和规则的存在仍然是必要的。

二是推动构建完善的合作机制。这些法律在国家间司法协助、确立"或起诉或引渡"规则、公约执行监督和争议解决机制等方面都有具体规定。需要强调的是,欧盟近年来在刑事司法合作领域颁布了一系列规定,从跨国侦查、取证、逮捕、犯罪所得追回到判决执行等都有了相当超前的规定,而这些规定同样适用于反腐跨国合作,因而对于欧盟各国而言,其反腐国际合作已经突破和超越了这几份早期订立的公约确立的规则。当然,"罗马非一日建成",这些公约仍然是欧盟国家间反腐合作的重要基石,例如欧盟也在整体上加入了欧洲委员会的《反腐败刑法公约》。

三、反腐败评估机制对推动反腐合作起重要作用

腐败可能存在于社会的各个领域,因而反腐是一项综合性的社会治理工作,准确评估社会腐败状况和反腐措施实施效果,为进一步预防和打击腐

败提供指引,是推动反腐国际合作决策的重要方式。目前,在欧盟,有多种评估机制承担着这样的角色。为监督落实《在国际商业交易中打击贿赂外国官员公约》和《反腐败刑法公约》,经济合作与发展组织和欧洲委员会分别设立了国际商业交易中反贿赂工作组以及反腐国家工作组。这些机构的主要职责是跟踪、监督公约执行,其中一项重要监督方式是要求各成员国定期提交实施报告,工作组进行评估,作出结论并给出改进建议。例如,经济合作与发展组织的跟踪评估已经进行到了第三阶段。以德国为例,2013 年德国经济合作与发展组织反贿赂工作组提交了实施报告,对德国就上一阶段的建议落实情况进行了评估,并指出了不足,提出了进一步建议。经济合作与发展组织反贿赂工作组也会发布分析报告,对国际商业交易领域的腐败状况和反腐工作进行评估。例如 2014 年 12 月,经济合作与发展组织发布了《海外贿赂报告》,以经济合作与发展组织各反腐公约生效以来的 427 个跨国腐败案件为数据支撑,对跨国腐败进行了评估分析。欧洲委员会的反腐国家工作组也遵循类似的工作机制,目前已经进行了多轮跟踪评估。

为落实"斯德哥尔摩计划",欧盟委员会在 2011 年向欧洲议会、欧洲理事会和欧洲经济和社会委员会提交的关于欧盟反腐工作的通报中,提出了建立"欧盟反腐报告"制度的设想。在这份通报中,欧盟委员会认为腐败造成欧盟各国每年至少 1200 亿欧元损失,各国反腐工作需要继续加强。欧盟反腐报告制度实际上是一个指示系统,通过它来反映欧盟各国的腐败状况,反腐取得的成效、不足,明确需要解决的问题,进而来监督和推动各国反腐工作。该报告每两年发布一次。2014 年欧盟委员会发布了第一份欧盟反腐报告,该报告事实上借鉴和吸收了经济合作与发展组织、欧洲委员会的腐败评估机制和一些具体数据,内容非常详实。该报告首先公布了欧洲民意调查机构对欧洲民众的腐败感知度的调查结果。例如根据该项调查,丹麦、芬兰、卢森堡和瑞典受访者很少被期待去通过行贿达成某些目的,在英国 1115 个人中只有 5 个人被期待去行贿,在欧洲各国中比例最低。但是受访者普遍认为腐败在本国的存在比较广泛(自己未必就经历过腐败),这一比例平均高达74%。在行贿经历方面,匈牙利、斯洛文尼亚和波兰受访者行贿经历最多,比例分别达到 13%、14%和 15%。平均 26%的受访者认为贿赂影响到他们的生活,67%的受访者认为政治选举资金不透明,需要监督。该报告还从政治维度、控制机制和预防、惩治、风险领域等四个方面介绍了欧盟各国的反腐整体状况,重点分析了诸如政治选举中的腐败、官员财产公开、利益冲突避免机制、反腐机构的运行效果、微小腐败、地方腐败、海外贿赂等问题。该报告重点阐述了政府采购领域存在的腐败问题, 这反映出政府采购腐败被欧盟认为是各成员国面临的最严重的腐败领域。最后,该报告对各成员国的反腐状况分别进行了概括分析,指出需要进一步解决的问题并提出了建议,比如欧盟建议英国加强军工产业领域的反腐和银行业责任监管, 再比如欧盟指出腐败仍然是意大利面临的一大挑战,建议意大利加强国家反贪局的建设,等等。

事实上, 反腐报告、评估机制对推进国家间反腐合作的作用主要体现在,它将国际组织的垂直审查、纵向监督、总体协调与政府间的双边审查、多边监督、平行施压相结合,促使各国遵守规则并进行改革,实现共同目标。在这一过程中,通过一再重申反腐政治意愿,持续跟进反腐措施落实,反腐国际合作走上了常态化、制度化、规范化的道路。

四、欧盟反腐合作的落实最终通过法治化机制实现

法治不仅是国内治理的最佳方式,也是国际治理的重要方式。欧盟在刑事司法领域的合作已经基本实现了"去政治化",走上"法治化"道路,开创了国家间司法合作的新局面。反腐合作最终也要落实在法治化机制上,而且,非常关键的一点是,通过法治化,任何争议都可以通过理性平和的司法渠道得到充分论证、辩论和裁决。例如,一国腐败犯罪嫌疑人外逃,对他的追捕应该有明确、高效和可操作的规则,从而避免不必要的拖延、资源消耗,甚至外交和政治纷争。

目前在欧盟层面,有多个组织和部门致力于推动欧盟反腐司法合作。除了欧洲司法组织、欧洲司法网、欧洲警察办公室以及筹备中的欧洲检察官办公室等一般性司法合作组织外, 还有诸如欧洲反腐伙伴组织和欧盟反腐联络网等专门性组织。这些机构更多的是发挥协调、沟通和组织作用,他们通过召集会议、制定标准、发布操作手册、提供司法培训等"软性"措施来推进反腐国际合作。例如欧洲反腐伙伴组织和欧盟反腐联络网 2012 年联合发布了反腐机构标准手册,对各成员国反腐机构的建设提出标准化的建议,涉及坚持法治、独立性、负责任原则,保持廉洁、公正性、亲民性,确保透明度和保密,加强资源保障,加强人员招聘与职业培训,加强机构间与跨国间合作,坚持防止和打击腐败的整体化路径等方面。而根据欧洲司法组织 2014 年年度报告显示,腐败犯罪已经成为欧盟司法合作的重点和优先领域,欧洲司法组织参与协调处理的成员国间跨国反腐司法合作案件 2012 年为 30 件,2013 年为 52 件,2014 年为 55 件,数据呈现逐年上升趋势。在这些司法合作请求中,主要请求国包括西班牙、希腊、克罗地亚、意大利和拉脱维亚,而主要被请求国集中于英国、奥地利、德国和荷兰等国。

下面,笔者以伊利亚诉雅典上诉法院案为例,说明欧盟反腐合作的法治化图景。伊利亚原本是雅典初审法院一名法官,因行为不端,于 2005 年 7 月被解职。在被解职前数日,她离开希腊前往英国,并用假身份定居英国。伊利亚在希腊遭到检方多项调查和指控(包括腐败、滥用职权、洗钱、诈骗等),部分轻罪(失职罪和掩饰回避事由罪)在其缺席的情况下已经作出定罪判决。希腊检察官先后向英国检方签发 5 份欧洲统一逮捕令,请求英国司法机关逮捕并移交伊利亚。英国检方执行了相关逮捕令,于 2011 年 5 月将伊利亚逮捕。英国检方将案件移送威斯敏斯特治安法院审理,初审法官驳回了伊利亚的各项抗辩,批准了引渡决定。伊利亚不服裁决,上诉到英国高等法院行政分庭,上诉法院驳回了伊利亚的各项上诉请求,维持了引渡决定。在该案中,英国检方代表希腊检方出庭支持逮捕令请求,伊利亚聘请了律师并提出多项抗辩。案件主要争点集中在以下几个方面:逮捕令中的"失职罪"和"掩饰回避事由罪"是否是可引渡罪名的问题;逮捕令所涉及的腐败重罪是否成立的问题;如果将伊利亚引渡回国是否会受到公正审判和公正待遇的问题等。在该案审理中,涉及到双重犯罪原则适用、对请求国人权状况的评估等方面,从判决说理和结果看,英国的司法机关对希腊司法决定表现出了最大程度的认可和信任。由于腐败犯罪是《欧盟成员国之间实施欧洲统一逮捕令及其移交程序的框架决定》等司法合作规则明确的合作领域，不受双重犯罪原则审查，因此英国司法机关并不会在伊利亚涉嫌的腐败行为在英国法上是否实质地构成犯罪进行论证。换句话说，英国检方不需要去证明请求国提交的证据能够排除合理怀疑地证明犯罪嫌疑人构成犯罪。相反地，在"失职罪"等罪名上，因适用双重犯罪原则，请求国提交的证据必须能够证明犯罪嫌疑人在英国法上也构成犯罪，因而其证明标准是不一样的。总之，各种争议都可以通过法治途径得到妥善解决。

　　欧盟各国的反腐合作表明，反腐作为一项重要而敏感的国际治理工作，需要坚决的政治意志、充分的政治互信、完善的国际规则和健全的实施机制，需要坚持预防和打击并重，而无论如何，最终都需要建立一种制度化、法治化的反腐合作机制。当然，反腐司法合作对国家间法律规则的趋同、各国人权司法状况改善等也提出了较高的要求，这意味着，合作必须建立在一定的制度基础上。

（原载于 2016 年 4 月 5 日《检察日报》）

附　录
台湾地区和澳门特别行政区检察制度

台湾地区检察机关
内设机构各司其职

万　毅*

台湾地区的检察制度在历史上曾深受日本检察制度的影响，因而，台湾地区的检察制度在检察官的角色定位以及职权配置等方面，都与日本检察制度几近一致，其检察机关的内设机构在设置原理和模式上亦与日本检察机关相似，但又略有差异。

一、检察官室、检察事务官室和行政科室

台湾地区检察机关的内设机构主要是围绕检察官而运作的，因而设"检察官室"作为基本业务机构。其他机构包括"检察事务官室"和"行政科室"，都是为检察官室提供后勤保障和配套辅助服务的，以协助业务单位运作为主要目的。因而，台湾地区检察机关的内设机构主要分为：检察官室、检察事务官室和行政科室。其中，检察事务官室是检察官的"助手"（辅助机构）——检察事务官的集合体或办公处所；而行政科室则一般包括人事室、会计室、政风室、法警室、统计室、信息室、观护人室、法医室、研考科、总务科、记录科、诉讼辅导科、为民服务中心。

由于台湾地区奉行检察官独立原则，每一位检察官都是一个独立的办案主体，因而，检察官室的每一位检察官又称为一"股"。又由于台湾地区检察官办案原则上实行独任制，因此，独任制是台湾地区检察机关的基本办案组织形式，而"股"则是台湾地区检察机关的基本办案单位。

二、侦查、公诉、执行三大业务部门并立

台湾地区"法院组织法"第56条规定："各级法院及分院检察署检察官，

---

* 四川大学法学院教授，最高人民检察院检察理论研究所兼职研究员、最高人民检察院首批检察改革智库成员。

最高法院检察署以一人为检察总长，其他法院及分院检察署各以一人为检察长，分别综理各该行政事务，各级法院及分院检察署检察官员额在六人以上者，得分组办事，每组以一人为主任检察官，监督各组事务。"据此，台湾地区检察机关在检察官室下又分设各业务组。之所以称其为"组"，主要是因为台湾地区的检察机关与法院平等同格，皆属司法机关，因而，其业务机构不宜仿效行政机关内设机构的名称而称之为"处"或"科"，且检察机关虽与法院同属司法机关，但职能和角色不同，内、外部权力运作模式也不相同，亦不宜照搬法院内设机构的名称而称之为"庭"，故将检察机关的内设业务机构命名为"组"，以示区别，并与法院的内设业务机构"庭"相对应。

根据台湾地区"法院组织法"和"刑事诉讼法"的相关规定，检察官主要行使三大职权：侦查、公诉（提起公诉、实行公诉）及指挥刑罚执行。实践中，台湾地区检察机关的内设业务机构主要是围绕上述三大职能而设置的，分为两"组"一"科"：侦查组、公诉组和执行科，并按照"法院组织法"第 56 条的规定，每组设一人为主任检察官，负责监督各组事务。检察机关的其他法定职权也由上述三个机构代行，例如，台湾地区"刑事诉讼法"规定，检察官有权协助自诉、担当自诉，实践中该职权即交由公诉组检察官代为行使。其中，行使刑罚执行指挥权的部门之所以称为"科"，盖因刑罚执行指挥权不同于侦查权和公诉权，本属司法行政权，自应按行政机关的命名习惯而称之为"科"。虽然执行部门称为"科"，但仍然设一位主任检察官，负责监督该科事务，且同样遵行检察官独立办案原则，以"股"为单位行使刑罚执行指挥权。例如，在台湾地区前领导人陈水扁、吴淑珍夫妇龙潭购地弊案、陈敏熏买官一案中，被告人陈水扁、吴淑珍夫妇经台湾地区"最高法院"终审判决罪名成立并宣告没收其不法所得后，就是由台湾"最高法院检察署"执行科检察官钱汉良签发提票和指挥书将陈水扁发监。

需要说明的是，台湾地区检察机关在 2003 年之前并未设立专门的公诉组，当时台湾地区检察机关内部普遍存在着"重侦查、轻公诉"的风气，公诉权由侦查组检察官代为行使。由于缺乏专门的公诉检察官，加上台湾地区当时实行职权主义审判制度，法官包揽了证据调查活动，检察官莅庭进行公诉徒具形式,庭审纯粹是"走过场",这一状况广受诟病。但是,2002 年 2 月 8 日,台湾地区"刑事诉讼法"修订,确立了法院调查证据由"职权进行"改为"当事人进行主义",加强了检察官的举证责任。2003 年 2 月 6 日,台湾地区"刑事诉讼法"证据章修正条文公布,引进了传闻证据排除法则和非法证据排除法则,落实了检察官莅庭进行公诉等制度,迫使检察官走入法庭,并且全程莅庭举证。为应对"刑事诉讼法"的上述转型,台湾检察体系被迫进行调整,不得不一改过去侧重侦查、轻视公诉的习惯做法,而转变为侦查与公诉并重。在台湾地区"法务部"的要求下,各级检察机关在原本的"侦查组"和"执行科"之外另行设立了"公诉组",并从侦查组抽调部分检察官到公诉组专职从事公诉工作,从而在台湾地区检察机关内部形成了侦查、公诉、执行三大业务部门并立的格局。

目前,台湾地区检察机关公诉组检察官的员额和人数,主要对应法官的数量而作调整,原则上每位公诉组检察官需对应法院 3 至 4 位法官。在检察机关内部,侦查组的检察官员额和人数仍然是最多的,例如,台北地方检察署内侦查组检察官与公诉组检察官在员额和人数上大致保持 2:1 的比例。按照台湾地区检察机关的习惯做法,侦查组、公诉组和执行科三个业务部门之间的人员相互流动,一般 2 年左右轮换一次。由于公诉工作直接面对法官和辩护人,需要一定的历练才适合担任公诉人,因而初任检察官到地方检察署工作后,往往会先被分发到侦查组积累经验,2 年后才能去公诉组工作。当然,在台湾地区检察实务中仍然不同程度地存在着重侦查而轻公诉的风气,部分检察官仍然偏爱侦查。这主要是因为对于检察官而言,侦查可以自己做主,而公诉的决定权却掌握在法官手上,案件如何审理、怎么判,都是法官说了算,即使检察官气得牙痒痒也没用,只能上诉,所以,部分检察官不愿意从事公诉工作。至于 2 年左右的工作轮换,检察官去哪个组工作,原则上由检察长指派,个别检察官年度调动会填意愿表,但这种意愿对检察长而言并没有约束力。

根据台湾地区"刑事诉讼法"的规定,检察官是侦查权主体,对所有刑事案件皆有权展开侦查,且按照台湾地区检察机关的习惯做法,审查起诉权和起诉裁量权都交由侦查组检察官行使，因而，侦查组检察官的业务量是最大的，亦因此，在业务量较大的地方检察署，其侦查组会进一步分设为若干小组，如在侦查组下再分设侦查甲组、侦查乙组、侦查丙组等。

当然，台湾地区检察机关在业务机构的设置上是比较灵活的。分设侦查组、公诉组、执行科三大业务部门的做法，只在规模较大（业务量较大、检察官员额数较多）的地方检察署实行。有的小型地方检察署，例如金门地方检察署，因为总共只有 2 名检察官，根本无法分组，那就只

台湾地区检察机关内设机构示意图

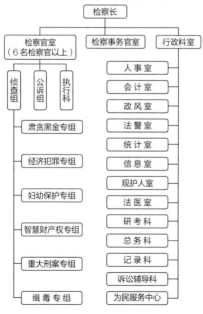

台湾地区"地方法院检察署检察官专组办理业务项目表"

专组种类	办理业务项目
肃贪黑金专组	一、贪渎案件 二、与司法风纪有关之诈欺案件 三、前二项业务相关资料之搜集整理与相关法律问题之研究
经济犯罪专组	一、《经济犯罪之罪名及范围认定标准》所列案件，但违反商标法、专利法案件除外 二、前二项业务相关资料之搜集整理与相关法律问题之研究 三、协助建立经济犯罪资料库档案
妇幼保护专组	一、性侵害及一般妨害风化案件 二、违反儿童及少年性交易防制条例案件 三、违反家庭暴力防治法案件 四、少年事件（涉及重大刑案及毒品案件者除外） 五、前四项业务相关资料之搜集整理与相关法律问题之研究
智慧财产权专组	一、违反商标法、专利法案件 二、违反著作权法案件 三、计算机犯罪案件 四、前三项业务相关资料之搜集整理与相关法律问题之研究
重大刑案专组	一、扫黑案件 二、《检察机关办理重大刑事案件注意事项》所列不属于其他专组之案件 三、破坏国土保持案件 四、其他经检察长指定办理非属专组案件之社会瞩目案件 五、前四项业务相关资料之搜集整理与相关法律问题之研究
缉毒专组	一、违反毒品危害防制条例及其相关案件（单纯施用、持有毒品之案件除外） 二、与毒品或麻醉药品有关之违反药事法案件 三、前二项业务相关资料之搜集整理与相关法律问题之研究

王鲁坤/制图

能由 2 名检察官统揽侦查、公诉和指挥刑罚执行权,成为全能检察官。

三、侦查机构呈专业化发展趋势

当今检察制度发展的瓶颈之一就是检察官的专业化问题。对此,台湾地区检察机关的传统做法是设"专股办案",即让侦查组内的个别检察官专门侦办特定类型的案件,但这一做法事实上所发挥的专业功能极为有限。近年来,针对犯罪呈组织化、专业化、科技化的发展趋势,台湾地区检察机关开始提倡并尝试在各地方检察署侦查组下因应案件类型的不同再做专组分工,从而实现由"专股办案"向"专组办案"模式转变。但要注意的是,与日本、韩国的做法相同,台湾地区检察机关所谓的专组办案仅限于侦查部门,盖因侦查作业尤其是证据的收集、调取更为强调和依赖检察官的专业知识和技能。

2001 年 12 月 31 日,台湾地区"法务部"发布"地方法院检察署试办检察官专组办案实施要点",提出"为提升检察官侦查案件之专业知能,并建立检察官专组专办及发挥协同办案精神,以强化打击特定犯罪之成效"。在台北、板桥、台中、台南、高雄地方法院检察署试行检察官专组办案,在原侦查组下设立肃贪黑金专组、经济犯罪专组、妇幼保护专组、智慧财产权专组、重大刑案专组、缉毒专组。每一专组得指定适当人数的检察官担任(人数由各该地方检察署视业务量及检察官员额自行酌定),同一专组的检察官以在同一办公室办公为原则。同一办公室不足容纳该专组检察官的,得分别在相邻的办公室办公,其目的是便于专组检察官之间的业务经验交流并培养默契互信的心理。每一专组设组长、副组长各 1 人,组长由主任检察官担任,负责该组行政协调及事务统合工作,副组长由检察长指定该专组内较资深的检察官担任,协助组长处理该组的行政协调及统合业务。为培养检察官的专业办案能力,受指定到专组办案的检察官,除人事升迁或不适任该专组的业务或其他必要情形外,原则上应连续在同一专组办案至少 2 年以上,并不得兼任其他专组的职务。检察官办理同一专组的职务已满 2 年的,检察长得依其专长及意愿,改调至其他专组办案。

(原载于 2015 年 7 月 7 日《检察日报》)

305
域外检察

特侦组:台湾检察体系中的
反腐"杀手锏"

万　毅*

2008 年 5 月 20 日台湾地区前领导人陈水扁卸任,台湾"最高法院检察署"特侦组随即分案侦办"国务机要费"案,并将陈水扁列为被告人,陈水扁因此成为台湾司法史上第一位被检方列为"侦"字案被告人的卸任领导人。2009 年 9 月 11 日台北地方法院第七法庭一审宣判陈水扁所涉舞弊案,陈水扁涉五罪,被判处无期徒刑,并罚金两亿。在社会各界震惊于陈水扁家族舞弊案的同时,侦办这一舞弊案的台湾"最高法院检察署"特侦组也开始进入人们的视野。人们不禁惊叹,特侦组究竟是一个怎样的组织,为何能有如此大的权力将位高权重的卸任领导人立案侦查并送入监狱?

一、历史由来

20 世纪 80 年代末期,在台湾的经济取得发展之际,一个叫做"黑金政治"的怪胎也正在形成,导致买票贿选、政治暴力、内线交易、贪污等社会问题丛生。在这种背景下,全面扫除黑金、肃贪查贿成为当时台湾社会的一致呼声与诉求。

2000 年台湾地区出现第一次政党轮替,新上台的民进党提出了"扫除黑金"的司法政策。由于当时台湾地区检察机关内部并未设置肃贪查贿的专门机构,因而,2000 年 6 月 28 日经台湾地区"行政院"决议通过后,台湾"高等法院检察署"于同年 7 月 1 日成立了"查缉黑金行动中心",并陆续于台北、台中、台南、高雄成立了 4 个隶属该中心的"特别侦查组",简称"特侦组",专责查办高官等涉嫌官商舞弊及"黑""白"挂钩的重大贪渎案件。

* 四川大学法学院教授,最高人民检察院检察理论研究所兼职研究员、最高人民检察院首批检察改革智库成员。

"查黑中心"及所属四个特侦组成立后,顶着重重压力展开扫黑、肃贪、查贿工作,办理了一批重大敏感案件,其中不乏在台湾社会引起轰动、影响深远的大案、要案,如2004年"3·19枪击案"、2006年的"国务机要费案"和"立法委员"罗福助舞弊案等等。但由于"查黑中心"及特侦组的成立并无台湾"刑事诉讼法"及"法院组织法"的明文规定与授权,因此,其运行过程中不断遭人诟病,甚至因其并非"法定机构"而被污称为"黑机关"。

为应对上述质疑,2006年2月3日,台湾地区"法院组织法修正案"通过,增订了第63B1条:"最高法院检察署设特别侦查组,职司下列案件:一、涉及总统、副总统、五院院长、部会首长或上将阶军职人员之贪渎案件;二、选务机关、政党或候选人于总统、副总统或立法委员选举时,涉嫌全国性舞弊事件或妨害选举之案件;三、特殊重大贪渎、经济犯罪、危害社会秩序,经最高法院检察署检察总长指定之案件。特别侦查组置检察官六人以上,十五人以下,由最高法院检察署检察总长指定一人为主任,该组之检察官、检察事务官及其他人员, 由最高法院检察署检察总长自各级法院检察署中调最高法院检察署办事。特别侦查组为办案需要,得借调相关机关之专业人员协助侦查。特别侦查组检察官执行职务时,得执行各该审级检察官之职权,不受第62条之限制。调办事之检察官行使职权,不受第66条之一之限制。立法院得于第一项第一款、第二款之案件侦查终结后,决议要求最高法院检察署检察总长赴立法院报告。""法院组织法"的上述修订,不仅使特侦组最终赢得了合法的身份,还因特侦组成为台湾地区"最高法院检察署"的常设机构,地位被提升至台湾地区检察机构的顶点。2007年4月2日,台湾地区"最高法院检察署特别侦查组"正式挂牌成立,由此揭开了台湾地区特侦组制度以及整个台湾检察制度发展的历史新篇章。

二、地位与职权

首先,特侦组设于台湾地区"最高法院检察署"内,系台湾地区"最高法院检察署"的常设办案机构之一,受"检察总长"直接领导和指挥,居于台湾地区检察机构的顶点,是台湾检察体系中的最高侦查机构,在办案中根据需要可以直接指挥"高等法院检察署"及"地方法院检察署"检察官。之所以将特侦组内设于"最高法院检察署",目的在于打破检察官辖区和审级的限制,同时以台湾地区"最高检察机关"内设机构的法律地位确保特侦组办案的独立性。因为特侦组所侦办者,皆为大案要案,对象涉及高官政要,若特侦组配置的审级过低,恐难抵挡各种"关说"(指当官者利用职权干扰正常执法或行政活动),其办案独立性将受影响,故而将特侦组配置于"最高法院检察署",以台湾地区"最高检察机关"之名义履职行权,以其高规格、高位阶屏蔽各种"关说",确保其独立办案。

其次,特侦组主要管辖高官要案。根据台湾"法院组织法"第 63B1 条的规定,"最高法院检察署特别侦查组"管辖下列案件:(1)涉及"总统""副总统""五院院长""部会首长"或"上将"阶军职人员的贪渎案件;(2)选务机关、政党或候选人于"总统""副总统"或"立法委员"选举时,涉嫌"全国性"舞弊事件或妨害选举的案件;(3)特殊重大贪渎、经济犯罪、危害社会秩序,经"最高法院检察署检察总长"指定的案件。以上所列之管辖对象或为高官政要,或为牵连台湾地区政治、经济体制之大案、要案,由此可见,特侦组所管辖者皆为高官要案,其目的在于确保台湾地区政治、经济和社会秩序的稳定,是台湾检察体系刻意打造的肃贪反腐的"杀手锏"。

再次,特侦组是台湾地区检察体系的最高侦查机构,故理所当然地直接行使侦查权,同时作为台湾地区最高侦查机构,享有对"高等法院检察署"和"地方法院检察署"侦查组检察官的指挥、监督权。实务中,特侦组专司侦查之责,其所侦办之案件,侦查终结后即移送该管"地方法院检察署"实行公诉并担负执行。例如,在陈水扁舞弊案的一审中,虽然侦查全程由特侦组掌控完成,但最后代表检方提起公诉并出庭支持公诉的却是台北地方法院检察署的公诉组检察官。

特侦组检察官,在某种意义上是一种"特别检察官",因为其履职行权并不受审级和辖区限制。按照台湾"刑事诉讼法"和"法院组织法"的规定,除"最高法院检察署检察总长"以及"高等法院检察署"检察长有职务介入权与移转权之外,一般检察官只能在其配属的法院执行该审级的检察官职权,而

域外检察

不得逾越审级行使其他审级检察官的职权。但特侦组检察官却不受上述规定限制,修订后的台湾地区"法院组织法"第 63B1 条规定:特别侦查组检察官执行职务时,得执行各该审级检察官之职权,不受第 62 条之限制。

据此,特侦组检察官可以根据案件的性质,分别行使一、二、三审检察官的职权。换言之,如果案件本属于一审地方法院管辖的,则特侦组检察官可以行使一审检察官的职权;如果案件该属二审法院管辖的,则特侦组检察官亦可行使二审检察官的职权。同时,特侦组检察官履职行权也不受辖区的限制,可以跨司法辖区办案。特侦组检察官履行职权不受审级和辖区限制,使得特侦组办案时具有高度的机动性和协调性。

三、编制及选任

依据台湾地区"法院组织法"第 63B1 条的规定:"特别侦查组置检察官六人以上,十五人以下,由最高法院检察署检察总长指定一人为主任。"同条规定:"特别侦查组为办案需要, 得借调相关机关之专业人员协助侦查。"据此,特侦组的检察官编制为 6 至 15 人,其中设"主任"一人,具体负责领导特侦组的工作;其余特侦组检察官则分为 3 个小组,每个小组设组长一人,并配置检察事务官数名,另配有书记官以及其他行政人员(司机、法警等),以及金融监督管理委员会检查局、赋税署、警察机关支援相关人员若干。但是,自 2007 年第 1 期特侦组成立以来,从未满编。2014 年 7 月第 5 期特侦组成立后,特侦组成员更是缩编为 8 人,且不再分组办案,亦不再设组长一职。

根据台湾地区"法院组织法"第 63B1 条第 2 项的规定:"特别侦查组置检察官……该组之检察官、检察事务官及其他人员,由最高法院检察署检察总长自各级法院检察署中调最高法院检察署办事。"由此可知,特侦组检察官的人事任命权属于"检察总长"。"检察总长"有权从一、二、三审检察官中,选定他认为适当的人选来担任特侦组检察官。正因为特侦组检察官系由"检察总长"直接选任,并直接指挥,因而,特侦组检察官向来被视为"检察总长"的"嫡系部队"和"子弟兵",唯"总长"马首是瞻。由于台湾地区"法院组织法"在修订设立特侦组的同时,增设了"检察官人事审议委员会",负责审议"高等法院检察署"以下各级法院及其分院检察署主任检察官、检察官的任免、转任、迁调、考核及奖惩事项。因而,"检察总长"在选任特侦组检察官时,并非可以独断专行,而是仍须经由检察官人事审议委员会审议通过。

四、存废之争

2013 年 9 月,台湾地区特侦组因监听并公开国民党籍"立法委员"王金平与民进党籍"立法委员"柯建铭之间疑似司法"关说"的通话,而引发所谓特侦组滥权监听事件,特侦组也因此陷入争议的漩涡,被斥为独断专行的"司法怪兽";加上特侦组的最高指挥官、时任"检察总长"的黄世铭被指严重违反侦查不公开原则在案件未结的情况下即向"总统"马英九汇报监听内容,特侦组易受"检察总长"掌控、缺乏监督制衡的弊端暴露无遗。因而,朝野之间不断有舆论呼吁修法废除特侦组。

但是,特侦组之设立,本为因应台湾社会肃贪查贿、扫除黑金政治之现实需要而生,草草废除恐难平民意,故台湾法律界的主流意见仍主张维持特侦组之设置,但拟将原隶属"最高法院检察署"的特侦组,降级改隶"台湾高等法院检察署",即将特侦组由目前设在三审的定位、受"检察总长"指挥,改为设在二审("高等法院检察署"),并由"高等法院检察署"检察长指挥。此举既可维持特侦组跨区办案的高度及协调性,又可解决特侦组位阶过高、权力独大、难以监督等问题。

(原载于 2015 年 8 月 18 日《检察日报》)

台湾地区检察官:谁定案谁负责

万　毅*

所谓办案责任,即因违法或不当办案而产生的司法责任,故此,办案责任的区分与认定,与办案组织形式即办案权限的分配和配置模式密切相关。我国台湾地区检察机关在实务中陆续发展出三种办案组织形式:独任办案制、协同办案制和集体办案制,并以此基础分别建立了不同的办案责任制。同时,台湾地区检察机关的检察长对侦办中的个案享有指挥监督权和职务收取、移转权,对于检察长违法或不当行使指挥监督权及职务授权、移转权的,将追究其领导责任。至于主任检察官,因为并不行使定案权,则无须对个案处理结果承担责任。

一、独任办案制及其责任

所谓独任制,即检察官个人独立承办案件。台湾地区检察机关奉行检察独立原则,视检察官为"独任制官署",因而,每一名检察官都是一个独立的官署,同时也是一个独立的办案主体。实践中,台湾地区检察机关为每一位检察官都配备了一名书记官,书记官以辅助人员的身份协助检察官整理卷证和讯问笔录。台湾地区司法实务中习惯上将一名检察官加上辅助其工作的书记官合称为一"股","股"即是台湾地区检察机关最基本的分案单位和办案单位,也是最基本的办案组织。由于在"股"这一基本办案组织中,真正拥有办案权限的只有检察官,书记官仅仅是检察官的辅助人员,因而,所谓以"股"为单位的单元办案,实际上就是每一位检察官独立办案,亦即独任制。

在台湾地区,所谓独任制,不仅仅是一项办案制,同时也是一项责任制,因为台湾地区的检察官兼具司法官身份,办案时强调"谁办案、谁定案"

* 四川大学法学院教授,最高人民检察院检察理论研究所兼职研究员、最高人民检察院首批检察改革智库成员。

的司法亲历性原则,相应地,在司法责任制上也遵循"谁定案、谁负责"的原则。因此,独任制,不仅意味着检察官独立办案,同时也意味着检察官独立承担责任。

二、协同办案制及其责任

所谓协同制,即由一名检察官主办而其他检察官协助其办理案件。对于一些疑难、重大、复杂的案件,由检察官个人承办往往难以胜任,因而,台湾地区检察机关在独任制的基础上逐渐发展出协同办案制,即由一名检察官主办该案件,其他检察官从旁协助。协同制是检察一体原则在检察机关办案环节的具体体现,借由协同制,检察机关可以更为充沛的人力缜密取证,集思广益,进而提升办案品质。但由于台湾地区司法实务中曾经常发生检察长借协同办案之名、行"多数稀释少数"的个案干预之实,因而,基层检察官及外界对于检察长指定检察官协同办案的制度多有微词。基于此,台湾地区"法务部"于 1998 年制定并颁布了《地方法院检察署协同办案实施要点》,对协同办案制进行了规范。据此,检察长可以书面方式指定主任检察官、检察官二人以上组成协同办案小组。分案时,检察长可以指定主任检察官或检察官一人为主办检察官,负责主办该案件,其余为协办检察官,协助办理该案件;侦办中的案件,以原承办检察官为主办检察官,其余为协办检察官。对于协同办案的案件,检察长在指派协办检察官人选时,应当先征询主办检察官对于协办人选的意见,以使协同办案的检察官能够心无芥蒂,真正合作无间,主办检察官在必要时还有权请求检察长更换协办检察官;同时,主办检察官认为其独立侦办案件力有不逮时,也有权向检察长提出协办检察官人选,要求加派检察官协同办案。

但要注意的是,所谓协同制,并不是指检察官共同承办案件、共同决定案件并共担责任。实际上,在协同办案小组内部,案件仍由主办检察官决定,即定案权掌握在主办检察官手中。根据《地方法院检察署协同办案实施要点》的规定,主办检察官应当协调小组成员之间的任务分配。协办检察官就受分配之任务应积极进行,并将收集的证据资料整理后,交由主办检察官汇办。协办检察官认为有实施强制处分的必要时,应当与主办检察官商议后作出。协同办案的案件,其法律文书的撰写、署名、裁判的收受及上诉、抗告的提起,均由主办检察官以个人名义作出。协同办案的案件,办案成绩归主办检察官。但协办检察官得折计办案件数,其折计方法,视个案情形由检察长决定。由此可见,在协同办案制下,关于案件的重要法律处分,包括强制处分的适用、起诉、上诉、抗告等,都是由主办检察官决定,并以主办检察官的个人名义作出;协办检察官则主要是执行主办检察官分配的任务,其协助办案的作用,如按照主办检察官的要求收集、调取部分证据,或者按照主办检察官的要求实施强制处分,等等。换言之,协办检察官仅有办案权而无定案权、仅有执行权而无决定权。

正因为协同办案制仍然是由主办检察官定案,因而根据"谁定案、谁负责"的原则,协同办案的案件,其办案责任仍应由主办检察官承担。至于协办检察官,因为其主要是执行主办检察官分配的任务,因此,仅在其职责范围内承担责任。例如,不应当适用强制处分如搜查、扣押而决定适用的,应当由作出决定的主办检察官承担责任,但在强制处分实施过程中出现违法行为如违法搜查、扣押的,则应当由实施该行为的协办检察官承担责任。

三、团队办案制及其责任

所谓团队办案制,是指多名检察官以团队形式共同承办案件。团队办案制是台湾地区检察机关办案组织形式的一个特例,仅适用于台湾地区"最高法院检察署特别侦查组"(下称特侦组)。特侦组,是台湾地区检察体系的最高侦查机构,专门负责侦办台湾地区高官政要的贪腐舞弊案。对于特侦组的办案组织形式,台湾地区"法院组织法"并未作出明确规定,实务中,经由对"最高法院检察署特别侦查组"的前身——"查缉黑金行动中心"时期特侦组团队合作、集体办案模式的经验传承,"最高法院检察署特别侦查组"于2007年4月2日正式挂牌成立后,即决定基于检察一体精神采取团队办案制,具体而言:特侦组检察官全体在主任以下分为三个小组各自工作,但各小组仍采"共同办案"原则。共同办案时,同组检察官对于所有侦查行动及侦查终结的结论,采共识决,即对于案件的重要事项,共同讨论决定,以取得共识为原则,无法达成一致意见的采取记名表决的方式,并将表决结果提交"检察总长",由"检察总长"裁决。

团队办案制有三个突出的功能优势:一是有利于集思广益、正确决策侦查方针。对此,曾在特侦组任职的检察官越方如结合自己在一审地方法院检察署工作的感受,曾颇为感叹地说:"过去在一审地方法院检察署当检察官时,因为是一个人独立办案,有任何问题最多请示长官、请教主任或与同事、朋友商量,因为请教对象并非承办人员,他们所给予的意见是过去处理的经验或角度,并无法真正设身处地投入案件。而特侦组现行的办案模式就我看来非常好,资深检察官都有自己的个性,一开始都是各自忙碌,之后开始侦办洗钱案件后,外界压力促使我们不得不团结,在会议中各抒己见,在过去无法获得共识的情况转变为因外界压力使我们不得不产生共识,而共识的产生也能带动案件发展,在渐渐磨合情形下,虽然每天都意见相左,但却让特侦组的运作更加顺利。"二是有利于新、老检察官之间的经验传承。三是有利于增强特侦组检察官的抗压能力。

团队办案制是一种特殊的办案组织形式,团队合作、集体办案也就意味着共担责任。但从法理上讲,所谓集体责任,往往无从追究,只是由于特侦组检察官均由"检察总长"直接选任,并直接指挥,向来被视为"检察总长"的"嫡系部队"和"子弟兵",唯"检察总长"马首是瞻,并与"检察总长"共进退,且特侦组检察官在办案中无法达成一致意见的,会将案件交由"检察总长"裁决,因此,特侦组的办案责任实际上是由"检察总长"来承担的。基于上述分析,所谓团队办案制,实际上是一种为特侦组量身定做的特殊办案组织形式,既不能也不宜推广适用于检察机关的其他办案机构。

四、检察长、主任检察官的个案责任

在台湾地区,检察长具有双重身份:

一是检察官。作为检察官,检察长亦享有办案权,既可以自行直接承办案件,也可以行使职务收取权,将原本由其他检察官承办的案件收回由自己

承办。此时,无论是采用独任制或协同制,检察长作为案件的承办人或主办人,都应当独立承担办案责任。

二是检察首长。作为检察机关的首长和领导者,台湾地区检察机关的检察长享有两项职权:指挥监督权和职务收取、移转权。根据台湾地区"法院组织法"的相关规定,检察官虽然可以独立实施侦查,并有效行使各项强制处分权,但仍须受所属或上级检察长的指挥监督,"检察总长"或检察长必要时,可以亲自处理其所指挥监督之检察官的事务(职务收取权),并可以将该事务移转于其所指挥监督之其他检察官处理(职务移转权),以避免产生检察官滥权的弊端。这也是"检察一体"原则的具体体现。但由于台湾地区过去一再发生检察长借指挥监督之名行个案干预之实的案例,因而外界对于检察长的指挥监督权一直存有疑虑。为了确保"检察一体"原则健全运作,以达成有效指挥监督,充分发挥检察功能又能避免不当干涉,发挥团队精神又不失检察官办案的独立,台湾地区"法务部"于1998年颁布了《检察一体制度透明化实施方案》,目的是使"检察一体"指挥监督的运作制度化、透明化,一方面使检察官办案在"法律"的基础上更具自主性及独立性,另一方面也可使检察长的指挥监督更明确、更透明,可以在阳光下更勇于负责,并使检察官与检察长之间彼此权责分明、各尽其职。

据此,台湾地区建立起"书面指挥"制度,即当承办检察官对指挥监督长官的命令有不同意见,经检察官请求,检察长应当以"书面"方式作出指挥命令,且必须附具理由。建立书面指挥制度的目的,是使检察长对检察官侦办个案的指挥监督,能在透明的程序下进行,以确保该指挥监督的正当性及合理性,并明确其责任,而之所以要求该书面指挥命令必须附具理由,目的亦是为了便于事后检验以明责任。此外,考虑到检察长行使职务收取、移转权,已经直接剥夺了检察官对案件的侦办权,涉及案件的分办及司法正义的实现,应当在一定条件下审慎行使,才能避免外力或行政力量借检察首长的职务收取、移转权进行个案干预。为此,台湾地区实务中对检察长的职务收取、移转权的行使明定了四项条件:一是为求法律适用之妥适或统一追诉标准,认为有必要时;二是有事实足以认定检察官执行职务违背法令、显有不当或有偏颇之虞时；三是检察官对指挥监督长官之命令有不同意见而提出请求时；四是因案件之特性，认为由其他检察官处理为宜时。同时，为使检察首长行使职务收取、移转权的命令，可供事后检验其妥当性及合法性，也规定该项命令必须以书面形式作出，并叙明理由。又为使检察官的意见有明白表达的机会，检察长命令移转或收取案件后，检察官固应服从，但仍可提出意见书，以供日后检验。

从前文分析可以看出，台湾地区相当重视检察长行使指挥监督权及职务收取、移转权时的责任问题。根据台湾地区的规定，检察长违法或不当行使指挥监督权和职务收取、移转权，即应承担相应的责任，此种责任即所谓领导责任。

至于主任检察官，根据台湾地区相关规定，主任检察官虽然作为检察长的"助手"和"副手"，有权对承办检察官的案件处理结果进行审查、核阅，亦可以提出不同意见，但是，主任检察官并不能直接行使定案权，不能要求承办检察官无条件服从自己的意见，而只能报请检察长核定。换言之，主任检察官并不享有定案权，办案权和定案权都掌握在承办检察官手中，主任检察官仅享有审查权和异议权。根据"谁定案、谁负责"的司法责任原则，既然主任检察官并不行使办案权和定案权，当然也就不应当对个案处理结果承担司法责任。

（原载于 2015 年 9 月 1 日《检察日报》）

台湾检察官：
从司法官考试及格者中任用

万 毅*

台湾地区检察官的任用，起初因为法律人才的不足，采取的是所谓"广开各管道"的选任方法，除通过司法官考试外，如曾任教授、推事检察官、司法行政官、律师、县司法处审判官、书记官、县长兼理司法之各县承审员、有法学著作经审查合格并经学习期满者，皆可经遴选而成为检察官。但在1980年台湾实行审、检分隶改革后，逐渐过渡为以经司法官考试及格者为主，尤其是自1989年台湾"法院组织法"修订、"司法人员人事条例"公布后，检察官的任用，基本上都以通过司法官考试者为其来源，依其他资格而予以选任者罕见其例。

一、检察官任用的资格

台湾于1989年12月22日制定公布了"司法人员人事条例"，该条例对检察官的任用资格作出明确规定。根据"司法人员人事条例"第九条（司法官之任用资格）的规定："地方法院或其分院法官、地方法院或其分院检察署检察官，应就具有下列资格之一者任用之：一、经司法官考试及格者。二、曾任推事、法官、检察官经铨叙合格者。三、经律师考试及格，并执行律师职务二年以上，成绩优良，具有转任荐任职任用资格者。四、曾在公立或经立案之私立大学、独立学院法律学系或法律研究所毕业，而在公立或经立案之私立大学、独立学院任教授或副教授三年或助理教授五年，讲授主要法律科目二年以上，有法律专门著作，经司法院或法务部审查合格，并经律师考试及格或具有荐任职任用资格者。"

* 四川大学法学院教授，最高人民检察院检察理论研究所兼职研究员、最高人民检察院首批检察改革智库成员。

该条例虽然仍规定可通过其他途径任用检察官，但实际上，除军法人员仍可依"军法人员转任司法官条例"转任地方法院检察官外，其他人员如大学教师和律师转任检察官的寥寥，晚近实务中几乎均是从司法官考试及格者中任用检察官。

需注意的是，上述任职资格方面的规定适用于基层检察官即地检署检察官的任用，属一般性任职资格。除此之外，在台湾要担任一定领导职务的检察官或者"高等法院检察署"之检察官，还须具备特定的任职资格、条件。

二、担任一定领导职务的检察官及"高等法院检察署检察官"的任职条件

"高等法院"及其分院检察署检察官之任用资格。根据"司法人员人事条例"第 11 条的规定："高等法院或其分院法官、高等法院或其分院检察署检察官，应就具有下列资格之一者任用之：一、地方法院或其分院实任法官、地方法院或其分院检察署实任检察官二年以上，成绩优良者。二、经律师考试及格，并执行律师职务十四年以上，成绩优良，具有转任荐任职任用资格者。本条例所称之地方法院或其分院实任法官、地方法院或其分院检察署实任检察官，系指考查服务成绩及格予以实授者。"实务中，"高等法院"及其分院检察官均系从地检署中实任检察官两年以上、成绩优良者中选任。

"最高法院检察署"检察官之任用资格。根据"司法人员人事条例"第 12 条的规定："最高法院法官、最高法院检察署检察官，应就具有左列资格之一者任用之：一、曾任高等法院或其分院法官、高等法院或其分院检察署检察官四年以上，成绩优良，具有简任职任用资格者。二、曾任高等法院或其分院法官、高等法院或其分院检察署检察官，并任地方法院或其分院兼任院长之法官、地方法院或其分院检察署检察长合计四年以上，成绩优良，具有简任职任用资格者。三、曾在公立或经立案之私立大学、独立学院法律学系或法律研究所毕业，而在公立或经立案之私立大学、独立学院专任教授，讲授主要法律科目，有法律专门著作，经司法院或法务部审查合格，并曾任高等法院或其分院法官、高等法院或其分院检察官，具有简任职任用资格者。"

地方法院检察署检察长之任用资格。根据"司法人员人事条例"第13条的规定:"地方法院及其分院院长、地方法院及其分院检察署检察长,应就具有高等法院或其分院法官、高等法院或其分院检察署检察官拟任职等任用资格,并有领导才能者遴任之。"实务中,台湾地检署的检察长与"高等法院"及其分院检察署检察官经常互调,盖因两者任职资格完全相同。按照台湾检察界的惯例,地检署的检察长一般均由"高等法院"及其分院检察署主任检察官调任,甚少出现"原地提拔"的现象,因此,地检署检察官要想成为地检署检察长,必先调任"高等法院"及其分院检察署主任检察官。因已成惯例,故实践中,台湾基层检察官往往戏称此为检察官的"升迁路线图"。

"高等法院"及其分院检察署检察长之任用资格。根据"司法人员人事条例"第14条的规定:"高等法院及其分院院长、高等法院及其分院检察署检察长,应就具有最高法院法官、最高法院检察署检察官资格,并有领导才能者遴任之。"按照前述之检察官"升迁路线图",检察官欲成为"高等法院"及其分院检察署检察长,必先成为"最高法院检察署"主任检察官,其领导能力获得公认后方可能调任"高等法院"及其分院检察署检察长。由于台湾司法体制的独特原因,"高等法院(分院)检察署"检察长,在台湾检察体系中位高权重,属于台湾检察体系内仅次于"检察总长"的二号人物,也是在"检察总长"一职出现空缺时,出任"检察总长"的热门人选。

"最高法院检察署检察总长"之任用资格。根据"司法人员人事条例"第16条规定:"最高法院院长、最高法院检察署检察总长,应就具左列资格之一,并有领导才能者遴任之:一、曾任司法院大法官、最高法院院长、最高法院检察署检察总长、行政法院院长或公务员惩戒委员会委员长者。二、曾任最高法院法官、最高法院检察署检察官、高等法院院长或高等法院检察署检察长合计五年以上者。三、曾任简任法官、检察官十年以上,或任简任法官、检察官并任司法行政人员合计十年以上者。"台湾地区历任"检察总长"基本上都是法律专业出身,毕业于东吴、政治大学等各大名校法律专业,且多为刑事法方面的专家。同时,台湾地区"检察总长"的任命,多年来已经形成一定的惯例,即被任命为"检察总长"之人,必为检察界最资深的检察官之一,且业绩优异。仅从台湾"司法人员人事条例"关于"检察总长"遴任资格的规定来看,似乎担任法官、检察官或司法行政人员十年以上即可担任"检察总长"。但实际上,仔细审视历任"检察总长",几乎都曾在司法界服务 30 年以上,且一般均担任过台湾各地方法院检察署检察长以及"高等法院"及其分院检察署检察长之职务,以至于担任"检察总长"时,平均年龄一般都在 60 周岁左右。对"检察总长"之任职资格和资历作此严格要求,主要是因为"检察总长"一职,为台湾检察体系之最高首长、全体检察官之楷模,因此出任"检察总长"之人应具有丰富的法律经验与人生阅历,且深孚众望,可以说,在台湾,能出任"检察总长"之人必定是狭优异之业绩、累积多年检察资历之人。

三、检察官的任用阶段

台湾地区于 1955 年正式成立司法官训练所,此后要求通过司法官考试者必须至司法官训练所再接受为期 2 年的培训,培训毕业后方获得考试及格证书,然后才能分配至地检署任职。因而,在台湾,一名通过司法官考试并经司法官训练所培训毕业分配至地检署的初任检察官,只能先行担任候补检察官,后须经过试署,经考核、审查合格者方能实授为检察官,因此,台湾检察官的任用可以分为候补、试署、实授三个阶段。

根据"司法人员人事条例"第 10 条之规定,通过司法官考试并经司法官研修所培训毕业派充为检察官者,为候补检察官,候补期间为五年;候补检察官候补期满成绩审查及格者,为试署检察官,试署期间为一年。候补、试署期满时,应分别陈报"司法院"或"法务部"审查其品德操守、敬业精神及裁判或相关书类。候补审查及格者,予以试署,不及格者,延长其候补期间一年;试署审查及格者,予以实授,不及格者,延长其试署期间六个月;候补、试署因不及格而延长者,经再予审查,仍不及格者,停止其候补、试署,并予解职。再予审查为不及格之决定前,应通知受审查之候补、试署检察官陈述意见。但是,实务中的问题是,虽然规定候补或试署期满,"应"陈报审查其品德操守、敬业精神及相关书类,但实践中,却并未强制进行审查,以致出现一些检察官长久候补或试署、迟迟得不到任用的情形。

　　候补检察官在候补期内仍有办案权限,可分配其办理案件,但因其经验尚浅,实践中对候补检察官的办案范围有所限制。根据台湾"法官、检察官候补规则"第5条、第8条的规定,候补检察官于候补期间内办理案件,其检察首长如果认为案情繁难者,得不分配候补检察官办理,如贪污渎职案件、盗匪案件、杀人案件、烟毒案件、涉外案件。这类案件或者法律关系较为复杂,或者取证难度较大,实不宜由毫无办案经验的候补检察官承办。

　　　　　　　　　　　　(原载于 2015 年 12 月 8 日《检察日报》)

台湾检察官评鉴制度
着力规范司法行为

董　坤*

任何一个制度的产生都有其深厚的历史背景
和现实动因,台湾地区检察官评鉴制度的产生也是
多重因素交织叠加共同作用的结果。从历史的发展
轨迹看,台湾地区检察官评鉴制度创设的目的主要
在于惩戒、处分以及淘汰不适任检察官,提升检察
官的形象和地位,实现司法权威。

董
坤

一、检察官评鉴制度的历史发展

早在 1996 年 7 月 15 日, 台湾地区的"法务部"即以(85)法令字第
17462 号令订定发布了"检察官评鉴办法"(以下简称"办法")。该"办法"第 5
条规定,检察官有滥用权力,侵害人权,或品德操守不良、敬业精神不佳、办
案态度不佳,有损司法信誉,或严重违反办案程序规定,长期执行职务不力、
违反职务规定情节重大者,得付评鉴。"办法"的出台彰显了"法务部"对于整
肃检察官队伍,提升检察官职业形象的努力,但在实际施行过程中其效果并
不理想。一是实践中对于检察官的评鉴数量极少;二是通过评鉴未能有效淘
汰不适任的检察官,以致台湾民众始终认为该"办法"是司法自律的内部监
督,有官官相护之嫌。尤其遭受民众诟病的是,"办法"中相关的评鉴规则与
民主监督的要求相背离。如"办法"第 3 条规定:"评鉴委员会置委员七人,由
检察官三人、法官、律师、学者及社会公正人士各一人组成,其中并至少应有
一名为与受评鉴人同一审级之检察官。召开评鉴会议时,由委员互推一人担
任主席。"第 10 条规定:"……评鉴之决议,应采无记名投票之方式,以全体

* 最高人民检察院检察理论研究所副研究员、诉讼法学博士。

委员三分之二以上出席,并以全体委员过半数之同意行之。"若按照上述评鉴程序,则三名检察官只要合力协作、口径一致,即使在全体委员均到场的情况下,任由一个体制外的人士加入该同盟,评鉴效果即成一边倒的局面。这种缺乏外力有效参与的委员会构成只能把对检察官的操守监督希冀于委员们的道德自律,与现代民主法治社会下的制衡原则相去甚远。最终"办法"在颁行 16 年后被废止。

虽然"检察官评鉴办法"最终被废止,但是司法官的评鉴制度并未消亡。2011 年 7 月 6 日台湾公布的"法官法"为能逐步营造更为良好的检察形象,赢得人民信赖,考虑到广大民众长期以来对于检察机关内部监督机制的不信任,该法重新调整了检察官评鉴委员会的人员构成,其第 89 条规定:"检察官评鉴委员会由检察官三人、法官一人、律师三人、学者及社会公正人士四人组成。"根据该规定,检察官评鉴委员会委员共 11 人,其中引进了更为多元化的外部委员 8 人,由审、检、辩、学者及社会公正人士共同参与。随后"法务部"于 2012 年 1 月 6 日依"法官法"第 89 条第 1 项准用第 41 条第 10项规定制定检察官评鉴新制——"检察官评鉴实施办法",希冀革除旧制中的评鉴弊端,以公正、客观的评鉴程序,淘汰不适任检察官。

二、检察官受评鉴的事由

检察官受评鉴的事由主要缘于台湾"法官法"第 89 条的规定。根据该规定,检察官受评鉴的事由相当广泛,有的涉及到检察官自身的办案业务,有的关乎检察官工作之外的政治主张或兼职行为,还有的牵涉到了检察官的职业伦理规范。评鉴事由的事无巨细也从侧面体现了台湾地区的法律规范对检察官司法行为、言行操守的严格要求,这对于提升检察官队伍的整体素质,树立检察权威具有重要意义。

具体的评鉴事由主要包括 9 个大的方面: 一是裁判确定后或自第一审系属日起已逾六年未能裁判确定之案件、不起诉处分或缓起诉处分确定之案件,有事实足以认定因故意或重大过失,致有明显重大违误,而严重侵害人民权益者。二是废弛职务、侵越权限或行为不检者,情节重大。三是检察官违反了公职人员选举制度,按照"法官法"规定,检察官参与各项公职人员选举,应于各该公职人员任期届满一年以前,或参与重行选举、补选及总统解散立法院后办理之立法委员选举,应于办理登记前,辞去其职务或依法退休、资遣,若检察官违反了上述规定,应受评鉴。四是检察官于任职期间参加政党、政治团体及其活动,任职前已参加政党、政治团体者,未退出之,情节重大者。五是检察官兼任了四类职务或业务,且情节重大,这四类职务或业务分别是,"中央"或"地方"各级民意代表,公务员服务法规所规定公务员不得兼任之职务,各级私立学校董事、监察人或其他负责人,其他足以影响检察官职务独立或与其职业伦理、职位尊严不兼容之职务或业务。六是检察官为有损其职位尊严或职务信任之行为,并未严守职务上之秘密。七是严重违反侦查不公开等办案程序规定或职务规定,情节重大。八是无正当理由迟延案件之进行,致影响当事人权益,情节重大。九是违反检察官伦理规范,情节重大。

三、启动的主体

为了避免检察官承办个案时,遭有心人士滥用评鉴的不当干预,戕害检察官办案的独立性,妨害社会正义的实现,检察官评鉴制度在启动程序的设计上严格限定了主体范围。按照"法官法"的规定,可以请求检察官评鉴委员会评鉴检察官的主体有四个:一是受评鉴检察官所属机关检察官三人以上。二是受评鉴检察官所属的检察机关和上级机关。三是受评鉴检察官所属检察机关对应设置之法院。四是民间团体,主要包括三类:受评鉴检察官所属法院管辖区域之各地律师公会、律师公会全国联合会、经许可个案评鉴检察官之财团法人或以公益为目的之社团法人,如台湾的社团法人中华人权协会、社团法人检察官协会、社团法人民间司法改革基金会、社团法人台湾法曹协会等。

由于严格限定了检察官评鉴程序的启动主体,因此普通民众不可以直接向检察官评鉴委员会请求或陈请评鉴某一位或几位检察官。对于案件的当事人而言,同样也不可以直接向检察官评鉴委员会请求评鉴检察官,但可以书面陈请下列机关、团体请求检察官评鉴委员会进行个案评鉴:受评鉴检察官所属检察机关、上级机关;受评鉴检察官所属检察机关对应设置之法院;

民间团体。

四、评鉴流程

就检察官评鉴委员会的运作流程而言,主要包括三个重要阶段:

审查。检察官评鉴委员会将相关的请求或陈请评鉴的材料进行书面审查。在此阶段,评鉴委员会需要审查被要求评鉴的检察官有没有不需要评鉴的事由。需要强调的是,此处的审查主要为书面审查,委员会不得不经书面审查径行调查或通知受评鉴检察官陈述意见,只有在必要时,可以请受评鉴检察官所属机关或评鉴事实发生机关提出书面说明或提供相关资料。

调查。根据台湾"法官法"第89条第1项准用第41条第5项的规定,检察官评鉴委员会在进行书面审查后可以进行必要的调查, 还可以通知关系人到委员会说明情况。需要说明的是该阶段的调查权归属于检察官评鉴委员会,而非审查小组或个别评鉴委员的固有权力,因此个人假借"调查权"以权谋私的行为不应认定为是检察官评鉴委员会的调查活动。

决议。经过全面审查和必要的调查后,检察官评鉴委员会会作出相应的评鉴结论,主要包括三种:第一,不付评鉴。主要原因是按照"法官法"第89条第1项准用第37条的规定,受评鉴的检察官没有符合评鉴的事由。该规定具体包含了其中事由:"一、个案评鉴事件之请求,不符合'法官法'第35条的规定,即申请主体不适格的规定。二、个案评鉴事件之请求,逾期超过了检察官评鉴的时效。三、对不属检察官个案评鉴之事项,请求评鉴。四、就法律见解请求评鉴。五、已为职务法庭判决、监察院弹劾、或经法官评鉴委员会决议之事件,重行请求评鉴。六、受评鉴法官死亡。七、请求显无理由。"第二,评鉴请求不成立。按照台湾"法官法"第89条第1项准用第38条的规定,评鉴委员会认为申请评鉴主体所请求的某一或某几个检察官评鉴的事由不成立的时候,可作出评鉴请求不成立的决议,不作评鉴处理。当然,在某些必要情况下,评鉴委员会可以决议移请职务监督权人依"法官法"第95条为适当之处分,具体包括两个方面:"其一,关于职务上之事项,得发命令促其注意;其二,有废弛职务、侵越权限或行为不检者,加以警告。"第三,评鉴请求成立。按照台湾"法官法"第 89 条第 1 项准用第 39 条的规定,检察官评鉴委员会若认为检察官符合评鉴的事由,应当作出评鉴请求成立的决议,同时作出相应的惩戒处理建议,具体包括有惩戒之必要和无惩戒之必要两种方式。

有惩戒之必要的,需报台湾"法务部"移送"监察院"审查,并给出具体惩戒类型的建议。结合"法官法"第 89 条的规定:"检察官之惩戒,由司法院职务法庭审理之。其移送及审理程序准用法官之惩戒程序。"有关检察官惩戒的具体程序是:检察官评鉴委员会对检察官作出评鉴请求成立的决议后,报由"法务部"移送"监察院"审查,"监察院"经过审查后认为检察官应予弹劾的,应移送"司法院"内设的职务法庭审理,作出具体的惩戒决定。根据我国台湾地区"宪法"的设计,"监察院"弹劾权的发动,仅仅是促使台湾"司法院"辖下的惩戒机关即司法院职务法庭具体行使惩戒权,被弹劾的检察官应受如何处分,仍应当以惩戒机关的具体惩戒结果为依据。具体的惩戒类型按照台湾"法官法"第 89 条第 1 项准用第 50 条的规定,有五种,分别是:(1)免除检察官职务,并丧失公务人员任用资格;(2)撤职,除撤其现职外,并于一定期间停止任用,其期间为一年以上五年以下;(3)免除检察官职务,转任法官以外之其他职务;(4)罚款,其数额为现职月俸给总额或任职时最后月俸给总额一个月以上一年以下;(5)申诫。其中对于第一种和第三种惩戒处分,还规定受惩戒检察官不得充任律师,已充任律师者,停止其执行职务;对于受到第二种和第三种惩戒处分的检察官不得再回任检察官职务。此即所谓的检察官退场机制。对于评鉴请求成立但无惩戒之必要的,则报由台湾"法务部"交付检察官人事审议委员会审议,并得建议一些较轻的处分,如建议处分警告等。

需要注意的是,无论是有惩戒之必要还是无惩戒之必要的评鉴决议作出前,委员会都应当准予受评鉴的检察官有陈述意见的机会,从而保证评鉴程序以及结果的公开公正。

(原载于 2015 年 6 月 2 日《检察日报》)

台湾地区检察官任职终身待遇优渥

万　毅*

　　在台湾地区,检察官的社会地位、经济待遇、职位保障均较为优渥,属于社会精英阶层, 而这一切都与检察官任用的 "高门槛" 紧密相关。台湾自1980 年实行审、检分隶改革以来,要成为检察官,必须通过司法官考试,而台湾地区的司法官考试通过率极低, 即便是系统学习过法律知识的法律本科生或研究生,不经过考前的"恶补",要想通过这一考试,也断无可能。正因为考试通过极难,因此最终能通过这一关的都是精英,而对于精英化的检察官,社会是无虑于给予其优遇的。笔者在台湾访学时,曾与数位台湾检察官探讨其待遇问题。台湾检察官待遇相当优渥,例如,台湾检察官因为有支领高额的"司法专业加给"及"终身职"的保障,薪资明显优于一般公务员,且检察官一般均有机会配置职务宿舍。同时,台湾检察官与法官的考试和训练合二为一,只是在司法官训练所结业时依其成绩名次以及法、检双方缺额,依序分发任用为各地方法院候补法官或检察署候补检察官,因而, 长期以来检察官与法官同为司法官的观念根深蒂固, 制度上也给予检察官与法官同等的职位保障。

一、职位保障

　　为保障司法官职务行使之独立性与公正性, 制度上必须给予司法官职务及地位上的相应保障,此即司法官的职位保障,是为国际通例。依台湾现行"宪法"第 81 条的规定:"法官为终身职,非受刑事或惩戒处分或禁治产之宣告,不得免职,非依法律不得停职、转任或减俸。"虽然台湾"司法院大法官会议"释"宪"解释曾明确宣布检察官并非"宪法"规定之"法官",但同时仍认

---

* 四川大学法学院教授,最高人民检察院检察理论研究所兼职研究员、最高人民检察院首批检察改革智库成员。

可检察机关行使之职权当属"广义司法"之一,并肯定检察官在对外行使职权时,应享有与法官同等的职位保障。对此,台湾"司法院大法官"1953 年作出的释字 13 号解释曾明确规定,"宪法"第 81 条所称之法官,系指法官而言,原不包含检察官在内,但实任检察官之保障,除转任外与实任法官同。台湾地区 1989 年 12 月 22 日制定公布的"司法人员人事条例"第四章对法官、检察官的职位保障内容作出明确规定,具体包括:

检察官终身任职。"司法人员人事条例"第 32 条规定:"实任司法官非有左列原因之一,不得免职:一、因内乱、外患、贪污、渎职行为或不名誉之罪,受刑事处分之裁判确定者。二、因前款以外之罪,受有期徒刑以上刑事处分之裁判确定者。但宣告缓刑或准予易科罚金者,不在此限。三、受撤职之惩戒处分者。四、受禁治产之宣告者。公务人员考绩法关于免职之规定,于实任司法官不适用之。但应依公务员惩戒法之规定移付惩戒。"该条例第 33 条同时规定:"实任司法官非有法律规定公务员停职之原因,不得停止其职务。"据此,检察官一经任用、实授为检察官,其任职即为终身,除非法定的原因,否则不得被免职、停职。

检察官薪俸优待,非法定原因不得降级、减俸。检察官的薪俸应受优待,至少应高于一般公务员。目前,台湾检察官的薪俸与法官相同,且远高于同级公务员。"司法人员人事条例"明确规定,检察官之俸给,适用公务人员俸给法之规定,并给与"专业加给"及"主管加给"。实任检察官非依法律受降级或减俸处分者,不得降级或减俸。实任检察官转任"法务部"之司法行政人员者,其年资及待遇均仍依相当职位之检察官规定列计。其达司法官行政人员命令退休年龄三个月前,应予转任司法官职务。

二、退休与优遇

检察官虽为终身职,但高龄检察官体力衰退,如仍强令其承担繁重之职务,也是不人道的折磨,更会使人事管道阻塞,而无法新陈代谢,因此,建立检察官退休制度仍属必要。台湾为体谅高龄检察官,鼓励检察官届龄自愿退休,并建立了退休优遇制度。对此,"司法人员人事条例"第 40 条、第 41 条规定,实任检察官任职 15 年以上年满 70 岁者,应停止办理案件,从事研究工作;满 65 岁者,得减少办理案件。实任检察官任职 15 年以上年满 65 岁,身体衰弱,不能胜任职务者,停止办理案件。停止办理案件的检察官,仍为现职检察官,支领检察官之给与,并得依台湾地区"公务人员退休法"及"公务人员抚恤法"办理退休及抚恤。实任检察官合于"公务人员退休法"退休规定,而自愿退休时,除退休金外,并另加退养金。

三、资遣与抚恤

台湾地区"司法人员人事条例"第 42 条、第 43 条规定,司法官经公立医院证明身体衰弱,不能胜任职务者,得依"公务人员任用法"有关资遣之规定资遣。司法官之抚恤,适用"公务人员抚恤法"之规定。据此,检察官被资遣的应当按照公务员给予一定资遣费。检察官因病故(包括自杀的)、因公或意外死亡的,应根据检察官的服务年资计算抚恤金的数额,支付抚恤金以照顾遗族的生活。

四、弹劾与惩戒

台湾对于检察官的弹劾与惩戒,并没有特别的规定,因此,适用一般公务员的规定。实务中,对于高阶检察官之惩戒,应先经"监察院"弹劾程序。根据"宪法"增修条文第 7 条第三项之规定,经监察委员会二人以上提议,九人以上审查及决定,即可对违法失职的检察官提出弹劾案。至于九职等以下的检察官则不用经监察院审议,可以直接由主管长官迳送公务员惩戒委员会审议。2006 年台湾"法院组织法"修正,为制衡"法务部长"的检察人事权(包括弹劾、惩戒权),原本内设于"法务部"的"检察官人事审议委员会"取得"合法"地位,据此,对于检察官的奖惩事项皆应送该委员会审议,决议后才能报请"法务部长"核定,并送"公务员惩戒委员会"审议。对于检察官的弹劾案和惩戒案,由"司法院""公务员惩戒委员会"负责审理。根据台湾"大法官会议"释字第 396 号解释,"公务员惩戒委员会"应采法院体制,且惩戒案件之审议,亦应本正当法律程序之原则,对交付惩戒人予以充分之程序保障。

台湾司法理论和实务上较具争议的问题是检察官的转调与奖惩。检察官本奉行检察一体原则,下级检察官有服从上级检察首长命令之义务,因此不受不得转调(包括转任和调动、审级调动和地区调动)之保障。但台湾司法实践中,经常发生检察首长借转调权干预下级检察官独立办案的情形,对于"不听话"的检察官,上级检察首长往往以将其调往偏远地区任职以示惩儆。实践中,"法务部长"因掌控着检察长和检察官的调动权,而"法务部长"本身又是政务官,难免因为政治因素的考虑而滥用对检察长和检察官的转调权,以达到其本人或所属政党的政治利益。

此外,检察官虽受身份保障,不得无故降职、停职、免职,但是,检察官的职位晋升则不受保障。在台湾司法实务中,检察首长对于检察官的职位晋升仍有一定程度的决定权,例如,检察官若想升迁至更高职位,必须年终考绩甲等且获得检察长的保荐书,而检察官的年终考绩,实务中是由主任检察官及检察长决定(主任检察官当然保障甲等,检察官考绩则由检察长召集所有主任检察官开会决定,完全无检察官代表之参与),此外,检察长有保荐权,若无检察长之保荐书,则检察官几乎永无升迁之日。因此,实务中难免出现检察官为求升迁而在办案中迎合检察首长之意志,丧失办案独立性的情形,而不良检察首长也可能以承办检察官的前途升迁作要挟,干预承办检察官办案的独立性。此已为台湾众多学者所批评。

2006 年台湾"法院组织法"修改,原本内设于"法务部"的检察官人事审议委员会取得合法化地位,检察官人事审议委员会主要职能在于审议"高等法院检察署"以下各级法院及其分院检察署主任检察官、检察官之任免、转任、迁调、考核及奖惩事项。上述检察人事事项,应经检察官人事审议委员会先行审议,审议后的决议,再报请"法务部长"核定后公告。由于 17 名检察官人事审议委员会委员的组成中,官派委员只占 7 名,而由全体检察官以秘密、无记名及单记直接选出的"民选代表"达到 9 名,居于多数,因而,转调、考核、奖惩等检察人事事项不再为"法务部长"和检察首长所操控,这对于确保检察官人事权的公正和公平行使具有重要意义。

(原载于 2015 年 12 月 15 日《检察日报》)

身先士卒的"急先锋"：
台湾地区的主任检察官

万 毅*

台湾地区曾经长期实行审检合署制。这种状况一直持续到 1980 年 7 月 1 日台湾地区改采审检分立制。根据 1980 年 6 月 29 日修正公布的台湾地区"法院组织法"的相关规定：地方法院（分院）设检察处，置检察官若干人，以一人为首席检察官；在"最高法院"设检察署，置检察官若干人，以一人为检察长。各检察机关检察官员额在 6 人以上者，得分组办事，每组以一人为"主任检察官"，监督各该组事务。主任检察官互为代理，事务较繁之检察处，首席检察官得指定主任检察官一人，襄助处理有关事务。

这是台湾地区检察制度中首次正式出现"主任检察官"这一称谓，并由此在台湾地区检察组织体系中创设了"主任检察官"这一新的职务层级和位阶，从而在台湾检察组织体系内部初步形成了"检察长—首席检察官—主任检察官—检察官"的"金字塔"型职务层级序列。其后，台湾地区"法院组织法"又分别于 1989 年和 2006 年两度进行了修正，某些职务层级出现名称的变化，但"主任检察官"这一称谓和职务层级却一直沿用至今。

一、主任检察官的角色和地位

台湾学者林山田曾在著述中表示："依检察官在检察组织体系中位阶之不同，虽同为检察官，但可分为：'检察总长'（'最高检察署'之首长）与检察长（高等检察署与地方检察署之首长）、主任检察官（各级检察署分组办事之组长）与检察官。"林山田的这一论述，对台湾地区主任检察官的角色和地位进行了清晰的定位。

* 四川大学法学院教授，最高人民检察院检察理论研究所兼职研究员、最高人民检察院首批检察改革智库成员。

其一,主任检察官仍属检察官职务序列,其基本角色是检察官。与组内其他检察官一样,主任检察官本身也要作为一个独立的办案主体和办案单位承办具体案件。依据台湾地区司法实务中的做法,对于重大、复杂案件,需要多位检察官协同办案的,检察长往往会行使指定分案的权力,将案件直接交由主任检察官来主办,其他检察官协同办案。但是,由于台湾地区"刑事诉讼法"上并未明确规定"主任检察官"的职责和权限,因此,实务中主任检察官对外行权时只能以检察官而非主任检察官的身份和名义进行。由此可见,台湾地区的主任检察官并非"动口不动手"、案头批案作业的行政官僚,而是身先士卒的办案"急先锋"。

其二,主任检察官是"各级检察署分组办事之组长"。台湾地区的检察实务中往往根据业务类型的不同而将检察官分为三个组别:侦查组、公诉组、执行组。其中,业务量较大的侦查组,又会分设若干组,如侦查甲组、侦查乙组等。实务中,也有根据案件类型设"专组"办案的,如"扫黑组""肃贪组""毒品组""妇幼组"等。但无论采用何种组别,每一组都会设一名主任检察官作为该组之组长,负责监督各该组事务。因此,主任检察官的另一个角色即为"各级检察署分组办事之组长"。

在台湾地区的检察组织体系中,所谓"组",并非一级办案组织或办案单位(组内的各个检察官才是独立的办案主体和办案单位),而是一级内设办事(行政事务)机构,相当于法院的"庭"。台湾地区的法院内设有业务"庭",而检察机关则内设有办案"组",两者在性质、地位和功能上均极为接近,都是作为司法机关内设的一级办事(行政事务)机构,主任检察官作为"组长",角色和地位上相当于法院业务庭的庭长。只不过,由于台湾法院强调独立审判,"庭长"一职几乎没有领导、统御功能,而检察官办案则强调主动侦查及协同办案,因而需要主任检察官扮演指导统御之角色。但要注意,这里的"指导统御"并不是指主任检察官有权批案、定案,而是指在案件处理的技术和策略问题上进行指导、指挥和协调。台湾地区奉行检察独立原则和检察官独任制,办案中的事实认定和法律处分只能由具体承办案件的检察官独立作出,作为组长的主任检察官不能干涉。举例而言,如果承办检察官决定要实施搜查、扣押的,主任检察官可以在搜查的技巧和策略上进行指导,也可以指挥、调配检力予以配合、支援,但是否进行搜查、扣押,仍然是由承办检察官独立、自主作出决定。

其三,主任检察官是检察长的"助手"和"副手"。台湾地区"法院组织法"之所以创设"主任检察官"一职,根本原因是人力管理的需要。因为台湾地区检察体系实行"上命下从"的检察一体原则,由检察长负责监督、指挥所属检察官。但从管理学的角度讲,检察长个人的管理幅度毕竟有限,由一名检察长直接监督、指挥数十名甚至上百名检察官,恐力不从心、有心无力,而台湾地区检察组织体系中又未设立"副检察长"一类的职务,协助、分担检察长的管理权责,故组织体系上实有必要在检察长和检察官之间增加一个职务层级——主任检察官,作为检察长的"助手",协助检察长监督、指挥检察官。另据台湾地区《地方法院及分院检察署处务规程》第23条的规定:事务较繁之检察署,检察长得指定主任检察官一人襄助处理有关事务。这一名被指定为襄助检察长处理有关事务的主任检察官,地位即相当于副检察长的职务,即检察长的"副手"。

二、主任检察官的职责权限

虽然台湾地区"法院组织法"规定"主任检察官"负责监督各该组事务,但其具体行使哪些职权并承担何种职责却并不明确。实践中主要是由台湾地区"法务部"依据"法院组织法"授权颁布的三个行政性命令文件(《"最高法院检察署"处务规程》《高等法院及其分院检察署处务规程》《地方法院及分院检察署处务规程》)来作出具体规定的。

根据《地方法院及分院检察署处务规程》第20条的规定:"主任检察官掌理左列事项:一、本组事务之监督。二、本组检察官办案书类之审核。三、本组检察官承办案件行政文稿之审核或决行。四、本组检察官及其他职员之工作、操作、学识、才能之考核与奖惩之拟议。五、人民陈诉案件之调查及拟议。六、法律问题之研究。七、检察长交办事项及其他有关事务之处理。""最高法院检察署"主任检察官和高等法院及其分院检察署主任检察官的职责权限与此基本相同。

据此,台湾地区检察实务中主任检察官的职责权限主要集中在两个方面:一是检察行政事务之监督,即负责监督该组行政事务,如本组检察官及其他职员的管考(风纪、绩效考核)等;二是检察业务之监督,主要是对本组检察官办案书类(如起诉书)进行审核。《地方法院及分院检察署处务规程》第 27 条规定:"检察官执行职务撰拟之文件,应送请主任检察官核转检察长核定。主任检察官撰拟之文件,径送检察长核定。前项检察官撰拟之文件,主任检察官得为修正或填具意见。"据台湾地区司法实务中的做法,检察官制作的起诉书原本,必须由主任检察官审核并报检察长核章后,才可以正式对外公告。值得注意的是,这里所谓的审核或核章,并不仅仅只是一种程序性审查,而是实体审查,对于承办检察官的事实认定及法律适用,主任检察官都可以提出不同意见。当然,主任检察官虽然有权对承办检察官的案件处理决定进行审查,但并不能直接行使定案权,更不能擅自改变承办检察官对案件的定性。根据《地方法院及分院检察署处务规程》第 26 条第 2 款的规定:"主任检察官与检察官有不同意见时,应报请检察长核定之。"这意味着,对于承办案件的检察官作出的案件处理决定,主任检察官即使持有不同意见,也不能直接要求承办检察官服从自己的意见,而只能报请检察长核定。换言之,主任检察官并不享有定案权,办案权和定案权都掌握在承办检察官手中,主任检察官仅享有审查权和异议权,制度上之所以如此设计,主要是基于对检察独立原则和检察官独任制的尊重。

在台湾地区检察实务中,主任检察官与检察官之间并非生硬的上下级关系,作为组长的主任检察官其实不太像是一个"领导",而更像是一个大"学长"。一方面,在台湾,主任检察官一职是有任期的,任期届满如果没有往上一审级调动,就要回原单位当检察官,到时大家还是同事,所以平时都很和气、彼此尊重。另一方面,由于主任检察官经常带着全组同仁一同协力办案,因此和组员间的关系通常较为密切,即使执行职务过程中出现意见不一致的情况,也会尽量采用沟通的方式解决。一般来说,如果不是太复杂的法律问题,很快会有共识;如果真的各持己见,报请检察长核定。实践中双方僵持或撕破脸的状况不是没有,但是比较少。在台湾,主任检察官这份职务带来的是同心协力、一同解决问题,一个优秀的主任检察官更会领导同仁在办案过程中成长,在检察体系内部起着重要的经验传承作用。

三、主任检察官的遴选条件、程序和任期

台湾地区主任检察官的遴选条件主要是资历和能力。例如,根据台湾地区《各级法院及其分院检察官及主任检察官遴选要点》的规定,对地方法院及其分院检察署主任检察官的要求是:司法官训练所司法官班结业,担任地方法院或其分院检察署检察官 8 年以上;办案业绩良好;具有领导及协调能力、操守风评均佳,且身心健康者。对高等法院及其分院检察署主任检察官的要求是:司法官训练所司法官班结业,担任高等法院及其分院检察署检察官 4 年以上或曾任地方法院及其分院检察署检察长者。

主任检察官的遴任,在程序上则是由台湾地区"法务部"造具符合遴任资格人员的名册,并附注其年资、期别、职务评定(考绩)、办案成绩、工作表现、学识、品德及个人迁调意愿等事项,提请"法务部"检察官人事审议委员会审议。值得一提的是,根据台湾地区"法院组织法"的规定,检察官人事审议委员会置委员 17 人,除"检察总长"作为当然的委员外,其中 4 人由"法务部"部长指派、3 人由"检察总长"指派,其余 9 名委员则由台湾全体检察官通过秘密、无记名及单记直接选举出的代表担任。由于在检察官人事审议委员会的 17 名委员中,由全体检察官民主选举产生的委员占到多数(9 名),能够确保主任检察官的遴选结果在一定程度上体现全体检察官的"民意"。

至于主任检察官的任期,根据台湾地区《高等法院以下各级法院及其分院检察署主任检察官职期调任办法》的规定,高等法院以下各级法院及其分院检察署主任检察官的任期为 4 年,并可连任 1 次;主任检察官任职满 4 年,如有连任意愿者,由"法务部"组成"主任检察官职期审查会",审查是否予以连任。如果审查会的审查结果,认为不予连任的,应由"法务部"提出并由检察官人事审议委员会审议。在主任检察官任职期间,如果发现有具体事证可认为其确实不适宜再担任主任检察官的,经主任检察官职期审查会审查通

过后,由"法务部"提出并由检察官人事审议委员会审议。

　　总而言之,台湾地区的主任检察官制度,本身既是台湾社会变革的产物,同时又在不断地适应台湾社会的发展变化而作出制度调整。例如,台湾地区的主任检察官原本是没有任期限制的,长期以来一、二审主任检察官的缺额有限,检察官升任主任检察官的机会相对降低,结果造成基层检察官士气低落,改革主任检察官制度的呼声不绝于耳。于是,作为检察改革成果之一,主任检察官的任期制最终得以出台。再如,以前主任检察官的遴选采取推荐制,程序不完全公开、透明,被指暗箱操作、提拔亲信,影响到主任检察官的威信和公信,后改为由检察官人事审议委员会审议通过,等等。当前,台湾地区关于主任检察官制度的批评主要集中在:主任检察官必须分担行政事务,长期减少办理刑事侦查案件,造成基层检察官负荷沉重,浪费了有经验的资深检察官。但是,台湾社会舆论普遍认为,主任检察官制度具有经验传承及统合小组办案的功能,虽有制度微调的空间,但基本制度框架应予维持。

(原载于 2015 年 5 月 12 日《检察日报》)

检察事务官：
台湾检察系统的"王朝、马汉"

万　毅＊

"开封有个包青天,铁面无私辨忠奸;江湖豪杰来相助,王朝和马汉在身边……"这是当年台湾华视拍摄的电视连续剧《包青天》的主题歌。剧中的主人公也就是歌词中的"包青天",原型是民间传说中公正廉明的化身:北宋时期的名臣包拯。而歌词中提到的"王朝、马汉",虽然此二人在正史中查不到,但在剧中和民间传说中却是包青天办案时的得力助手。现实生活中,台湾地区的检察官因为手握侦查、肃贪的大权,而被誉为"现代版的包青天",巧合的是,在台湾地区的检察制度中,检察官在办案时也有类似于"王朝、马汉"的得力助手,这就是检察事务官。

1999年台湾地区"法院组织法"增设了第66条之2:"各级法院及其分院检察署设检察事务官室,置检察事务官,荐任第七职等至第九职等;检察事务官在二人以上者,置主任检察事务官,荐任第九职等或荐任第十职等;并得视业务需要分组办事,各组组长由检察事务官兼任,不另列等。"该条款因明确提出设立检察事务官制度,而被民间戏称为"王朝、马汉条款"。2000年5月15日,台湾地区"法务部"颁布《地方法院检察署检察事务官事务分配原则》,同年6月第一期检察事务官分配到各地检署服务,由此正式建立起检察事务官制度。台湾地区检察事务官制度的创设,受到日本检察事务官制度和美国检察官助理制度的深刻影响,但在实务运作中又体现出了自身的特色。

一、创设检察事务官制度的目的

总体来看,创设检察事务官制度的目的体现在三个方面。

一是减轻检察官的工作负荷。20世纪末、21世纪初的台湾地区"刑事诉

＊四川大学法学院教授,最高人民检察院检察理论研究所兼职研究员、最高人民检察院首批检察改革智库成员。

讼法制"变革剧烈,频繁修订"刑事诉讼法",推动刑事诉讼模式向"改良式当事人进行主义"模式转型,并使检察官"去法官化"、向"当事人化"方向转变。台湾检察体系被迫进行调整,不得不一改过去侧重侦查、轻视公诉的习惯做法,而转变为侦查与公诉并重,但也因此造成检察机关人员紧张、检察官案件负荷加重。据统计,台湾检察官每月平均受理约 60 件到 70 件案件,每个月都会累积一定数字的未结案件,加上台湾地区"法务部"对检察官每三个月进行一次考核,逾八个月未结案件则频繁稽催,造成检察官平日案件负担沉重,检察官加班成为普遍现象,检察系统急需补充新的辅助人员。检察事务官这一角色正是在这一背景下应运而生的。自 2000 年到 2006 年,台湾地区各级检察机关共配备了 445 名检察事务官,使检察官与检察事务官的人员比达到 1:0.47,极大地缓解了检察机关人员紧张状况。

二是为检察官配备"子弟兵"。台湾地区的检察官手握侦查、追诉大权,位高而权重,但却长期处于有"将"无"兵"的尴尬境地,案多人少、负荷极重。虽说台湾"法院组织法"和"刑事诉讼法"均规定检察官有权指挥、调度警察协助侦查,检、警本为"将兵"关系,即检察官是警察的指挥、监督长官,有权指挥警察进行调查取证等侦查作业。然而,现实中台湾检、警机关之间的关系颇为紧张,实务中存在着警察不愿意接受检察官的指挥而检察官也深感指挥警察有心无力的现象。究其原因,关键在于台湾地区检、警本是互不隶属的两个系统,各自司法角色和机关文化本不相同,要想实现跨机构的指挥、合作,确有一定难度。基于检、警关系的这一现状,检察机关实有必要建立隶属于自己、可以直接"发号施令"的"子弟兵"——检察事务官。由于检察事务官直接隶属于检察机关,属检察机关内部辅助人员,检察机关可以一个长期配合的工作团队进行案件侦办,在时效及调度上能更为紧密、更有效率,从而解决检察官长期以来有"将"无"兵"之窘境。

三是为检察官配备专业助手。随着信息社会的发展以及科技生活时代的来临,犯罪形态也发生了很大的改变,新型犯罪日益向组织化、专业化、企业化、国际化方向发展,罪案调查和证据收集等检察工作也呈现出专业化、技术化的特征。在应付一些新型的专业性犯罪如金融、知识产权、工程技术等领域的犯罪时，传统上以法律为主业的检察官无论在专业知识还是在实务经验等方面，都表现出某种不适应，时有力不从心之感。为解决检察官行业知识不足的缺陷，实有必要设立检察事务官制度，招考特定行业领域的人才进入检察体系担任检察事务官，作为检察官的专业助手。检察事务官虽非法律专业出身，但具备特定行业领域的专业知识，可以在侦查取证、事实认定等方面为法律专业出身的检察官提供知识和技术上的辅助、支持。从目前情况来看，台湾地区司法实务中考选检察事务官时，除一般侦查组之外，另设有财经组、电子组及营缮工程组等专业组，其目的就是考选特定专业领域的人才，以其特殊专长辅助检察官办案。

二、检察事务官的角色与功能

根据修订后的台湾地区"法院组织法"第 66 条之 3 第一项的规定："检察事务官受检察官之指挥，处理下列事务：一、实施搜索、扣押、勘验或执行拘提。二、询问告诉人、告发人、被告、证人或鉴定人。三、襄助检察官执行其他第六十条所定之职权。检察事务官处理前项前二款事务，视为刑事诉讼法第二百三十条第一项之司法警察官。"据此，台湾地区的检察事务官实际上发挥着"司法警察官"和"检察官助理"的双重角色。

角色之一：司法警察官。依据台湾"法院组织法"第 66 条之 3 第一项第一款、第二款的规定，检察事务官受检察官指挥，得以司法警察官的身份，从事检察核心业务的侦查作业，包括执行搜查、扣押、勘验及拘提，询问告诉人、告发人、被告人、证人或鉴定人等。需要注意的是，检察事务官实施上述侦查作业，虽然要受检察官指挥，但却是以自己名义独立完成的，因而其身份视为司法警察官。例如，检察事务官虽受检察官指挥而实施搜查，但却是以检察事务官自己的名义制作搜查笔录。当然，考虑到检察事务官人员及装备有限，在办案中如遇执行大规模搜查任务时，恐有其力未逮的情形，因此，台湾"刑事诉讼法"第 128 条之 2 规定，检察事务官为执行搜查，必要时，仍得请求司法警察官或司法警察辅助。

角色之二：检察官助理。依据台湾地区"法院组织法"第 66 条之 3 第一项第三款的规定,检察事务官还得协助检察官行使法定的提起公诉、实行公诉、协助担当自诉及指挥刑事裁判之执行等职权。据此,几乎所有检察官的法律业务,包括勘验证据、分析卷证、开庭调查、公诉莅庭、刑罚执行、撰拟书类、法律倡导、内外勤等业务,都可以由检察事务官襄助,或委托检察事务官代为行使。检察事务官的上述职责,与司法警察官的工作内容存在着明显差异,因此,检察事务官在履行上述职务时,并非以司法警察官的身份出现,而是充任检察官助理的角色。唯需注意的是,检察事务官实施上述行为时,并非以自己的名义,而是以检察官的名义。例如,检察事务官协助检察官勘验证据、制作报告书,都是以检察官的名义作出的。

三、检察事务官的选任条件

依据台湾地区"法院组织法"第 66 条之 4 的规定:"检察事务官,应就具有下列资格之一者任用之:一、经公务人员高等考试或司法人员特种考试相当等级之检察事务官考试及格者。二、经律师考试及格,并具有荐任职任用资格者。三、曾任警察官或法务部调查局调查人员三年以上,成绩优良,并具有荐任职任用资格者。四、具有公立或经立案之私立大学、独立学院以上学历,曾任法院或检察署书记官,办理民刑事纪录三年以上,成绩优良,具有荐任职任用资格者。主任检察事务官,应就具有检察事务官及拟任职等任用资格,并具有领导才能者遴任之。具律师执业资格者任检察事务官期间,计入其律师执业年资。"据此,检察事务官的任用,主要有四个来源:(1)经考试而任用;(2)警察官或调查人员转任;(3)律师转任;(4)书记官转任。但从台湾地区司法实践情况来看,目前除第一期检察事务官是由实务界的警察、调查人员、书记官及律师等人转任外,其余各期实际上均是以考试方式任用的。报考检察事务官的考生,需通过专门的检察事务官考试录取后,经过 9 个月的职前训练,取得考试及格证书后,分发至各检察署任用。

四、检察事务官的配置及运作模式

根据台湾地区"法务部"颁布的《地方法院检察署检察事务官事务分配

原则》第 2 条的规定,检察事务官的配置,不实行"个别配置"即"一股一配"的模式,而是"以集中运用为原则"。2005 年间"法务部"检讨修订《地方法院检察署检察事务官事务分配要点》时,曾在"个别配置"与"集中运用"之间几经斟酌,最后仍决定维持"集中运用"的原则,即根据一般事务、例行事务及专案事务的不同,在公平轮分、重点运用及专责督导下,由各地检署统一、集中调用检察事务官。在集中运用原则下,检察官并无特定对应的检察事务官,检察事务官也并非专属配置于某个特定检察官。因此,检察事务官实乃整个检察机关之助手,而非某个检察官的助手。

之所以实行集体运用原则,主要是因为:第一,形成团队战斗力。作为检察官专业助手的检察事务官,不应只是一个听命行事的"手脚",而是能够独任执行情报收集、卷证分析、大规模强制侦查、钻研国内外法令的专业智库及行动团队。换言之,检察事务官的价值在于其有"专业"及"团队"。没有团队,一个检察事务官,顶多只是一个检察官助理的能量,但一群有系统组织分工的检察事务官,却等同于一个能够胜任大型侦查行动的调查站。第二,避免检察事务官被个别检察官当作"结案机器"或"结案替手"。

台湾地区的检察事务官制度自创设以来运行良好,但也逐渐暴露出一些问题,例如,检察事务官究竟能否独立侦办部分轻罪或简易案件,就是一个比较突出的问题。按照角色定位,检察事务官仅仅是检察官的辅助机构或助手,不能独立侦办刑事案件,但实际上,目前台湾地区大部分地检署检察事务官的工作内容及所执行的职务内容,均已涵盖"侦"字案、"他"字案的侦查及结案。部分检察官在向检察事务官交办案件时往往不分案件类型,甚至案件收到后,即全案交予检察事务官侦办,由检察事务官自行拟定侦办方向、调查证据,侦办完毕即试拟结案文书,部分检察官甚至不再开庭,以至于检察事务官名为"检察官助理",实为"助理检察官",由此造成检察事务官"检察官化"、检察官"法官化"以及检察官办案能力萎缩等现象,违背了创设的初衷。

(原载于 2015 年 4 月 7 日《检察日报》)

台湾地区检察机关的
法律文书签发制度

万 毅*

台湾地区检察机关沿袭德、日等大陆法系国家检察制度的传统,历来尊奉检察一体制。所谓检察一体制,即整个检察机关内部以"检察总长"为尊,形成了一个以"检察总长"为顶点,以检察长、主任检察官、检察官为职务层级,上命下从、上下一体的金字塔型结构。

奉行检察一体制之目的,具体而言有三:一是检察机关内部上、下一体,方能以整个机构之名,共抗外部压力和干预,确保检察机关的官厅独立和检察官独立;二是检察官手握侦查大权,承担打击犯罪之职责,各级检察官之间上下一体、上命下从,方能集思广益、聚沙成塔,尤其是随着跨区域、高组织性、高智能化犯罪的增加,全体检察官有必要改变"单兵作战"的固有模式,在战略和战术上转向"大兵团作战",展开大规模侦查作业;三是检察系统并未建立法院系统的审级监督机制,实行上命下从、上下一体制,有利于上级监督下级,从内部管控检察官的职权及职务行为,防止个别检察官滥用权力、侵犯人权。

一、法律文书核阅是检察一体制的重要一环

依据检察一体制,上级检察首长就下级检察官处理之检察事务,不但有指挥监督权,也有职务承继权及职务移转权,下级检察官则有相应的服从义务及报告义务。台湾地区"法务部"制订的《地方法院及其分院检察署处务规程》(下称《规程》)对台湾地区检察机关内部落实检察一体制作了三项具体的要求和规定。一是《规程》第 25 条规定,检察官或主任检察官执行

* 四川大学法学院教授,最高人民检察院检察理论研究所兼职研究员、最高人民检察院首批检察改革智库成员。

职务,应就重要事项随时以言词或书面向主任检察官或检察长提出报告,并听取指示。检察长或其授权之主任检察官得命令检察官报告处理事务之经过或调阅卷宗,检察官不得拒绝。二是《规程》第26条规定,检察官或主任检察官对检察长之指示有意见时,得陈述之;但检察长不采纳者,仍应服从其命令。主任检察官与检察官有不同意见时,应报请检察长核定之。三是《规程》第27条规定,检察官执行职务撰拟之文件,应送请主任检察官核转检察长核定。主任检察官撰拟之文件,径送检察长核定。第三项内容即为法律文书核阅、签发制度,即检察官撰拟的法律文书,应当报送主任检察官核转检察长核定后,方能对外公示及公布。

由此可见,检察长核阅、签发法律文书,是台湾地区检察一体制的重要要求和体现。在台湾地区司法实务中,检察官因执行职务而撰拟的重要法律文书,如是否起诉、是否上诉或控告,都需要经过主任检察官核转检察长核定后,方能对外公示及公布。当然,特殊情况下如夜间或假日,内勤检察官向法院提出羁押申请书或搜索票(搜查证)申请书则无需事先送阅。另一方面,检察长、主任检察官对检察官法律文书的审阅,并不仅仅是就文字或形式作审查,而是要就实体问题,如是否有应调查的事实证据漏未调查、事实认定是否适当、法律见解有无违误等事项作全面审查。程序上,主任检察官直接作为案件承办人时,其撰拟的法律文书,应报送检察长核定;一般检察官作为案件承办人时,其撰拟的法律文书则应先报送主任检察官核阅,对于检察官送核的法律文书,主任检察官可以作出修正或填具意见,主任检察官不同意承办检察官的意见时,则要进一步报送检察长核定,送检察长核定的文书,检察长可以径为修正,或指示原则命重行撰拟后再送核。唯有经过检察长核定的法律文书,才能用印(盖上检察机关的公章),方能对外公示及公布。此即为台湾地区检察系统内部的文书签发制度,多年沿用,已成惯例。

二、检察官未经检察长核定径行起诉事件

2004年台湾地区发生了一起轰动全岛的检察官未经检察长核定径行起诉事件,该事件直接挑战和冲击了台湾地区检察系统长期以来实行的法

律文书签发制度。

该事件经过如下:2003 年台湾地区花莲县县长补选,民进党候选人游盈隆对花莲地区的原住民酋长承诺只要对方支持他当选,就给予对方"特别津贴"。由于酋长对自己部落选民的投票意向影响巨大,所以游的行为已经涉嫌通过政策"贿选"。该案当时经人举报由花莲地检署检察官李子春侦办。

在当时的台湾地区,政策贿选案件司空见惯,台湾地区检察系统往往按照"惯例""不处理",直接由承办检察官送呈检察长签结案件。但负责侦办该案的李子春坚持认为该案已经构成犯罪,理应追查到底。不仅如此,在侦办该案过程中,李子春发现该案甚至可能牵涉当时台湾地区的领导人——"总统"陈水扁,因为如果该政策贿选直接来自陈水扁的授意,那么陈就是该案共犯。然而,根据台湾地区"法律"的规定,"总统"任内享有司法豁免权,只有在涉嫌"内乱外患罪"时才能被查办,在其他案件中,则只能作为证人被传唤作证。基于此,李子春试图用证人的名义传唤陈水扁,希望借由陈水扁出庭作证之机,当庭拆穿他的谎言。

但是,按照台湾地区检察系统的例行做法,传票应由承办检察官填好并盖私印后,呈送主任检察官核转检察长核定,然后加盖地检署公印,才能将传票寄出。但由于陈水扁身份的特殊性和敏感性,李子春担心检察长一旦看到传票上"陈水扁"三个字,就会将传票挡下来。所以,他采取了一个"非常规"的方式即自己手写传票,再到邮局用挂号信寄出,以避开检察长核定程序。结果,该传票一到台北的邮政系统立刻就被媒体获知,然后就是铺天盖地的炒作和报道。台湾地区"法务部"闻讯后立即质问花莲地检署检察长,但检察长对此毫不知情、无言以对。由于木已成舟,陈水扁被迫以证人身份到花莲地检署出(侦查)庭作证,成为当时的一大新闻。

该案调查完毕后,李子春决定对该案提出公诉,在正式起诉前,他将起诉书呈送检察长核阅,检察长指示应当补充起诉书(关于政策支票是否构成贿选罪部分)的理论基础后将起诉书退回。依据台湾地区检察系统内部的文书签发制度,此时李子春应当遵照检察长指令,补充起诉书的理论基础部分后再次送核。但李子春认为检察长畏惧权贵、不敢起诉,上述指令只是在拖延时间,遂置之不理而私自以邮寄起诉书的方式径向法院提起公诉,并向媒体公开了起诉书内容。此举再度震动全岛。

当时台湾地区"法务部"及上级检察署均认为该起诉程序违背送阅及公告手续且违反检察一体制之指令权,其起诉应属无效。台湾地区"法务部"还曾发公函到法院,主张"起诉无效"。但花莲地方法院经过审理后认为,台湾地区"刑事诉讼法"仅规定"提起公诉,应由检察官向管辖法院提出起诉书为之",而并未规定"起诉应经检察长核定"。至于检察系统内部长期以来实行的文书核定制度,只是检察机关内部的一项行政管控程序,对外并没有约束力,因而,该起诉并无违背法律之处,法院认可该起诉有效,并决定就案件举行实体审理。

在后续该案庭审中,花莲地检署检察长行使职务移转权,将该案件移交其他检察官出庭支持起诉,后法院经过审理后最终判决被告人无罪。这便是当时轰动台湾的检察官未经检察长核定径行起诉事件的始末。

三、事件的后果及影响

上述检察官未经检察长核定径行起诉事件的发生,极大地冲击了台湾地区检察一体制,尤其是其长期以来所实行的法律文书签发制度。台湾花莲地方法院的一纸判决,无异于公开宣称检察长核定并非起诉书生效的构成要件和必经法定程序,而仅仅是台湾地区检察系统内部的一项行政管控程序,对外不具有约束力。

但是,台湾地区检察系统并未因此而废除文书签发制度,相反,上述检察官未经检察长核定径行起诉事件的发生反倒使文书签发制度的合理性和合法性得到某种程度的强化。一方面,上述检察官未经检察长核定径行起诉事件的发生以及最后的无罪判决,恰恰从反面证明了,检察系统内部确有必要设置一道类似于文书签发这样的行政管控程序,以此约束部分检察官的职权行使,防止个别检察官滥行起诉。另一方面,就在该事件发生后不久,事件的主角李子春即被台湾地区"法务部"以违法失职为由移送监察院弹劾,后经台湾地区"司法院公务员惩戒委员会"议决将李子春降职改叙。在"司法院公务员惩戒委员会"审议该案过程中,当事人李子春曾提出抗辩意见,认为文书签发权属于检察官的法定职权,要求法律文书需经检察长核定,系行政权侵夺检察官的固有职权。但是,台湾地区"司法院公务员惩戒委员会"在议决书中明确指出,检察文书须经检察长核定,是检察一体制的要求和体现,并不存在所谓行政权侵夺检察官固有职权的问题。这就从正面肯定了台湾地区检察系统文书签发制度的合法性。

时至今日,台湾地区检察系统仍然在实务中坚持法律文书需经检察长核定的文书签发制度,并视其为台湾地区检察一体制的象征和体现,且以之作为检察官区别于法官的重要标志。

(原载于 2015 年 12 月 1 日《检察日报》)

澳门特区检察制度独具特色

单 民*　刘 方**

现行澳门特区检察制度既受
到澳门传统大陆法系法律文化和
司法制度的制约，也受到内地政
治制度和法律制度的影响，是在
内地法律制度和大陆法系法律制

单
民　刘
方

度之间所作的选择。相比之下,澳门特区检察制度在其法律性质及地位、机
构设置、权力运行模式等方面都表现出自己的特点。

一、特殊的法律性质和地位

从基本法律特征看,澳门特区检察制度应当归属于大陆法系检察制度
的范畴,但与典型的欧洲大陆检察制度相比较又有所区别,实际上是介于
大陆法系检察制度与内地检察制度之间的一种独特的检察制度,其法律性
质和地位具有自身的明显特点。

首先，检察机关的设立和地位与典型的大陆法系检察制度明显不同。
大陆法系检察机关虽然附设于法院内部,实行"审检合署",但按照西方三
权分立的原则,在权力隶属关系上仍然属于政府的行政序列,一般都受辖
于政府的司法部,在宪法上没有独立的法律地位,是行政派往司法的代表。
例如,德国的检察机关虽然附设于法院内,但检察机关仍然是政府行政部
门的组成部分,最上层是司法部长,主要执行官是总检察长。澳门在回归之
前,基本上与大多数大陆法系国家检察机关的设立相同;而回归后则采取了

---

* 最高人民检察院检察理论研究所副所长、法学博士、教授,兼任《中国刑事法杂志》
副主编。
** 最高人民检察院检察理论研究所研究员。

类似内地的设立形式。根据《澳门特别行政区基本法》(以下简称《基本法》)第 90 条规定,澳门特别行政区检察长由澳门特别行政区长官提名,报中央人民政府任命。但澳门特区检察长并不像内地检察长那样,是通过人民代表大会选举产生。总之,澳门特区检察机关不像典型大陆法系国家检察机关那样,受司法行政机关管辖,也不像过去那样附属于法院,而是单独设立,具有自己独立的法律地位。

其次,在权力属性上有别于典型的大陆法系检察权。大陆法系检察权虽然不像英美法系检察权那样属于典型的行政权,在职能上表现出明显的司法属性,但从宪法和法律的定位上看,它仍然不是像审判权那样属于名正言顺的司法权。检察权的行使要么隶属于行政权,要么依附于司法权,而它是介于行政权与司法权之间的一种权力。根据《基本法》和澳门特区《司法组织纲要法》(以下简称《纲要法》)的规定,澳门特区检察机关是与审判机关并列的司法机关。《基本法》在规定检察机关的权利义务时,也是将检察机关归列入第四节"司法机关"的序列。同时,《澳门刑事诉讼法典》第 1 条第 1 款(b)项明确规定,澳门特区的司法当局包括法官、预审法官及检察院。可见,澳门特区检察机关作为司法机关在法律上的定位是很明确的,其司法权的性质是显而易见的。

再次,检察权内容的独特性。从澳门特区检察机关法律的地位和特点来看,既表现出了与内地检察机关很大程度上的相似性,也表现出自己的特色。其相似点是两者都具有独立的法律地位,都属于国家司法权的组成部分,但其权力的内容与内地检察机关仍然存在差别。内地检察机关是宪法上明确规定的国家法律监督机关,法律监督是内地检察权的本质特征。相比之下,澳门特区检察机关虽然在具体业务中具有履行法律监督的职能,但《基本法》和《纲要法》并没有像国家宪法那样明确规定检察机关为法律监督机关,且检察权的监督范围仅局限于诉讼监督,这些监督权只是来自一般法律的规定或者司法实践中的一贯做法,主要是针对侦查机关的侦查活动和法院的审判活动所进行的监督。

二、特殊的机构设置

机构的设置是按照某种权力运行的必要性所产生的,同时,检察制度又是随着诉讼制度的发展和演进而逐步形成并完善的,可以说,背离了诉讼制度和诉讼运行的规律, 检察制度的发展和存在必然会受到影响和阻碍。世界上绝大多数国家检察机关的设置,都由其司法体制的运行来决定,检察机关则主要根据审判机关的审级层次来设置各级机构。这就说明检察机关的主要功能在于诉讼中的特殊功能,即代表国家追诉犯罪。学术界认为,国家"追诉"有广义与狭义之分,广义的国家追诉包括法院在内的所有国家追诉行为, 而狭义的国家追诉仅指发动侦查至提起公诉之间的活动。中华法系的近代国家追诉主义最先来源于大陆法系,而大陆法系的国家追诉原则首先发端于法国。其根源在于国家主义思想的高涨,使对犯罪的预防与制裁不断地上升为维护公共利益的需要。所以,检察机关的追诉职能,主要体现为通过提起公诉来达到惩罚犯罪,维护国家和社会利益的目的。

西方国家,无论是大陆法系国家还是英美法系国家,一般都是以审判权作为司法权的象征。在大陆法系国家和地区中,普遍设立有国家最高审判机关、高等审判机关以及地方审判机关。由于检察权与审判权实现过程中的相互依赖性,无论是实行分权制的国家还是实行集权制的国家,检察机构始终与审判机构相应存在,但存在的形式并不是完全一致的。按照审判机关的层次级别设置是大多数国家的普遍做法,而与审判机关相应存在但具有不同的设置形式则是这一般中的特殊形式。事实上,内地检察机关的设置也具有其特殊性。在大多数直辖市中,由于省级直辖市直接管辖县和区,中间没有地市级行政机关,审判机关可以在直辖市与县区之间另行设置中级法院作为基层法院的上诉法院,而检察机关由于失去了行政体制作依赖,只能设置直辖市检察院的分院,来对应审判机关所设置的中级法院,这也是对一般按照行政级别设置检察机关的一种变通。澳门特区检察机关的设置就更具有特殊性,整个澳门地区只设置了一个检察机关,而相应地在澳门却设置有三级审判机关,即初级法院、中级法院和终审法院。为保证与法院的对等平行，澳门特区在同一检察机关内部分别设置三级检察官，即检察长、助理检察长和检察官，分别对应特区法院的三级法院。

这种特殊的设置也是根据澳门特区的特殊情况所决定的。审判机关的性质和审判权的运行具有法律规定上的特定性，澳门属于特别行政区域，司法制度必须健全，按照审级来设置法院是必不可少的。且澳门的刑事审判体制长期以来一直沿袭葡萄牙的审级制度，实行三审终审制，即初审、二审和终审，一审由初级法院进行，初审的上诉审由二审法院进行，终审由澳门特区终审法院进行。《基本法》已明确规定，澳门特区的司法制度实行终审制，如果没有多个法院多级审判机构的存在是违背法律规定的。而检察机关则不一样，检察机关实行一体化领导体制，不需要像法院按照审级制度处理案件。况且，澳门特区相对内地来说很小，没有必要在这么一个小的区域内设置多级多个检察机构。所以，澳门检察机构的设置采取了变通的形式，由一个统一的检察机构分别派检察官往各级法院执行检察职能，由这个检察机构内不同层次、级别的检察官分别对应不同审级的法院来完成追诉任务。这种变通的机构设置形式体现了检察体制设置的一般性与特殊性的统一，是澳门特区检察机关设置中的一大特色。

三、特殊的权力运行模式

与西欧大陆法系检察机关以及内地检察机关相比较，澳门特区检察机关在检察权的运行上也表现出特殊的形式。

首先，澳门特区检察权的运行模式与大陆法系检察机关存在区别。从澳门《基本法》和《纲要法》的具体规定看，澳门检察权所涉领域十分广泛，它的诉讼职能在很大程度上表现为诉讼监督职能，这种权力特征与内地检察机关具有相似之处，而在很大程度上区别于大陆法系检察机关。大陆法系如法国，检察官对审判活动享有监督的权力，但其监督的范围一般只是局限于个案中。而《纲要法》规定，澳门特区检察官的审判监督权则可以扩大到对整个审判活动的监督。其他社会职能相对大陆法系检察官也更为广泛，如预防犯罪、参与破产和无偿还能力等所有涉及公共利益的程序、依法为劳工及其家属担任诉讼代理人等等，似乎表现出澳门特区检察机关既具有司法机关的地位，同时又享有司法行政机关的职能。

其次，澳门特区检察权的运行模式与内地检察机关也表现出差异。一是澳门特区检察制度吸纳了大陆法系警检一体化的模式，检察官对警察的侦查活动具有领导、指挥和监督的权力。关于澳门特区刑事诉讼中是否贯彻"警检一体化"的原则，目前学术界还存在不同意见，但多数学者认为，澳门实行的是警检一体化的侦查模式。笔者认为这种看法是切合澳门实际的，主要理由是：澳门特区司法制度主要沿袭于西欧大陆法系，而大陆法系刑事诉讼侦查实行的是警检一体化。同时，按照《澳门刑事诉讼法典》的规定，澳门特区警察机关没有独立的侦查权限，尽管实际侦查活动中的大量具体侦查任务是由警察来完成，但法律授予侦查的决定权在检察官而不是警察，警察实施侦查前必须具有检察官的授权，必须接受检察官的领导和指挥。这种"警检一体化"的运行模式与内地检察机关在侦查中的权力运行存在较大差别。内地检察机关除了职务犯罪侦查外，对大多数刑事犯罪案件的侦查，检察机关只具有监督的权力，没有领导和指挥的权力，不存在"警检一体化"的侦查运行模式。

还有一种特殊的权力运行模式也是内地检察权运行中所不具有的，就是预审在公诉过程中的中轴性。预审法官制度最早发端于法国，1810年颁行的法国《重罪审理法典》，确立了刑事案件的预审职权由预审法官行使，从而开了预审制度的先河，以后西欧大陆国家纷纷效仿。但预审制度在大陆法系很多国家中也是几经存废，葡萄牙也是如此。按照传统的刑事诉讼制度，澳门刑事诉讼中没有将起诉环节列为独立的诉讼程序，而将预审视为侦查与审判的中介环节，在实际功用上是取代了刑事公诉的独立性权限。澳门特区刑事诉讼制度改革后，预审的范围有所改变。按照新的刑事诉讼法规定，预审不再是必经程序，检察机关决定控诉的案件如果没有犯罪嫌疑人和辅助人申请预审而阻却审判程序的启动，则检察机关的控诉决定也可以直接启动审判程序。这样就在澳门特区刑事诉讼中形成了由检察官的公诉行为启动审判程序和由预审法官的预审行为启动审判程序的双轨制。但检察官的直接公诉行为应当让步于预审法官,只有在没有启动预审程序案件中,检察官才享有直接起诉的权力。因此,有的学者认为,预审制度造成了检察权与审判权的交叉,预审权分割了公诉权。内地在刑事诉讼制度改革之前,司法实践中也曾经对刑事案件实行过预审,但与大陆法系的预审制度有原则上的区别,因为这种预审是在公安机关内部进行。这种预审只是侦查过程的延伸,检察官的自由裁量权没有受到制约,不具有对公诉权产生限制作用,因此不存在对检察权的分割问题。

综上所述,澳门特区检察制度与国外检察制度和内地检察制度相比较,都显示出其独有的特征。这种独有特征的形成主要是由于澳门特区的司法制度具有其独特的发展历程。同时,澳门特区的政治制度是介于西方的资本主义制度与内地的社会主义制度之间,一方面受到欧洲大陆三权分立司法制度的影响,葡萄牙的司法制度对澳门特区司法制度的形成产生了直接的影响。另一方面,澳门地区历史上属于中国的领土,居住在澳门地区的绝大多数都是中国人,中国传统的法治理念在澳门地区一直没有完全消除。澳门回归后,内地社会主义司法制度在立法和司法制度方面无不产生影响与制约。这些来自不同法制文化的因素,最终导致了澳门特区司法制度既有西方欧洲大陆法系所主导下的特征,也有中国传统法律文化和社会主义法律制度所产生的影响。澳门特区检察制度的特殊性可以说明,任何一种理想的体制设计或者既定的制度形式并不当然适用于所有国家或者地区。

(原载于 2015 年 8 月 25 日《检察日报》)